Gisele Cittadino

Professora Associada da PUC-Rio. Graduada em Direito pela UFPB.
Mestre em Direito pela UFSC. Doutora em Ciência Política pelo IUPERJ
(antigo). Bolsista I-C de Produtividade em Pesquisa do CNPq.

PLURALISMO, DIREITO E JUSTIÇA DISTRIBUTIVA

Elementos de Filosofia Constitucional Contemporânea

5ª edição

EDITORA MERAKI

2020

C581   Cittadino, Gisele

Pluralismo, Direito e Justiça Distributiva: Elementos de Filosofia Constitucional Contemporânea. / Gisele Cittadino – 5 ed. –. Andradina: Meraki, 2020.

Bibliografia

ISBN 978-65-991584-9-0

1. Filosofia constitucional 2. Teoria da justiça 3. Constitucionalismo brasileiro.

1. Título

CDU – 342.4 CDD – 342.02

Para *Marcio*

SUMÁRIO

PALAVRAS DA AUTORA À NOVA EDIÇÃO

Mais do que apresentar a nova edição do livro, pretendo apenas dizer que este é um trabalho datado, escrito ao longo dos anos de 1997 e 1998, quando foi apresentado, no mês de março, como tese de doutoramento no antigo IUPERJ (atual IESP/UERJ), para a obtenção do título de Doutora em Ciência Política. Não há qualquer modificação em relação às quatro edições impressas já publicadas.

No texto original, apresentei os mecanismos processuais que a Constituição de 1988 havia criado com o objetivo de assegurar a concretização dos direitos fundamentais previstos em seu texto diante da omissão do poder público e, por isso, analisei a ação de inconstitucionalidade por omissão e o mandado de injunção. Várias modificações no texto constitucional e na interpretação destes institutos ocorreram, bem como a criação de outros mecanismos importantes como, por exemplo, a arguição de descumprimento de preceito fundamental. Como, ao longo do primeiro capítulo, buscando demonstrar a influência do pensamento comunitário no texto constitucional, procurei fazer uma genealogia desses institutos processuais, recorrendo aos documentos produzidos pela Assembleia Nacional Constituinte, não me parece razoável fazer agora alguma espécie de atualização, seja por meio da análise da criação de outros mecanismos, seja buscando atualizar as novas interpretações dadas pelos tribunais. Do ponto de vista metodológico, se o meu foco era o momento constituinte, não seria epistemologicamente correto me voltar para momentos políticos distintos e posteriores.

No entanto, ainda que não haja atualização, o primeiro capítulo se mantém íntegro. Os dois capítulos seguintes tratam do debate entre os representantes do pensamento liberal, com especial foco em John Rawls e Ronald Dworkin, do pensamento comunitário (Charles Taylor e Michael Walzer ganham destaque) e a participação de Jürgen Habermas, como representante do pensamento crítico-deliberativo. Tal debate empolgou e ainda mobiliza boa parte da filosofia política e da filosofia constitucional contemporâneas. Não tenho dúvida da inteireza de ambos os capítulos.

Quanto à conclusão, a sua leitura me deixa contente e triste ao mesmo tempo. Contente porque ali afirmei que não havia republicanismo cívico neste país capaz de sustentar o pacto constitucional como uma espécie de texto que traduzia algum sentimento de comunidade de destino compartilhado. Contente ainda porque nunca apostei no processo de judicialização da política no sentido de um compromisso do nosso sistema de justiça com a concretização dos direitos fundamentais assegurados na nossa Constituição Cidadã. Não há como, no entanto, deixar de ficar triste ao perceber estes dois acertos. Afinal, isto significa, em primeiro lugar, reconhecer que, no Brasil, não há um pacto social fundado em algum consenso cívico que seja capaz de dar sustentação política ao pacto constitucional. Em segundo lugar, a ampliação da esfera de atuação do nosso sistema de justiça, ao invés de assegurar uma sociedade mais inclusiva, parece vir em auxílio da exceção e do fim da democracia.

São várias as chaves de interpretação da fragilidade do nosso pacto social: a nossa transição negociada, com suas intransponíveis dificuldades em enfrentar um passado autoritário e violento; a cultura racista, clientelista e patrimonialista que não permite a existência de uma sociedade verdadeiramente inclusiva; a subordinação aos interesses internacionais historicamente contrários à construção de uma nação autônoma e soberana. Em 1998, concluí minha tese com a esperança na sobrevivência da nossa Constituição porque acreditava que o povo brasileiro teria forças para lutar por seus direitos. Depois do golpe de 2016, confesso que a esperança não é a mesma, mas é precisamente por isso que a resistência, a resiliência e a luta se fazem tão necessárias.

Gisele Cittadino
Novembro de 2020

AGRADECIMENTOS

Quando, ao término de um trabalho acadêmico, desejamos demonstrar a nossa gratidão e reconhecimento, estamos, de alguma forma, procurando pagar as nossas dívidas intelectuais e pessoais. Ainda que não seja fácil fazê-lo, pois assumo o risco de ser enganada pela memória, esta é uma tarefa prazerosa. Afinal, os agradecimentos me fazem recordar solidariedades, afetos e gentilezas de todos aqueles que estiveram ao meu lado durante este percurso.

Trabalhar ao lado de Cesar Guimarães foi, nestes últimos dois anos, uma aventura encantadora. Desde o início deste processo, quando o procurei com um pequeno texto nas mãos e um emaranhado de ideias na cabeça, Cesar assumiu o papel de um hábil e inteligente articulador, auxiliando-me a organizar temas e fazer - opções metodológicas. Quero aqui expressar o meu agradecimento por sua confiança, respeito e generosidade. No IUPERJ, Luiz Werneck Vianna acompanhou, capítulo a capítulo, a elaboração deste trabalho. Sou-lhe imensamente grata pela leitura atenta, pelo estímulo e pelas valiosas sugestões bibliográficas. Agradeço também a Luiz Eduardo Soares, cuja postura foi uma mescla de tolerância intelectual e generosidade, pois a despeito de seus compromissos teóricos inteiramente opostos aos aqui adotados, ele me presenteou com as mais instigantes críticas e sugestões.

José Maria Gomez, meu compadre, tem sido, há quase vinte anos, a minha referência intelectual. Ao acompanhar a elaboração deste trabalho, a sua intimidade com o pensamento comunitário foi-me absolutamente indispensável. Gostaria de registrar a minha gratidão por sua carinhosa e incansável disponibilidade. Ricardo Lobo Torres, atencioso e gentil, recebe o meu agradecimento por suas observações e sugestões. Sou igualmente grata ao meu querido amigo Carlos Plastino, de quem tenho recebido ensinamentos sobre a psicanálise, indispensável para a compreensão de boa parte da obra de Habermas.

Seria tarefa das mais difíceis realizar este trabalho sem a colaboração dos companheiros que trafegam no mundo do Direito. Adriano Pilatti, amigo de todas as horas, compartilhou comigo as suas entrevistas com senadores e deputados da Assembleia Constituinte e a sua experiência pessoal como assessor parlamentar durante aquele período. As suas críticas ao primeiro capítulo deste texto foram inestimáveis e, a despeito de nossas frequentes divergências teóricas, ele tem sido um interlocutor instigante. Ana Lucia de Lyra Tavares, com sua gentileza habitual, não apenas me forneceu cópias de todos os documentos produzidos pela Comissão de Estudos Constitucionais, como tornou possível o meu acesso à documentação elaborada pela Assembleia Constituinte. Agradeço-lhe pela amizade e pelas valiosas críticas e sugestões ao primeiro capítulo deste trabalho. Maria Celina Bodin de Moraes, cúmplice e amiga, foi leitora cuidadosa de boa parte deste texto. Dela tenho recebido tudo o que poderia desejar: textos obtidos via Internet, críticas inteligentes, mas, sobretudo, a segurança que as sólidas amizades nos proporcionam. Marcello Raposo Ciotola foi um incrível companheiro de navegação na Internet e partilhou comigo as suas infindáveis pesquisas bibliográficas sobre direito e justiça; sem a sua generosidade e companheirismo, a elaboração deste trabalho teria sido infinitamente mais difícil. Regina Lisboa Soares, amiga de tantos anos, presenteou-me com observações e críticas inteligentes. Sou-lhe grata pelos ensinamentos acerca do constitucionalismo brasileiro, pelas ideias sugeridas e, especialmente, pela carinhosa amizade.

Luiz Roberto Cunha, companheiro de administração acadêmica na PUC-Rio, compreendeu minhas ausências, assumiu muitas das - minhas tarefas, demonstrou amizade, carinho e muito bom humor. Agradeço-lhe especialmente por me permitir compartilhar a insólita experiência de aliar burocracia e diversão.

Aos meus alunos e orientandos do Mestrado em Direito da PUC-Rio, um agradecimento carinhoso pela atenção e envolvimento com os temas aqui tratados. Os nossos seminários e discussões foram de inestimável valia para a elaboração deste texto.

Agradeço, muito mais do que aqui posso expressar, aos meus pais, Teresa e Garibaldi, e à minha irmã, Monique. Foi com eles que compreendi como pode ser prazeroso o convívio com o pluralismo e a alteridade. Somos, cada um de nós, "imigrantes" e nesta família "multicultural" aprendemos juntos que o entendimento é fruto do afeto e do respeito e não da identidade.

Marcio, companheiro de tantos anos, esteve, como sempre, ao meu lado durante a preparação desta tese, auxiliando-me na tradução dos textos, administrando ansiedades e angústias, compartilhando temores e alegrias. Em um de seus mais belos poemas, Manuel Bandeira escreveu: "os corpos se entendem, mas as almas não". Ao lado de Marcio, a quem dedico este trabalho, descobri o equívoco do poeta, pois, em alguns casos, os corpos se entendem e as almas também.

Gisele Cittadino

PREFÁCIO

De todos os ramos do direito, talvez seja o constitucional o mais atingido pelas transformações econômicas e políticas destas três últimas décadas. Fruto da engenharia política liberal-burguesa do século XIX, que desenvolveu a ideia de constituição como "centro emanador do ordenamento jurídico", o direito constitucional começou o século XX encarado como sinônimo de segurança e legitimidade, delimitando o exercício dos mecanismos de violência monopolizados pelo Estado, institucionalizando seus procedimentos decisórios, legislativos e adjudicatórios, estabelecendo as formas de participação política e definindo o espaço soberano da palavra e da ação em contextos sociais marcados pelo relativismo ideológico e em cujo âmbito o poder do Estado depende de critérios externos aos governantes para ser aceito como válido.

No limiar do século XXI, contudo, a ideia de constituição cada vez mais é apontada como entrave ao funcionamento do mercado, como freio da competitividade dos agentes econômicos e como obstáculo à expansão da economia. O que ocorreu ao longo desse período? O que explica a metamorfose sofrida pelas constituições contemporâneas, deixando de ser aceitas como condição de legitimidade da ordem jurídico-política para se converter em objeto de um amplo processo de reforma e enxugamento? O que levou a esse refluxo do constitucionalismo e do próprio direito público e a retomada das pretensões hegemônicas do direito privado, especialmente o civil?

Ao final do século passado, os princípios e mecanismos básicos forjados pelo constitucionalismo, como as liberdades fundamentais, o equilíbrio dos poderes e a segurança do direito, alimentavam um projeto jurídico-político considerado capaz de enfrentar a crescente complexidade sócio-econômica gerada pelo capitalismo mercantil. Hoje, com a globalização dos mercados e a internacionalização do sistema financeiro, valores como ganhos incessantes de produtividade, acumulação ilimitada e livre circulação de capitais converteram-se em imperativos categóricos, transcendendo os limites da economia e contaminando todas as demais esferas da vida social.

No campo político, essa contaminação atinge a ordem jurídica forjada pelos Estados-nação com base nos princípios da soberania e da territorialidade, ambos vitais no contexto cultural e ideológico da formação e expansão do constitucionalismo. Com o desenvolvimento da informática e o advento de estruturas mais flexíveis de produção, as fronteiras econômicas se dissolvem. A capacidade dos governos de gerir livremente seus instrumentos de política monetária, fiscal, trabalhista e previdenciária é relativizada. E o exercício de suas funções alocativas, corretivas e distributivas fica comprometido, minando assim a efetividade das "Constituições-dirigentes" – aquelas que, além de consistir num estatuto organizatório definidor de competências e regulador de processos, atuam também como uma espécie de estatuto político, estabelecendo o *que, como* e *quando* os legisladores e governantes devem fazer para concretizar as diretrizes programáticas e os princípios constitucionais.

Se no plano político esse encolhimento do Estado tem provocado uma diminuição do tamanho e do alcance do direito público, no plano social o que se tem é a progressiva substituição do trabalho humano pela microeletrônica. Ao ampliar a qualidade, a rapidez e a precisão dos bens e serviços, a informática potencializa as bases de expansão da riqueza, mas também altera radicalmente as estruturas ocupacionais e expulsa sucessivos contingentes de trabalhadores da economia formal. Quanto mais a economia produz excedentes, mais o desemprego se converte em problema estrutural, provocando o aumento da desigualdade social e o surgimento de subculturas associadas a atividades informais ou mesmo ilegais. Com a busca incessante de novos ganhos de produtividade, os valores do individualismo se sobrepõem ao da solidariedade, desumanizando a sociedade, levando à redução da responsabilidade coletiva e, por consequência, abrindo caminho para a destruição das bases do contrato social. Isto porque, ao provocar uma ruptura nos padrões da reciprocidade entre os diversos atores sociais, a exclusão econômica alimentada em progressão geométrica pelo desemprego estrutural inviabiliza até mesmo a partilha de uma cultura comum, onde todos possam ver-se como iguais. Com a ampliação da pobreza e dos diferentes e perversos dualismos, nem mesmo os valores como o do pluralismo e princípios como o do respeito à diferença são compartilhados, o que inviabiliza o reconhecimento do outro enquanto ser moral, protegido pelos mesmos direitos e pelas mesmas garantias que cada cidadão reconhece para si.

Crescimento da produção, pleno emprego e difusão de benefícios por meio do Estado, princípios correntes entre o pós-guerra e os anos 70, acabam, como se vê, sendo postos em xeque nas décadas finais deste século. A ideia de justiça viabilizada por instrumentos fiscais, por exemplo, é substituída pela condenação sistemática dos tributos progressivos. Os gastos sociais, fundamentais para a correção das desigualdades, são atingidos mortalmente por discursos canonizadores da austeridade monetária. Os mecanismos de proteção ao trabalho são submetidos a um processo de flexibilização, deslegalização e desconstitucionalização. A revogação dos monopólios públicos e os programas de privatização convertem obrigações do Estado e direitos dos cidadãos em negócio empresarial. A transferência de serviços essenciais da esfera governamental para a iniciativa privada leva seus beneficiários a serem tratados como simples consumidores. E atividades como educação, saúde e previdência tornam-se produtos redutíveis ao conceito de mercadoria, passando a ser objeto de contratos privados de compra e venda.

Com tamanho prevalecimento da lógica mercantil e a já mencionada contaminação de todas as esferas da vida social pelos imperativos categóricos do sistema econômico, a concepção de uma ordem constitucional subordinada a um padrão político e moral se esvanece. Anseios e expectativas formadas ao longo de tensos e conflitivos processos de construção e reconstrução política, em cujo âmbito o tipo de sociedade por eles constituído corresponde a uma certa concepção de moralidade, são sumariamente desqualificados e desconfirmados. Daí, em reação a todas essas mudanças, a tentativa de se recuperar a ética no centro das discussões, ao menos do ponto de vista teórico. Mais precisamente, de se retornar às questões sobre o reconhecimento da dignidade humana, da manutenção das redes sociais de produção, dos direitos dos pobres e das minorias, da atribuição ao poder público da responsabilidade pela equalização de oportunidades – enfim, as velhas, porém muitas vezes esquecidas questões de justiça distributiva e do bem comum, que vinculam Estado e cidadania.

Todas essas transformações sócio-econômicas e político-jurídicas e as discussões teóricas delas resultantes já estavam em andamento quando a Constituição brasileira foi promulgada, em outubro de 88. Mas até que ponto elas foram devidamente percebidas e compreendidas em todo o seu alcance pela Assembleia Nacional Constituinte?

É esse, justamente, o ponto de partida deste trabalho de Gisele Cittadino sobre pluralismo, direito e justiça distributiva na ordem constitucional brasileira, originariamente apresentado como tese de doutorado no Instituto Universitário de Pesquisas do Rio de Janeiro (IUPERJ). O objetivo de Gisele não foi fazer um levantamento histórico das posições então assumidas pelas principais lideranças partidárias e pelos próprios doutrinadores nacionais na elaboração da atual ordem constitucional. Foi, isto sim, realizar um trabalho analítico à luz do importante debate teórico atualmente travado no âmbito da filosofia política entre pelo menos quatro correntes teóricas:

- os *libertários*, como Robert Nozick e Friedrich Hayek, para quem (a) o aparato coercitivo-jurídico do Estado moderno tem sido utilizado para pressionar o indivíduo e violar seus direitos, inclusive quando o obriga a ajudar o próximo ou o proíbe de desenvolver determinadas atividades para se proteger contra roubos e fraudes, (b) as ideias de justiça social em princípio são um contra-senso por comprometer as liberdades inerentes ao homem, (c) a livre apropriação seria o único princípio de justiça, e (d) só o Estado mínimo, limitado às funções restritas de proteção contra a força e fiscalização do cumprimento de contratos, é justificável;

- os *liberais contratualistas*, como John Rawls e Ronald Dworkin, que tratam de questões como as relativas à efetividade e ao reconhecimento dos direitos civis dentro da tradição kantiana, vendo a sociedade como uma combinação da afirmação de identidades e da eclosão de conflitos entre distintas concepções individuais acerca do bem e da vida digna;

- os *comunitaristas*, como Michael Walzer, Charles Taylor, Michael Sandel e Alasdair MacIntyre, que recuperam a tradição aristotélica ao (a) por em xeque a pressuposição de um sujeito universal e não situado historicamente, (b) enfatizar a multiplicidade de identidades sociais e culturas étnicas presentes na sociedade contemporânea e (c) conceber a justiça como a virtude na aplicação de regras conforme as especificidades de cada meio ou ambiente social, criticando os liberais por não serem capazes de lidar com as situações intersubjetivas e de ver os diálogos apenas como uma "sucessão alternada de monólogos";

- e os *crítico-deliberativos*, como Jürgen Habermas, formados na tradição hegeliano-marxista, para quem (a) os valores normativos modernos só podem ser compreendidos por meio de leituras intersubjetivas, (b) o princípio do universalismo moral foi encarnado de modo imperfeito nas instituições do Estado constitucional, tendo definhado a ponto de não ser mais do que uma simples palavra, (c) só a razão comunicativa possibilita "acordos sem constrangimentos" em condições de se irradiar para toda a sociedade, e (d) a diversidade das concepções individuais a respeito da vida digna, apregoada pelos *liberais*, e a multiplicidade de formas específicas de vida que compartilham valores, costumes e tradições, enfatizada pelos *comunitaristas*, estão presentes nas democracias contemporâneas, não havendo como optar por uma em detrimento da outra.

Em seu trabalho, Gisele deixa de lado os *libertários* para concentrar sua atenção basicamente nos *liberais*, nos *comunitaristas* e nos *crítico-deliberativos*, postulando que, apesar de suas diferenças, eles acreditam na possibilidade de se formular um ideal de justiça distributiva compatível com o pluralismo do mundo contemporâneo. Ao resenhar as divergências entre essas três correntes acerca do que é uma sociedade justa, a autora procurou examiná-las na perspectiva da implementação jurídica de suas respectivas concepções de justiça, discutindo a efetividade do direito constitucional em matéria de garantia dos direitos fundamentais, promoção da igualdade material, equilíbrio do jogo econômico e disseminação de um "espírito de fraternidade". Esse tipo de análise permite examinar de modo mais aguçado quer as ideias e propostas formuladas por ocasião da Assembleia Constituinte, quer a ordem constitucional por ela promulgada, configurando uma das etapas mais importantes da redemocratização brasileira.

A abertura política e a reordenação jurídico-institucional do País, como é sabido, foram um processo complexo e com muitas etapas ambíguas, sendo difícil distinguir com precisão o que foi efetivamente conquistado pelas diferentes lideranças da sociedade e o que foi dado pelo regime burocrático-militar como simples concessão ou por ter perdido as condições de neutralizar as distintas pressões após duas décadas de autoritarismo. É evidente que o desafio da redemocratização brasileira exigia algo mais do que a mera reconstitucionalização da ordem institucional. Requeria, ao lado do fortalecimento do Poder Legislativo, da restauração da autonomia do Poder Judiciário, da redefinição das competências do Poder Executivo e da própria modernização do arcabouço do sistema jurídico, o adensamento de formas de participação política capazes de propiciar aos grupos oprimidos e classes marginalizadas maior acesso aos círculos decisórios, conversão de sua representatividade em poder concreto, correção das diferentes formas de desigualdade e asseguramento de um "mínimo social", isto numa época em que a transnacionalização dos mercados e a internacionalização do sistema financeiro já vinham exigindo, nos Estados Unidos, na Europa e na Ásia, cortes drásticos dos gastos públicos para equacionamento da crise fiscal, privatizações de empresas públicas conjugadas com abertura comercial e implementação de processos de flexibilização e deslegalização de determinados direitos, principalmente no âmbito trabalhista e previdenciário.

Ao examinar como o processo constituinte da década de 80 enfrentou tal desafio, Gisele identifica as proposições teóricas dos *liberais*, dos *crítico-comunicativos* e dos *comunitaristas* que teriam sido de algum modo incorporadas na Constituição de 1988. Filtrando criticamente tradições e rupturas, temas clássicos e temas novos, questões clássicas e problemas originais, a autora faz um trabalho analítico competente, instigante e, acima de tudo, oportuno. Se na Europa e nos Estados Unidos, filósofos políticos, filósofos do direito e constitucionalistas têm conseguido estabelecer uma profícua discussão sobre a estrutura normativa mais adequada ao ideal de uma sociedade justa no mundo contemporâneo, entre nós esse diálogo interdisciplinar ainda continua incipiente. Presa ora a um jusnaturalismo de cartilha e cursilho ora a um normativismo de almanaque, a filosofia do direito vive em terreno pantanoso e, ao menos nos cursos jurídicos, dele parece não ter condições de sair tão cedo. Não por acaso as contribuições mais significativas nesse campo têm, ultimamente, vindo dos cursos de sociologia, ciência política e filosofia. Até certo ponto, o direito constitucional também enfrenta o mesmo problema, pecando, quando circunscrito aos cursos jurídicos, pelo apego a abordagens excessivamente descritivas, no plano metodológico, pela falta de criatividade e adensamento no plano teórico, pelo atrelamento a concepções rigidamente normativistas no plano técnico-aplicado e por continuar sendo fortemente influenciado por uma cultura jurídica de influência privatista, no plano ideológico. Para um País cujo primeiro imperador conheceu uma de suas esposas às vésperas das bodas de matrimônio, que teve Academia de Letras antes da universalização do ensino básico e forjou lucrativas bolsas de valores sem que a economia estivesse sequer consolidada, não chega a causar tanta estranheza o fato de a Constituição brasileira ser continuamente interpretada – e aqui, mais uma vez, refiro-me aos cursos jurídicos – pelo ângulo e pelo viés ideológico-doutrinário do Código Civil, quando este, na verdade, é apenas um de seus sistemas.

Consciente disso, Gisele, que é professora da Pós-Graduação em Direito da Pontifícia Universidade Católica do Rio de Janeiro, não hesitou em fazer no IUPERJ seu doutorado sobre um tema situado no intercruzamento da filosofia política, da filosofia do direito e da teoria constitucional, afastando-se assim do circuito estritamente jurídico no âmbito da pós-graduação. O resultado dessa compreensível e corajosa "rebeldia" é esta belíssima e convincente discussão sobre bem comum, pluralismo e justiça distributiva, questões a meu ver há muito tempo adormecidas em nosso pensamento jurídico, em nossas faculdades de direito e mesmo em nossos tribunais, e que só agora – com o impacto desorganizador da transnacionalicação dos mercados, da internacionalização do sistema financeiro e do advento de estruturas mais flexíveis de produção, e de suas perversas consequências sociais, em termos de desemprego, concentração de renda e multiplicação da pobreza – começam a despertar.

José Eduardo Faria

INTRODUÇÃO

O pluralismo é uma das marcas constitutivas das democracias contemporâneas. Quando Jürgen Habermas descreve a "moralidade pós-convencional"[1] ou quando Claude Lefort menciona a dissolução dos "marcos de referência da certeza",[2] ambos se referem ao fato de que no mundo moderno já não é possível configurar uma ideia substantiva acerca do bem que venha a ser compartilhada por todos. O pluralismo, entretanto, possui, pelo menos, duas significações distintas: ou o utilizamos para descrever a diversidade de concepções individuais acerca da vida digna ou para assinalar a multiplicidade de identidades sociais, específicas culturalmente e únicas do ponto de vista histórico.

No âmbito da filosofia política contemporânea, os representantes do pensamento liberal – John Rawls, Ronald Dworkin e Charles Larmore, dentre outros – adotam o primeiro significado do pluralismo e descrevem as democracias modernas como sociedades onde coexistem distintas concepções individuais acerca do bem. Quanto à segunda significação do pluralismo, são os representantes do pensamento comunitário, Charles Taylor e Michael Walzer,[3]

---

[1] Ver, a respeito, Jürgen Habermas. "Justice and Solidarity: On the Discussion Concerning Stage 6", *in The Moral Domain. Essays in the Ongoing Discussion between Philosophy and the Social Sciences,* Thomas E. Wren (ed.), Cambridge, MIT Press, 1990.

[2] Cf. Claude Lefort. *Pensando o Político. Ensaios sobre democracia, revolução e liberdade.* Tradução de Eliana M. Souza, São Paulo, Paz e Terra, 1991, p. 52.

[3] Ressalte-se que Walzer tem mencionado o seu desconforto com o rótulo "comunitário" a ele atribuído. Afirma que gostaria de ser visto apenas como americano, judeu, intelectual ou socialista democrático. Reconhece, no entanto, que o fato de ser constantemente classificado como "comunitário" não se deve ao acaso. Ver, a respeito, "Conversacion con Michael Walzer" (Chantal Mouffe

dentre outros, que a utilizam para salientar a multiplicidade de identidades sociais e de culturas étnicas e religiosas que estão presentes nas sociedades contemporâneas. De outra parte, Jürgen Habermas – debatendo com liberais e comunitários e representando o que aqui designamos por pensamento crítico-deliberativo,[4] – acredita que as duas dimensões do pluralismo – isto é, a diversidade das concepções individuais acerca da vida digna e a multiplicidade de formas específicas de vida que compartilham valores, costumes e tradições – estão presentes nas democracias contemporâneas e não há como optar por uma em detrimento da outra. No entanto, e a despeito das diferentes maneiras através das quais descrevem e compreendem as sociedades democráticas contemporâneas, liberais, comunitários e crítico-deliberativos acreditam que é possível formular e justificar um ideal de justiça – especialmente de justiça distributiva – adequado ao pluralismo do mundo moderno.

Ao longo deste trabalho, pretendemos examinar como liberais, comunitários e crítico-deliberativos, em face das significações de pluralismo que adotam, não apenas elaboram diferentes concepções a respeito do que é uma sociedade justa, mas também propõem distintos entendimentos sobre qual é a estrutura normativa mais compatível com a heterogeneidade e a complexidade das democracias contemporâneas. Afinal, parece não restar dúvidas de que o debate sobre justiça adentra inevitavelmente no mundo do direito. Em outras palavras, todos reconhecem a impossibilidade de configurar e justificar um ideal de justiça distributiva sem ao mesmo tempo enfrentar a discussão quanto o papel da Constituição, da efetivação do seu sistema de direitos fundamentais e da atuação do Poder Judiciário, especialmente da jurisdição constitucional.

---

entrevista Michael Walzer), tradução de Santos Toledo, *in Leviatán, Revista de Hechos e Ideas,* n<u>o</u> 48. Verão de 1992.

[4] Optamos por caracterizar o pensamento de Habermas como "crítico-deliberativo". Esta designação faz referência, por um lado, à "teoria crítica", que Sérgio Paulo Rouanet descreve como um *"corpo assistemático de idéias sobre o homem e a sociedade"*, organizado em torno do Instituto de Pesquisas Sociais de Frankfurt, *"e cujos porta-vozes principais são Adorno, Horkheimer, Marcuse e Habermas"*. (Cf. Sérgio Paulo Rouanet. *Teoria Crítica e Psicanálise,* Rio de Janeiro, Tempo Brasileiro, 1983, pág. 11); por outro lado, o termo deliberativo refere-se, como veremos ao longo deste trabalho, ao amplo processo de deliberação pública do qual depende a *"formação racional da vontade"*.

É precisamente por isso que, hoje, o debate sobre o ideal de uma sociedade justa e da sua estrutura normativa – que teve início com a publicação, em 1971, de *A Theory of Justice*,[5] de Rawls e passou a ocupar um lugar central no âmbito da filosofia política a partir dos anos 80[6] – envolve não apenas filósofos políticos, mas também filósofos do direito e constitucionalistas.[7] De outra parte, este debate não ultrapassou apenas determinadas fronteiras temáticas, mas também fronteiras geográficas, pois, como veremos, dele participam atualmente autores norte-americanos e alemães, bem como portugueses e espanhóis, cujos trabalhos influenciaram decisivamente boa parte do atual constitucionalismo brasileiro.

Com efeito, uma parcela significativa dos constitucionalistas brasileiros – contrária à cultura jurídica positivista e privatista prevalecente e influenciada pelos trabalhos de vários representantes do constitucionalismo português e espanhol contemporâneo –

---

[5] *A Theory of Justice.* Cambridge, Harvard University Press, 1971.

[6] Parece não haver dúvidas de que a partir dos anos 80 o debate acerca das relações entre ética, direito e política ocupa uma posição privilegiada no âmbito da filosofia política. Desde as primeiras críticas comunitárias à teoria da justiça de Rawls, passando pelas reformulações propostas pelos liberais na segunda metade dos anos 80 e início dos anos 90, até o recente ingresso de Habermas no debate, liberais, comunitários e crítico-deliberativos enfrentam a tarefa de formular um ideal de justiça compatível com o pluralismo do mundo contemporâneo. No entanto, esses autores, a despeito da marca de contemporaneidade que o debate possui, não dialogam apenas entre si. Na verdade, trata-se de uma discussão que também envolve os principais representantes da filosofia política clássica. Com efeito, se Kant é referência fundamental para Rawls e Habermas, é indiscutível a importância de Hegel para os trabalhos de Walzer e Taylor. Ao mesmo tempo, também é significativa a influência de Marx, Weber e Freud, dentre vários outros autores, no debate contemporâneo. No entanto, é importante salientar que, ao longo deste trabalho, não foi nossa intenção realizar qualquer atividade genealógica ou arqueológica que viesse a estabelecer as vinculações teóricas ou metodológicas entre a filosofia política contemporânea e a clássica. Como julgamos ser demasiadamente ampla esta tarefa e, portanto, incompatível com os limites deste trabalho, são raras e esporádicas as referências aos representantes da filosofia política clássica neste texto.

[7] Ressalte-se, desde logo, que nestes últimos anos filósofos políticos, filósofos do direito e constitucionalistas têm estabelecido uma sólida troca de impressões a respeito da estrutura normativa mais adequada ao ideal de uma sociedade justa. De resto, é cada dia mais difícil definir com precisão estas fronteiras. Os trabalhos de Bruce Ackerman e Ronald Dworkin, autores que abordaremos mais adiante, são reveladores desta dificuldade.

participou ativamente do processo constituinte brasileiro nos anos 80, procurando contribuir com a elaboração de uma Constituição adequada à conformação de uma sociedade justa no País. Como veremos no Capítulo I, "Constitucionalismo Comunitário no Brasil", esses constitucionalistas não pretenderam apenas participar do processo de reconstrução do Estado de Direito após anos de autoritarismo militar, mas fundamentalmente procuraram, contra o positivismo e revelando o seu compromisso com os ideais do pensamento comunitário, dar um fundamento ético à nova ordem constitucional brasileira, tomando-a como uma estrutura normativa que incorpora os valores de uma comunidade histórica concreta. Neste processo, é tão significativa a influência do pensamento comunitário nos trabalhos desses autores – ainda que a adoção das concepções e compromissos comunitários derive do constitucionalismo ibérico[8] – que nos pareceu razoável designá-los como representantes do "constitucionalismo comunitário brasileiro".[9] Ressalte-se, de outra parte, que este "constitucionalismo comunitário", em face da atuação decisiva de seus representantes ao longo do processo constituinte, registrou a sua marca em nosso ordenamento constitucional. Na verdade, é possível identificar na Constituição Federal não apenas uma linguagem comunitária, mas um compromisso com o ideário comunitário.

Ao adotar o ideário comunitário e lutar por sua inclusão no ordenamento constitucional do País, os "constitucionalistas comunitários" brasileiros se envolvem no debate acerca de como é possível conformar uma sociedade justa e uma estrutura normativa a ela adequada. No entanto, como referimos, esta discussão tem seu

---

[8] Como veremos a seguir, o constitucionalismo português e espanhol, cujo impacto é decisivo sobre uma parcela do constitucionalismo brasileiro, é fortemente influenciado pelo constitucionalismo alemão. Por outro lado, ainda que não se possa identificar, por razões adiante abordadas, um debate entre constitucionalistas americanos e alemães, é possível observar um nítido compromisso com as concepções comunitárias tanto por parte de constitucionalistas norte-americanos, como de alemães.

[9] É necessário salientar que esses constitucionalistas não se apresentam como representantes de um "constitucionalismo 'comunitário', ainda que, como veremos, Carlos Roberto de Siqueira Castro faça referência ao '*constitucionalismo societário e* comunitário'". Cf. Carlos Roberto de Siqueira Castro. "A Constituição Aberta e Atualidades dos Direitos Fundamentais do Homem". Tese apresentada à UERJ no Concurso para Professor Titular. Rio de Janeiro, 1995, p. 38.

início no âmbito da filosofia política contemporânea e organiza-se em torno dos debates sobre relações entre ética, direito e política.

O Capítulo II deste trabalho – "A Justiça Distributiva entre o Universalismo e o Comunitarismo" – pretende precisamente analisar como liberais, comunitários e crítico-deliberativos configuram o ideal de uma sociedade justa e enfrentam a difícil articulação entre as duas dimensões de um regime democrático liberal,[10] ou seja, a lógica liberal da liberdade e a lógica democrática da igualdade ou, em outras palavras, os direitos humanos e a soberania popular.

Como assinalamos, na origem das concepções de justiça que liberais, comunitários e crítico-deliberativos formulam se encontram - visões distintas acerca do pluralismo que caracteriza as sociedades democráticas contemporâneas. No que diz respeito aos liberais, na

---

[10] Ressalte-se, desde logo, que há, por parte de liberais, comunitários e crítico-deliberativos, um compromisso com a sociedade democrática liberal. Em primeiro lugar, todos defendem as instituições do Estado liberal, ou seja, império da lei, separação dos poderes e direitos fundamentais, ainda que possam configurá-las de forma distinta. Ao mesmo tempo, também é evidente o compromisso de todos com a defesa da democracia, representada pela soberania popular e pela regra da maioria, ainda que aqui também variem as interpretações. Sabemos, entretanto, que a ideia de sociedade democrática liberal evoca ainda a defesa do mercado enquanto forma de regulamentação da escassez. O liberalismo de Rawls é evidentemente compatível com a defesa do mercado; sua teoria da justiça, no entanto, busca oferecer, como veremos, mecanismos que possam restringir as desigualdades decorrentes das relações mercantis. De outra parte, embora se defina como socialista, o compromisso comunitário de Walzer não o coloca contra o mercado, enquanto critério de distribuição de bens sociais adotado por uma comunidade específica. Ele, contudo, defende a ideia de que, em uma democracia, uma sociedade civil fortemente organizada deve atuar para contrabalançar as desigualdades decorrentes deste critério de distribuição de bens sociais. Finalmente, Habermas, por seu turno, adota uma postura crítica em relação à sociedade capitalista, ressaltando que tanto o mercado quanto a burocracia instrumentalizam não apenas o espaço da vida privada, como a esfera da opinião pública. Todavia, por mais que a influência do pensamento de Marx seja decisiva sobre o trabalho de Habermas – daí sua postura crítica em relação ao mercado – o seu compromisso com um processo deliberativo democrático o impede de indicar a lógica de organização econômica que as sociedades democráticas contemporâneas devem adotar. Em resumo, nos trabalhos de todos esses autores, podemos identificar, ainda que em graus distintos, críticas à lógica mercantil. De qualquer forma, nem os mais severos críticos do mercado – Walzer e Habermas – vislumbram mudanças significativas ou oferecem modelos alternativos.

medida em que o pluralismo está associado à compreensão das democracias contemporâneas como sociedades onde há uma multiplicidade de concepções individuais a respeito do bem, o ideal de justiça delineado busca assegurar a cada indivíduo a realização do seu projeto pessoal de vida. Ao mesmo tempo, é possível conformar, segundo os liberais, uma concepção de justiça que, a despeito do "fato do pluralismo", de que fala Rawls – ou do "desacordo razoável" para usar a expressão de Charles Larmore – possa não apenas garantir a autodeterminação moral dos indivíduos, mas também ser compartilhada por todos. Por seu turno, a argumentação comunitária se volta precisamente contra esta ideia liberal de que é possível elaborar uma concepção de justiça que represente uma solução imparcial dos conflitos de interesse. Ao descrever as democracias contemporâneas como sociedades em que o pluralismo se caracteriza pela diversidade de identidades sociais e culturais, os comunitários – adotando uma metodologia particularista – pretendem conformar uma concepção de justiça que não se vincula à ideia de imparcialidade, mas, ao contrário, ao estabelecimento de um consenso ético, fundado em valores compartilhados. Finalmente, em seu diálogo com liberais e comunitários, Habermas – de vez que recorre a uma concepção de pluralismo que inclui não apenas as subjetividades das concepções individuais acerca da vida digna, mas também as intra-subjetividades das identidades sociais e culturais – não tem a necessidade de estabelecer qualquer relação de prioridade ou ordenação hierárquica entre a auto-determinação moral defendida pelos liberais e a auto-realização ética, tão cara aos comunitários. Ao contrário, Habermas pretende demonstrar que a autonomia privada – vinculada à autodeterminação moral – e a autonomia pública, associada à auto-realização ética, pressupõem-se mutuamente. Configurando o modelo de uma "sociedade pós-convencional" – em que tanto as concepções individuais relativamente ao bem, como os valores que configuram as identidades sociais devem ser submetidos a um amplo debate público, que estabelecerá as normas cujos destinatários serão os seus próprios autores – Habermas, tanto quanto Rawls, recorre a uma metodologia construtivista e compartilha com os liberais a ideia de que é possível conformar um ponto de vista moral imparcial que, no seu caso, se traduz nas regras procedimentais de uma ampla prática argumentativa.

Estes argumentos parecem ser suficientes para revelar como liberais, comunitários e crítico-deliberativos articulam a lógica liberal da liberdade, representada pelos direitos humanos, e a lógica democrática da igualdade, representada pela soberania popular. Com efeito, os liberais, porque conferem prioridade à autonomia privada, privilegiam os direitos fundamentais, pois são eles que asseguram a configuração de um Estado neutro e evitam interferências indevidas em relação às visões individuais acerca do bem. Ou, de outra forma, a neutralidade estatal é uma exigência que decorre do próprio pluralismo. Afinal, ainda que comprometidos com os ideais democráticos, os liberais preocupam-se em proteger as diversas - visões substantivas individuais das interferências resultantes de qualquer processo deliberativo público. Daí a necessidade de que os direitos fundamentais limitem a soberania popular e a legislação democrática dela decorrente. Os comunitários, ao contrário, conferem prioridade à soberania popular, enquanto participação ativa dos cidadãos nos assuntos públicos, precisamente porque, segundo eles, a autonomia pública é mais adequada à existência dos diversos centros de influência social e poder político que configuram o pluralismo das democracias contemporâneas. Mais do que isso, como o pluralismo significa diversidade de identidades sociais, não se pode esperar que o Estado trate igualmente cidadãos que possuem distintos valores sociais e culturais. Por seu turno, Habermas pretende demonstrar que há uma relação de co-originalidade entre os direitos fundamentais e a soberania popular, de vez que, nas sociedades pós-convencionais, os indivíduos são, ao mesmo tempo, autores e destinatários do seu próprio direito. Neste sentido, a instituição do direito legítimo só é possível se, conjuntamente, estão garantidas não apenas as liberdades subjetivas que asseguram a autonomia privada, mas também a ativa participação dos cidadãos através de sua autonomia pública.

Do estabelecimento de uma relação de prioridade entre os direitos humanos e a soberania popular – ou, no caso de Habermas, da ausência de uma ordenação hierárquica entre a autonomia privada e a autonomia pública – decorrem as distintas concepções que liberais, comunitários e crítico-deliberativos formulam – quando enfrentam o mundo do Direito – sobre o papel da Constituição com seu sistema de direitos assegurados, e a atuação do Poder Judiciário, especialmente no que diz respeito à hermenêutica constitucional.

O objetivo do terceiro Capítulo deste trabalho – *O Direito entre o Universalismo e o Comunitarismo* – é exatamente analisar como liberais, comunitários e crítico-deliberativos buscam, contra o positivismo, encontrar um fundamento para a ordem jurídica, integrando aquilo que Pierre Bouretz designa por *movimento de retorno ao direito*.[11] Ressalte-se, desde logo, que se no segundo capítulo optamos por privilegiar, no âmbito do pensamento liberal, os trabalhos de Rawls, é Ronald Dworkin, no entanto, quem ocupa o lugar central ao longo do terceiro capítulo – dada a profundidade com que enfrenta o debate sobre o direito – ainda que as considerações de Rawls sobre a Constituição e o papel da Suprema Corte americanas se façam presentes. O mesmo ocorre em relação aos representantes do pensamento comunitário, pois em função das suas minuciosas análises sobre o direito, os trabalhos de Charles Taylor e Bruce Ackerman[12] têm primazia no âmbito do terceiro capítulo, ainda que

---

[11] Como veremos, Pierre Bouretz (*La Force du Droit*. Paris, Éditions Esprit, 1991) se refere ao *movimento de retorno ao direito* enquanto via através da qual se evita a violência, em face do pluralismo que caracteriza as democracias contemporâneas.

[12] No âmbito da filosofia política norte-americana, Bruce Ackerman integra o chamado "grupo republicano", que se opõe ao "liberal", sem que isto signifique o seu desvinculamento do liberalismo. Ao contrário, Ackerman se apresenta como um liberal republicano. Compartilha com os liberais a idéia de que o Estado deve ser neutro em relação às concepções individuais de bem, mas confere prioridade à autonomia pública e, neste sentido, ao lado dos comunitários, atribui um lugar central aos direitos de participação política, recusa a existência de princípios morais universalmente válidos e tampouco admite que a identidade individual possa estar desvinculada dos valores e tradições comunitárias. É possível, pelo menos no que diz respeito aos temas abordados neste capítulo, situar Ackerman ao lado dos comunitários, porque as diferenças que separam os republicanos dos comunitários não são mais significativas do que aquelas que separam os próprios comunitários ou mesmo os liberais. É precisamente por isso que Habermas, em *Between Facts and Norms. Contributions to a Discourse Theory of Law and Democracy* (tradução de William Rehg, Cambridge, Massachusetts Institute of Technology Press, 1996), por exemplo, se refere indistintamente a republicanos e comunitários. Optamos, no terceiro capítulo, por seguir esta orientação. De resto, e como já assinalamos, tampouco se pode desvincular os representantes do pensamento comunitário ou mesmo o próprio Habermas de certos compromissos com o ideário liberal. A defesa da tolerância, dos direitos fundamentais, da autonomia e da liberdade revela este compromisso por parte de todos. E, finalmente, ainda que nem todos defendam o mercado como forma de administração da escassez, ou elaboram análises críticas sobre a lógica mercantil – daí a defesa da justiça distributiva em Rawls e

os argumentos de Walzer, centrais no segundo capítulo, também sejam considerados. Habermas, por seu turno, está igualmente presente em ambos os capítulos, especialmente porque atribui uma importância essencial ao debate acerca do ordenamento jurídico adequado ao pluralismo do mundo contemporâneo.

Parece não haver dúvidas de que o *movimento de retorno ao direito* integrado por liberais, comunitários e crítico-deliberativos, a despeito das profundas divergências que os separam, privilegia - alguns temas, especialmente o papel atribuído à Constituição e ao sistema de direitos por ela assegurados e os limites fixados ao processo de interpretação constitucional.

Com efeito, como veremos ao longo do terceiro capítulo, os liberais optam por uma concepção de "Constituição-garantia", que tem a função de preservar o conjunto das liberdades negativas que, por sua vez, assegura a autonomia moral dos indivíduos. Neste sentido, a interpretação da Constituição deve ser orientada pelas normas e princípios constitucionais, cujo sentido de validade é deontológico, pois, dado o "fato do pluralismo", o direito tem prioridade sobre qualquer concepção de bem. Os comunitários, ao contrário, optam por atribuir um sentido de validade teleológico às normas e princípios constitucionais e concebem a Constituição como um projeto social integrado por um conjunto de valores compartilhados, que traduz um compromisso com certos ideais. Daí a ideia de que os direitos constitucionais asseguram as liberdades positivas enquanto capacidade de determinação e controle de uma existência conjunta. Nesta perspectiva, a hermenêutica constitucional não poderia estar orientada senão pelos valores éticos que a comunidade compartilha. Habermas, por sua parte, acredita que a Constituição, especialmente porque configura um sistema de direitos fundamentais, tem a função de contextualizar princípios universalistas e, desta forma, se transformar na única base comum a todos os cidadãos. Atribuindo, como os liberais, um sentido deontológico de validade às normas e princípios constitucionais, Habermas estabelece a concepção de *patriotismo constitucional*, procurando demonstrar como compromissos morais com normas universalmente válidas – os direitos fundamentais – podem ser

---

Dworkin – ou se abstêm de oferecer modelos econômicos alternativos, optando mais pela defesa de um Estado de Bem-Estar, como parece ser o caso de Walzer e Habermas.

vinculados aos compromissos éticos de culturas políticas particulares. Daí a relação entre hermenêutica e história, de vez que as normas e princípios constitucionais, abstratamente previstos nas Constituições, apenas adquirem densidade por via de um processo interpretativo associado ao paradigma de direito vigente.

Este debate entre liberais, comunitários e crítico-deliberativos acerca do papel da Constituição, do seu sistema de direitos fundamentais e do modo como a jurisdição constitucional deve interpretar as normas e os princípios constitucionalmente estabelecidos ultrapassa, como assinalamos, o âmbito da filosofia política e envolve filósofos do direito e, especialmente, constitucionalistas, seja nos Estados Unidos, seja na Europa.

Com efeito, boa parte do constitucionalismo alemão, representando aquilo que se designa como "jurisprudência de valores", compartilha muitos dos compromissos do pensamento comunitário e influencia decisivamente o constitucionalismo ibérico que, por sua vez, é a fonte de inspiração dos "constitucionalistas comunitários" brasileiros.

A dimensão comunitária do constitucionalismo brasileiro revela-se seja quando adota uma concepção de Constituição enquanto "ordem concreta de valores", seja quando estabelece um conjunto de instrumentos processuais adequados ao exercício da autonomia pública dos cidadãos, seja, enfim, quando atribui um papel preponderantemente político ao Supremo Tribunal Federal, que deve recorrer a *"procedimentos interpretativos de legitimação de aspirações sociais"*[13] e orientar a interpretação constitucional pelos valores éticos compartilhados. De outra parte, todos estes compromissos, em função da ativa participação dos constitucionalistas "comunitários" ao longo do processo constituinte, foram incorporados à Constituição Federal. O constitucionalismo "comunitário" brasileiro e a *"dimensão comunitária"* que caracteriza o nosso ordenamento constitucional são os temas que trataremos a seguir.

---

[13] Cf. Tércio Sampaio Ferraz Jr. *Constituição de 1988. Legitimidade, Vigência e Eficácia Normativa* (em colaboração com Maria Helena Diniz e Ritinha A. Stevenson Georgakilas), São Paulo, Editora Atlas, 1989, p. 11.

1

Constitucionalismo "comunitário" no Brasil

A emergência, nos anos 70, dos movimentos de defesa dos direitos humanos, especialmente dos direitos relativos à vida e à integridade física daqueles que lutavam contra o regime autoritário que se abateu sobre o País; a luta, na primeira metade dos anos 80, pela reconquista dos direitos de participação política; a efetiva participação, na segunda metade dos anos 80, de diversos setores organizados da sociedade civil no processo constituinte do qual decorreu a Constituição de 1988; as frequentes denúncias, a partir dos anos 90, das violações dos direitos fundamentais das camadas populares, tanto aqueles relativos à vida e à integridade física, como os referentes aos benefícios econômicos e sociais assegurados notadamente pela nova Constituição – caracterizando a *cidadania de baixa intensidade*, de que fala O'Donnell;[14] tudo isso faz com que a

---

[14] Guillermo O'Donnell utiliza o conceito de *"cidadania de baixa intensidade"* (*low intensity citizenship*) para se referir às democracias cujos Estados são incapazes de tornar efetivas as suas próprias regulações. Isto significa que se por um lado os direitos políticos são respeitados – ausência de coerção direta ao voto, livre capacidade de organização e manifestação da opinião – por outro lado, a cidadania é seriamente mutilada no que se refere à negação dos direitos liberais às camadas populares e outros setores estigmatizados – violência policial, impossibilidade de acesso aos tribunais etc. Ver Guillermo O'Donnell, "Sobre o Estado, a Democratização e Alguns Problemas Conceituais – Uma Visão Latino-Americana com uma Rápida

linguagem dos direitos seja definitivamente incorporada ao debate político e ao ordenamento jurídico brasileiros.

A Constituição Federal de 1988, que converteu *todos* os direitos da Declaração da ONU em direitos legais no Brasil[15] e instituiu uma série de mecanismos processuais que buscam dar a eles eficácia, é certamente a principal referência da incorporação desta linguagem dos direitos. Já em seu preâmbulo, ela institui *"um Estado Democrático, destinado a assegurar o exercício dos direitos sociais e individuais, a liberdade, a segurança, o bem-estar, o desenvolvimento, a igualdade e a justiça como valores supremos de uma sociedade fraterna, pluralista e sem preconceitos, fundada na harmonia social..."*[16] Ao definir os fundamentos do Estado Brasileiro, caracterizando-o como *Estado Democrático de Direito*, a Constituição destaca a *cidadania*, a *dignidade da pessoa humana* e o *pluralismo político* (art. 1º, incisos II, III e V), como também fixa, em seu art. 3º, os objetivos fundamentais do Estado Brasileiro: *"construir uma sociedade livre, justa e solidária; garantir o desenvolvimento nacional; erradicar a pobreza e a marginalização e reduzir as desigualdades sociais e regionais; e promover o bem de todos, sem preconceitos de origem, raça, sexo, cor, idade e quaisquer outras formas de discriminação."*

Parece não haver qualquer dúvida de que o sistema de direitos fundamentais se converteu no núcleo básico do ordenamento constitucional brasileiro. Ao estabelecer, no Título I – *Dos Princípios Constitucionais –* , os fundamentos (art. 1º) e os objetivos (art. 3º) do *Estado Democrático de Direito*, privilegiando, tanto num como noutro, a dignidade da pessoa humana, determinados princípios foram positivamente incorporados à Constituição. Como os princípios são considerados *"mandamentos nucleares de um sistema"*[17] ou *"ordenações que se irradiam e imantam os sistemas de normas"*,[18] e neles se expressam os

---

Olhada em Alguns Países Pós-Comunistas", *in Novos Estudos CEBRAP*, no 36, julho de 1993.

[15] Além de enumerar uma série de direitos, a Constituição Federal assinala, no parágrafo 2_o do art. 5o, que: *"Os direitos e garantias expressos nesta Constituição não excluem outros decorrentes do regime e dos princípios por ela adotados, ou dos tratados internacionais em que a República Federativa do Brasil seja parte"*.

[16] Preâmbulo da Constituição da República Federativa do Brasil.

[17] Cf. Celso Antônio Bandeira de Mello. *Elementos de Direito Administrativo*, São Paulo, Ed. RT, 1980, p. 230.

[18] Cf. José Afonso da Silva. *Curso de Direito Constitucional Positivo*, 5a edição, São Paulo, Ed. RT, 1989, p. 82.

"*valores constitucionais*", os nossos constituintes criaram as chamadas normas-princípios,[19] que constituem os preceitos básicos da organização constitucional. Pela primeira vez na história brasileira uma Constituição definiu os objetivos fundamentais do Estado e, ao fazê-lo, orientou a compreensão e interpretação do ordenamento constitucional pelo critério do sistema de direitos fundamentais. Em outras palavras, a dignidade humana, traduzida no sistema de direitos constitucionais, é vista como o valor essencial que dá unidade de sentido à Constituição Federal. Espera-se, consequentemente, que o sistema de direitos constitucionais, visto como expressão de uma ordem de valores, oriente a interpretação do ordenamento constitucional em seu conjunto.

---

[19] Um dos principais temas do debate jurídico contemporâneo tem sido precisamente o papel que desempenham os princípios nos ordenamentos jurídicos atuais. Se para os positivistas a função dos princípios era meramente supletiva e subsidiária, nestes tempos pós-positivistas já se fala até em *concepção principial do direito*, de vez que muitas das constituições contemporâneas, ao incorporarem os princípios em seus textos, os transformaram em normas-valores. Constitucionalizados, os princípios se tornam fundamento de toda a ordem jurídica e critério de interpretação do próprio texto constitucional. São claras, a respeito, as palavras de Paulo Bonavides: "... *desde que a Constituição sendo, como é, (...) uma expressão do consenso social sobre os valores básicos, se torna (...) o alfa e ômega da ordem jurídica, fazendo, ao nosso ver, de seus princípios, estampados naqueles valores, o critério mediante o qual·se mensuram todos os conteúdos normativos do sistema.*" Cf. Paulo Bonavides. *Curso de Direito Constitucional*, 5ª edição, São Paulo, Malheiros Editores, 1994, p. 261. Ver também o belo trabalho de Teresa Negreiros, "Princípios e Sistema – Elementos para uma Releitura do Direito Civil", *in Revista Direito, Estado e Sociedade*, nº 12, PUC-Rio, no prelo. Esclareça-se ainda que, como veremos adiante, a chamada *jurisprudência de princípios* ou *jurisprudência de valores* atravessa toda a literatura constitucional alemã contemporânea. Ao longo deste capítulo serão diversas as referências a estes autores. Ressalte-se, desde logo, os trabalhos de Konrad Hesse (*A Força Normativa da Constituição*, tradução de Gilmar Ferreira Mendes, Porto Alegre, Sergio Antonio Fabris Editor, 1991), Friedrich Müller (*Direito, Linguagem e Violência. Elementos de uma teoria constitucional*, tradução de Peter Naumann, Porto Alegre, Sergio Antonio Fabris Editor, 1995) e Peter Häberle (*Hermenêutica Constitucional. A Sociedade aberta dos intérpretes da Constituição: Contribuição para a interpretação pluralista e "procedimental" da Constituição*, tradução de Gilmar Ferreira Mendes, Porto Alegre, Sergio Antonio Fabris Editor, 1997).

A promulgação da *Constituição Cidadã*,[20] cujo sistema de direitos fundamentais, como vimos, informa todo o ordenamento jurídico, é certamente a expressão definitiva do *movimento de retorno ao direito* no País. Não se trata, como poderia parecer à primeira vista, de uma mera reconstrução do Estado de Direito após anos de autoritarismo militar. Mais do que isso, o movimento de retorno ao direito no Brasil também pretende *reencantar* o mundo. Seja pela adoção do relativismo ético na busca do fundamento da ordem jurídica, seja pela defesa intransigente da efetivação do sistema de direitos constitucionalmente assegurados e do papel ativo do Judiciário, é no âmbito do constitucionalismo brasileiro que se pretende resgatar a *força do direito*.[21] E são os constitucionalistas "comunitários" os encarregados deste resgate.

1. O Constitucionalismo "Comunitário"

O pensamento jurídico brasileiro é marcadamente positivista e comprometido com a defesa de um sistema de direitos voltado para a garantia da autonomia privada dos cidadãos. Uma cultura jurídica positivista e privatista atravessa não apenas os trabalhos de autores vinculados à área do direito privado, mas também caracteriza a produção teórica de muitos dos nossos publicistas. Em todos estes autores a defesa do sistema de direitos se associa prioritariamente aos direitos civis e políticos e menos à implementação dos direitos econômicos e sociais, inclusive pelo fato de que defendem uma concepção menos participativa do que representativa da democracia. Em outras palavras, a cultura jurídica brasileira está majoritariamente comprometida com um liberalismo do *modus vivendi*. Se tivéssemos que associá-la a uma determinada matriz política, certamente falaríamos mais de Hayek e Nozick do que de Rawls e Dworkin, muito embora as fontes talvez sejam outras.

---

[20] Em 05 de outubro de 1988, em discurso proferido no Congresso Nacional·por ocasião da promulgação da Constituição Federal, o deputado Ulysses Guimarães, Presidente da Assembleia Nacional Constituinte, assim qualificou a nova Constituição, buscando precisamente ressaltar o seu amplo sistema de direitos e garantias individuais e coletivas.
[21] Como vimos, a expressão *A Força do Direito* dá título ao livro organizado por Pierre Bouretz (*La Force du Droit, op. cit.*).

São precisamente os representantes do pensamento constitucional brasileiro[22] – em sua maior parte – que estabelecem uma espécie de fratura no seio desta cultura jurídica positivista e privatista, buscando, contra o positivismo, um fundamento ético para a ordem jurídica, e contra o privatismo, a efetividade do amplo sistema de direitos assegurado pela nova Constituição. Recusando o constitucionalismo liberal, marcado pela defesa do individualismo racional, deve-se passar, segundo estes autores, para um *constitucionalismo societário e comunitário,*[23] que confere prioridade aos valores da igualdade e da dignidade humanas. A esse respeito, seria difícil encontrar algum constitucionalista brasileiro que não fizesse suas as palavras de José Afonso da Silva quando defende o caráter abrangente da Constituição Brasileira: *"O constituinte (...) rejeitou a chamada constituição sintética, que é a constituição negativa, porque construtora apenas de liberdade-negativa ou liberdade-impedimento, oposta à autoridade, modelo de constituição que, às vezes, se chama de constituição-garantia (ou constituição-quadro). A função garantia não só foi preservada como até ampliada na nova Constituição, não como mera garantia do existente ou como simples garantia das liberdades negativas ou liberdades-limites. Assumiu o novo texto a característica de constituição-dirigente, enquanto define fins e programa de ação futura..."*[24]

---

[22] José Afonso da Silva, Carlos Roberto de Siqueira Castro, Paulo Bonavides, Fabio Konder Comparato, Eduardo Seabra Fagundes, Dalmo de Abreu Dallari, Joaquim de Arruda Falcão Neto, dentre outros, são representantes do que designamos por constitucionalismo "comunitário". Importa ressaltar que, no âmbito da cultura jurídica, nem todos seriam qualificados como constitucionalistas, de vez que trafegam tanto pela teoria do direito, como pela sociologia e filosofia do direito. O *Curso de Direito Constitucional Positivo* (José Afonso da Silva), *A Constituição Aberta e Atualidades dos Direitos Fundamentais do Homem* (Carlos Roberto de Siqueira Castro) e o *Curso de Direito Constitucional* (Paulo Bonavides) – todos citados neste capítulo – enquanto trabalhos exaustivos sobre o direito constitucional, são os textos mais elucidativos do constitucionalismo "comunitário" brasileiro. Os demais autores revelam este compromisso "comunitário" através de diversos textos e artigos, alguns dos quais citados ao longo deste capítulo.

[23] Conceito utilizado por Carlos Roberto de Siqueira Castro em *A Constituição Aberta e Atualidades dos Direitos Fundamentais do Homem, op. cit.*

[24] Cf. José Afonso da Silva, *Curso de Direito Constitucional Positivo, op. cit.*, p. 6.

É exatamente esta concepção de *constituição-dirigente* que entra em conflito com nossa cultura jurídica positivista e privatista, segundo a qual a constituição tem por objetivo preservar a esfera da ação individual, através do estabelecimento de um sistema de normas jurídicas que regula a forma do Estado, do governo, o modo de exercício e aquisição do poder e, especialmente, os seus limites. Em outras palavras, apenas uma concepção de *constituição-quadro* ou *constituição-garantia* se coaduna com nossa cultura jurídica.

O *constitucionalismo societário e comunitário*, de que fala Carlos Roberto S. Castro, toma a constituição como uma estrutura normativa que envolve um *conjunto de valores*. Há, portanto, uma conexão de sentido entre os valores compartilhados por uma determinada comunidade política e a ordenação jurídica fundamental e suprema representada pela constituição, cujo sentido jurídico, consequentemente, só pode ser apreciado em relação à totalidade da vida coletiva. Nas palavras de José Afonso da Silva, *"certos modos de agir em sociedade transformam-se em condutas humanas valoradas historicamente e constituem-se em fundamento do existir comunitário, formando os elementos constitucionais do grupo social, que o constituinte intui e revela como preceitos normativos fundamentais: a constituição"*.[25] Ou seja, o objetivo primordial da constituição é a realização dos valores que apontam para o existir da comunidade.

Os representantes deste constitucionalismo "comunitário" se contrapõem, portanto, à ideia de que a tarefa primordial da constituição é a defesa da autonomia dos indivíduos (e da sociedade) contra um poder público inimigo, através da criação de um sistema fechado de garantias da vida privada. Não há como, contemporaneamente, defender, segundo estes autores, uma tal concepção, de vez que os direitos fundamentais possuem hoje uma dimensão objetiva em função da integração dos indivíduos no processo político comunitário e da ampliação do chamado espaço público. Ao *sistema fechado* de garantias da autonomia privada, eles opõem a ideia de *constituição aberta*,[26] que enfatiza os valores do

---

[25] *Idem*, p. 39.

[26] As Constituições de Portugal (1976), Espanha (1978) e Brasil (1988) são consideradas exemplos de *constituições abertas*, dada a extensão de seus respectivos textos e a diversidade das matérias incluídas, especialmente a inclusão na esfera constitucional dos direitos fundamentais de caráter econômi-

ambiente sociocultural da comunidade. As constituições dos Estados democráticos, pela via da abertura constitucional, se abrem a outros conteúdos, tanto normativos (direito comunitário), como extranormativos (usos e costumes) e metanormativos (valores e postulados morais).[27]

O constitucionalismo "comunitário", calcado no binômio dignidade humana-solidariedade social, ultrapassa, segundo seus representantes, a concepção de direitos subjetivos, para dar lugar às liberdades positivas. Uma visão comunitária da liberdade positiva limita e condiciona em prol do coletivo a esfera da autonomia individual. Em outras palavras, os direitos fundamentais não mais podem ser pensados apenas do ponto de vista dos indivíduos, enquanto faculdades ou poderes de que estes são titulares, *"antes valem juridicamente também do ponto de vista da comunidade, como valores ou fins que esta se propõe prosseguir. Em cada um dos direitos fundamentais e entre eles, a Constituição delimita espaços normativos, preenchidos por valores que constituem bases de ordenação da vida social. É legítimo falar de uma dimensão objetiva dos direitos fundamentais como dimensão valorativa, visto que a medida ou o alcance de sua validade jurídica são em parte determinados pelo*

---

co, social e cultural e a organização econômica. Segundo os constitucionalistas "comunitários", a idéia de constituição aberta põe fim ao debate sobre a adoção de constituições ideais ou reais, de vez que já não há por que discutir acerca da extensão do texto constitucional. Passou a ser irrelevante que ele seja sintético ou analítico, pois o que importa é a noção de *relevância constitucional*, ou seja, ter o sistema normativo assimilado suficientemente as questões consideradas relevantes pela comunidade ao tempo do processo constituinte. Ver, a respeito, Carlos Roberto de Siqueira Castro. *A Constituição Aberta e Atualidades dos Direitos Fundamentais do Homem*, op. cit., p. 80 e seguintes.

[27] Ver, a respeito, Pablo Lucas Verdu. *La Constitucion Abierta y sus Enemigos*, Madrid, Ediciones Beramar, 1990. A idéia de *constituição aberta* foi formulada pelo constitucionalista alemão Peter Häberle, a partir do conceito de sociedade aberta elaborado por Karl Popper. Daí a semelhança do título do livro de Verdu com o de Karl Popper (*A Sociedade Aberta e seus Inimigos*, tradução de Milton Amado, São Paulo, Editora da USP, 1974). Apresentaremos, mais adiante, a concepção de Häberle sobre constituição aberta, quando explicitarmos a influência do constitucionalismo alemão sobre o português e o espanhol.

reconhecimento comunitário, e não simplesmente remetidos para a opinião e a vontade de seus titulares".[28]

Com efeito, recusando a concepção de direitos públicos subjetivos, que constituiriam um conceito técnico-jurídico do Estado liberal preso à concepção individualista do homem, os constitucionalistas "comunitários" preferem adotar a expressão *direitos fundamentais do homem*, que designa, no nível do direito positivo, as prerrogativas e instituições que ele concretiza em garantias de uma convivência digna, livre e igual para todas as pessoas. A expressão direitos fundamentais do homem não significa, portanto, esfera privada contraposta à atividade pública, como simples limitação do Estado, mas restrição imposta pela soberania popular aos poderes constituídos do Estado que dela dependem. Nas palavras de José Afonso da Silva, os direitos fundamentais do homem "*são direitos que nascem e se fundamentam, portanto, no princípio da soberania popular*".[29]

Os direitos fundamentais parecem ser analisados por estes autores a partir de dois momentos distintos. Em primeiro lugar são considerados valores reconhecidos pela comunidade e, como tais, devem ingressar no texto constitucional que, como vimos, pressupõe uma estrutura normativa que envolve um conjunto de valores. A partir do momento em que assumem o caráter concreto de normas constitucionais positivas passam a ser considerados direitos constitucionais e não valores supraconstitucionais ou supra-estatais, como afirmam os autores comprometidos com a visão do direito natural. Desta forma, enquanto valores constitucionais, o sistema de direitos fundamentais, ao mesmo tempo que se constitui em núcleo básico de todo o ordenamento constitucional, também funciona como seu critério de interpretação. Enquanto direitos positivados, são metas e objetivos a serem alcançados pelo Estado Democrático de Direito. Para os constitucionalistas "comunitários" isso se dá porque se a aplicação das normas relativas ao sistema de direitos pressupõe a sua dimensão extraconstitucional, isso não pode significar que a ordem constitucional esteja submetida a uma ordem de valores abstrata, ancorada em um direito natural que concebe uma natureza humana única e imutável. É exatamente aqui que se revela

---

[28] Cf. José Carlos Vieira Andrade. *Os Direitos Fundamentais na Constituição Portuguesa de 1976*, Coimbra, Livraria Almedina, 1983, p. 144-145.
[29] Cf. José Afonso da Silva. *Curso de Direito Constitucional Positivo*, *op. cit.*, p. 161.

a dimensão "comunitária" do constitucionalismo brasileiro. Senão vejamos. Em primeiro lugar, quando falam no valor da dignidade humana não querem se referir a nenhuma concepção dogmática da natureza humana, nem tampouco se referem a uma pura idealidade ou abstração. Ao contrário, os direitos fundamentais positivados constitucionalmente recebem uma espécie de *validação comunitária*, pois fazem parte da consciência ético-jurídica de uma determinada comunidade histórica. De outra parte, é exatamente a ausência de qualquer dogmatismo jusnaturalista que permite aos "comunitários" a utilização do conceito de *abertura constitucional*. Afinal, segundo eles, a dignidade humana não representa um valor abstrato, mas *"autonomia ética dos homens concretos"*.[30] É, portanto, pela via da participação político-jurídica, aqui traduzida como o alargamento do círculo de intérpretes da constituição, que se processa a interligação entre os direitos fundamentais e a democracia participativa. Em outras palavras, a *abertura constitucional* permite que cidadãos, partidos políticos, associações etc. integrem o círculo de intérpretes da constituição, democratizando o processo interpretativo – na medida em que ele se torna aberto e público – e, ao mesmo tempo, concretizando a constituição.

Ressalte-se que quando o constitucionalismo "comunitário" se refere à concretização da constituição, através da ampliação do círculo de seus intérpretes, busca, especialmente, garantir a efetividade do sistema de direitos constitucionalmente assegurados. E não poderia ser diferente. Se, como vimos, a dignidade humana, aqui traduzida por autonomia ética de indivíduos históricos, integra os princípios constitucionais da nossa Constituição e se estes funcionam como critério de interpretação e integração de todo o ordenamento supremo, resulta daí que a concretização dos direitos fundamentais é certamente uma das valorações políticas fundamentais acolhidas pelo legislador constituinte.

Ocorre, entretanto, que diferentemente das regras de direito privado, por exemplo, as normas constitucionais relativas aos direitos fundamentais revelam programas de ação ou afirmações de princípios e não possuem uma regulamentação perfeita e completa,

---

[30] Cf. José Carlos Vieira de Andrade. *Os Direitos Fundamentais na Constituição Portuguesa de 1976*, *op. cit.*, p. 162.

sendo quase sempre pouco descritivas, vagas e esquemáticas.[31] Concretizar o sistema de direitos constitucionais, portanto, pressupõe uma atividade interpretativa tanto mais intensa, efetiva e democrática quanto maior for o nível de abertura constitucional existente. Neste sentido, é exatamente porque não se prescreve o regime da aplicabilidade imediata da maioria das normas relativas aos direitos fundamentais que se espera a decisão política da comunidade histórica no sentido de efetivamente participar do grupo de intérpretes da constituição. E não há outra forma de viabilizar esta participação jurídico-política senão através da criação, pelo próprio ordenamento constitucional, de uma série de instrumentos processuais-procedimentais que, utilizados pelo círculo de intérpretes da constituição, possa vir a garantir a efetividade dos direitos fundamentais.[32]

Importa esclarecer que ao definir uma série de institutos processuais asseguradores dos direitos fundamentais, os constitucionalistas "comunitários", de vez que comprometidos tanto com o ideal da igualdade-dignidade humanas, como com o processo de participação jurídico-política da comunidade, privilegiam menos os procedimentos que reclamam um comportamento negativo do

---

[31] A esse respeito ver José Carlos Vieira de Andrade, capítulo IV – *"A Interpretação dos Preceitos Constitucionais relativos aos direitos fundamentais"*, *in Os Direitos Fundamentais na Constituição Portuguesa de 1976*, *op. cit.*, p. 115. Ressalte-se que esta obra de José Carlos Vieira de Andrade é um marco do constitucionalismo "comunitário" português.

[32] Importa esclarecer que a ideia de uma efetiva abertura constitucional, através da criação de um amplo círculo de intérpretes, não significa a defesa de um extenso subjetivismo interpretativo. As normas escritas de uma constituição são sempre e necessariamente o ponto de partida de qualquer solução jurídica. A abertura constitucional busca apenas garantir a participação jurídico-político da comunidade, através de determinados institutos processuais, na efetivação do sistema de direitos constitucionais. Neste sentido, afirma José Carlos Vieira de Andrade que *"o conteúdo da Constituição, esteio de (quase) toda a ordenação jurídica da vida comunitária, deve estar o menos dependente possível da opinião dos intérpretes"*. Mas, acrescenta: *"Pensamos, porém, que o texto constitucional, sendo em princípio um limite à interpretação, terá que ceder sempre que o sentido literal atente de forma intolerável contra princípios jurídicos fundamentais ou quando a prática social demonstre claramente a convicção jurídica geral do carácter obsoleto ou ilegítimo do programa normativo escrito..."* Cf. José Carlos Vieira de Andrade, *Os Direitos Fundamentais na Constituição Portuguesa de 1976*, *op. cit.*, p. 127-128.

poder público do que aqueles que exigem prestações positivas por parte do Estado. E, aqui também, não poderia ser diferente. Afinal, lutam exatamente contra uma concepção de direitos subjetivos enquanto esfera que demanda proteção contra invasões indevidas por parte da autoridade estatal. Ao invés, conferem prioridade ao *dever de ação* e não ao *dever de abstenção* por parte do Estado.

Este dever de ação por parte do poder público envolve todo o conjunto dos direitos fundamentais. Mesmo no caso dos direitos civis e políticos – direito à integridade física e direito ao voto, por exemplo – que à primeira vista parecem estar mais vinculados ao dever de abstenção, ainda nestes casos há dever de ação por parte do Estado – obrigação de manter força policial ou promulgar legislação eleitoral, por exemplo. No entanto, a ausência da intervenção legislativa não impede o gozo destes direitos, de vez que seus conteúdos são determinados constitucionalmente. Em outras palavras, estes direitos existem e valem plenamente, mesmo na ausência de lei. O mesmo não ocorre, entretanto, com os chamados direitos econômicos e sociais. Sem a atuação do legislador ordinário, determinada por delegação constitucional, não há como garantir-lhes eficácia. São claras, neste sentido, as palavras de José Carlos Vieira de Andrade: *"Quanto aos direitos (sociais) a prestações (...) as normas que os prevêem contêm* **directivas** *ao legislador ou, talvez melhor, são* **normas impositivas de legislação***, não conferindo aos seus titulares verdadeiros poderes de exigir, porque apenas indicam ou impõem ao legislador que tome medidas para uma maior satisfação ou realização concreta dos bens protegidos. Não significa isso que se tratem de normas meramente programáticas, no sentido de simplesmente declamatórias (proclamatórias), visto que têm força jurídica e vinculam efetivamente o legislador. O legislador não pode decidir se atua ou não. É-lhe proibido o non facere"*.[33]

É precisamente contra este "não fazer" que o constitucionalismo "comunitário" erige determinados instrumentos processuais que possam dar efetividade às normas constitucionais asseguradoras de direitos, especialmente dos direitos sociais, ainda não regulamentadas de forma eficaz. O dever de ação por parte do Estado, portanto, se associa, neste momento, à necessidade de pôr fim à omissão. Ou, de outra forma, controlar as omissões do poder

---

[33] *Idem*, p. 206.

público, seja do Legislativo, seja do Executivo, é a maneira pela qual se garante o dever de prestação.

Para o constitucionalismo "comunitário", portanto, o processo de concretização da constituição, enquanto efetividade do seu sistema de direitos fundamentais, depende da capacidade de controe, por parte da comunidade, das omissões do poder público. E são os institutos processuais destinados a controlar diretamente estas omissões – mandado de injunção e ação de inconstitucionalidade por omissão, como veremos mais adiante – que viabilizam a participação jurídico-política, garantindo o valor dignidade da pessoa humana.

De outra parte, essa dimensão objetiva do sistema de direitos constitucionais – que será tanto mais efetiva quanto maior for a eficácia normativa da constituição – , também depende da operosidade das instituições encarregadas do seu cumprimento. E o Poder Judiciário, na qualidade de último intérprete da Constituição – já que aqui prevalece o sistema jurisdicional de controle da constitucionalidade, a seguir discutido – tem um papel proeminente. Mais do que isso, não seria exagero afirmar que o constitucionalismo "comunitário" brasileiro defende a figura de um Estado-Juiz, acompanhando, também aqui, o pensamento comunitário na defesa da jurisdição constitucional enquanto regente republicano das liberdades positivas.

a) A Influência do Constitucionalismo Europeu e Norte-Americano

O constitucionalismo "comunitário" brasileiro é, primordialmente, influenciado pelo pensamento constitucional português e espanhol, especialmente pelas discussões travadas por ocasião dos processos constituintes dos quais resultaram a Constituição Portuguesa de 1976 e a Constituição Espanhola de 1978.[34] À semelhança do processo brasileiro, estes países

---

[34] A influência das Constituições portuguesa e espanhola foi tão significativa no processo constituinte brasileiro que vários artigos da Constituição de 1988, especialmente os que se referem ao sistema de direitos, são cópias literais dos artigos daquelas Constituições. De resto, a história constitucional brasileira tem esta marca. A Constituição de 1891 tinha o texto da Constituição norte-americana completado com algumas disposições das

atravessaram longos períodos de autoritarismo político e elaboraram Constituições com vistas à implementação e consolidação de regimes democráticos. Os trabalhos de José Joaquim Gomes Canotilho, Jorge Miranda e José Carlos Vieira de Andrade, em Portugal, e Pablo Lucas Verdu e Antonio Enrique Pérez Luño, na Espanha,[35] influenciaram decisivamente o pensamento constitucional brasileiro contemporâneo.

Parece não restar qualquer dúvida acerca de um "compromisso "comunitário" dos constitucionalistas de Portugal e Espanha. Do ponto de vista teórico-filosófico, é clara a vinculação destes autores com o relativismo ético comunitário, que aqui se revela, especialmente, na concepção de constituição como ordem jurídica fundamental que incorpora os valores de uma comunidade histórica concreta. Há, segundo eles, uma espécie de interpenetração entre aquilo que designam por realidade constitucional – realidade de fatos, mas também de compromissos éticos – e a constituição, que vem a ser "*a sede dos valores jurídicos básicos acolhidos na comunidade política, a expressão mais imediata da idéia de Direito nela triunfante, o estatuto do poder político que se pretende ao serviço desta idéia, o quadro de referência recíproca da sociedade e do poder*".[36] Não se imagine, contudo, que a constituição

---

Constituições suíça e argentina; a Constituição de 1934 foi fortemente influenciada pela Constituição alemã de Weimar; e a Constituição de 1946 reutilizou os textos das Constituições de 1891 e 1934. Sobre as normas e institutos estrangeiros recepcionados pela Constituição Brasileira de 1988, ver Ana Lucia de Lyra Tavares, "A Constituição Brasileira de 1988: Subsídios para os comparatistas", *in Revista de Informação Legislativa*, no 109, janeiro/março de 1991. No âmbito do direito constitucional comparado, este texto é valioso, constituindo-se em uma das mais exaustivas análises sobre as fontes de direito estrangeiro na atual Constituição Brasileira.

[35] São os seguintes os principais trabalhos destes autores: *Direito Constitucional*, Editora Livraria Almedina, Coimbra, 1992 (José Joaquim Gomes Canotilho); *Manual de Direito Constitucional*, tomos I, II e III, Coimbra, Coimbra Editora Limitada, 1983 (Jorge Miranda); *Os Direitos Fundamentais na Constituição Portuguesa de 1976, op. cit.*, (José Carlos Vieira de Andrade); *La Constitucion Abierta y sus Enemigos, op. cit.*, (Pablo Lucas Verdu); e *Derechos Humanos, Estado de Derecho y Constitucion*, Tecnos, Madrid, 1991 (Antonio Enrique Pérez Luño).

[36] Cf. José Carlos Vieira de Andrade. *Os Direitos Fundamentais na Constituição Portuguesa de 1976, op. cit.*, p. 56. Discorrendo sobre os valores, José Carlos Vieira de Andrade acrescenta que eles "*descobrem-se na análise dos comandos constitucionais e na consciência que deles adquira a comunidade, no sentimento jurídico*

exprima a soma de todos os valores de uma comunidade histórica ou mesmo o seu valor supremo. A ideia de abertura constitucional – apenas factível face ao pluralismo e que aqui traduz o ideal comunitário da efetiva participação política dos membros de uma comunidade histórica – não seria compatível com tal concepção. Somente através da interpretação e da integração dos preceitos constitucionais, pela via da abertura constitucional, se torna possível o confronto *"das forças políticas portadoras de projectos alternativos de realização dos fins constitucionais"*.[37]

Do ponto de vista pragmático, após anos de autoritarismo governamental, não se poderia esperar, da maior parte dos constitucionalistas portugueses e espanhóis, senão a luta, afinal vitoriosa, pela incorporação de um amplo sistema de direitos fundamentais em suas Constituições. O compromisso com a efetivação das normas constitucionais asseguradoras dos direitos fundamentais, enquanto parâmetros de valoração que orientam a interpretação de todo o ordenamento constitucional, se revela claramente nas palavras de Antonio Enrique Pérez Luño: *"A jurisprudência do Tribunal Constitucional da República Federal da Alemanha tem considerado, em inúmeras decisões, o sistema de direitos fundamentais consagrados pela Grundgesetz como a expressão de uma ordem de valores, que deve guiar a interpretação de todas as demais normas constitucionais do ordenamento jurídico em seu conjunto... Também na Espanha, o Tribunal Constitucional tem sustentado expressamente que os direitos fundamentais refletem um sistema de valores e princípios de alcance universal que hão de informar todo o ordenamento jurídico"*.[38]

Para estes autores, se o constitucionalismo liberal tomava a lei como razão, o constitucionalismo "comunitário" a toma como vontade: vontade política de uma comunidade histórica. Faz-se necessário, portanto, concretizá-la. Essa concretização depende, por um lado, da participação jurídico-política de seus membros, mas, por outro lado, também depende – e fundamentalmente – da atuação

---

das pessoas em comunidade. Não se confundem com quaisquer subjectivismos. A idéia de Direito na qual assenta a Constituição material surge necessariamente como idéia comunitária, como representação que certa comunidade faz da sua ordenação e do seu destino à luz dos princípios jurídicos". Idem, p. 57.

[37] Cf. José Joaquim Gomes Canotilho. *Direito Constitucional, op. cit.*, p. 85.

[38] Cf. Antonio Enrique Pérez Luño. *Derechos Humanos, Estado de Derecho y Constitucion, op. cit.*, p. 292.

efetiva dos órgãos jurisdicionais encarregados de lhe garantir eficácia. Apenas assim uma constituição se realiza. Conclui-se, portanto, que *"cabe ao agente ou agentes do processo de concretização um papel fundamental, porque são eles que, no fim do processo, colocam a norma em contacto com a realidade. No específico plano da concretização normativo-constitucional, a mediação metódica da normatividade pelos sujeitos concretizadores assume uma das suas manifestações mais relevantes. Em face do carácter aberto, indeterminado e polissêmico das normas constitucionais, torna-se necessário que, a diferentes níveis de realização ou de concretização (...), se aproxime a norma constitucional da realidade"*.[39] Em outras palavras, a tarefa de realização ou concretização constitucional, segundo estes autores, supõe necessariamente um trabalho de explicitação do sentido das normas da constituição, ou seja, uma tarefa interpretativa que, contra o positivismo, se caracterize por sua dimensão criadora.

É precisamente através da discussão acerca da hermenêutica constitucional que se pode observar a incorporação, por parte do constitucionalismo português e espanhol, do debate constitucional travado nos Estados Unidos e na Alemanha, ainda que seja maior a influência alemã, possivelmente porque se trata de sistemas semelhantes – sistema continental.[40] Ressalte-se, de outra parte, que se não podemos claramente nos referir a um debate *entre* americanos

---

[39] Cf. José Joaquim Gomes Canotilho. *Direito Constitucional, op. cit.*, p. 160.

[40] No mundo ocidental contemporâneo, são dois os principais sistemas de direito: o sistema continental e o da *common law*. O sistema continental tem por base o renascimento dos estudos do direito romano, nas Universidades italianas e alemães dos séculos XI e XII, através da reinterpretação do *Corpus Juris Civilis*, elaborado por determinação do imperador Justiniano (527 a 565 d.C.). No sistema continental as regras de direito são vistas enquanto regras de conduta geral. A principal fonte do direito é a lei escrita; daí, os códigos de direito. No âmbito da *common law* – que comporta o direito inglês e aqueles que se organizaram a partir dele (Estados Unidos e Austrália, por exemplo) – o que se pretende é solucionar um caso concreto e a resolução deve, atendidos determinados requisitos, ser retomada na solução de outro caso análogo, obedecendo-se à regra do precedente. Como foram os juízes que formaram a *common law*, a sua principal fonte de direito é a jurisprudência (*case law*), tendo a lei escrita uma função secundária. Ver, a respeito, René David, *Os Grandes Sistemas do Direito Contemporâneo*, tradução de Hermínio A. Carvalho, São Paulo, Martins Fontes, 1996.

e alemães,[41] não há dúvidas de que é a *mesma* a discussão que se processa *entre* americanos e *entre* alemães.

O debate constitucional que ocorre tanto nos Estados Unidos como na Alemanha, e que tanta influência causa no pensamento constitucional europeu e brasileiro, está basicamente centrado no tema da concretização da constituição, ou seja, em como tornar juridicamente eficazes as normas constitucionais. Mais especificamente, a discussão refere-se à concretização do sistema de direitos assegurado pela constituição e à atuação da jurisdição constitucional em torná-lo eficaz.

No âmbito do pensamento norte-americano duas posições se confrontam. A primeira, mais liberal, denominada interpretativista (*interpretivism*), parte do pressuposto de que uma sociedade democrática e liberal caracteriza-se pelo pluralismo, ou seja, é integrada por indivíduos e grupos que possuem diversas e distintas concepções de bem. Consequentemente, o pluralismo e o relativismo de valores que dele resultam não permitem que a constituição venha a fixar teleologicamente conteúdos substantivos ou objetivos a seguir. Ao contrário, limitada a um instrumento de governo, a constituição tem a exclusiva função de estabelecer procedimentos e determinar as competências dos órgãos politicamente responsáveis pela concretização das demandas de indivíduos e grupos. Em outras palavras, como os valores defendidos pela maioria democrática possuem um peso (relativo) maior do que qualquer posição assumida por minorias ou órgãos judiciais, resulta que a *law of judges* deve submeter-se ao *rule of law*.

Os constitucionalistas portugueses e espanhóis citam Robert Bork e W. Rehnquist como os atuais representantes do interpretativismo norte-americano. Os trabalhos destes autores, por sua vez, são, na verdade, uma espécie de releitura das ideias de Joseph Story,

---

[41] A razão da ausência deste debate *entre* americanos e alemães provavelmente pode ser explicada pela diferença entre os sistemas jurídicos destes países – *common law* e sistema continental, respectivamente. Ressalte-se, no entanto, que o trabalho de Habermas, *Between Facts and Norms. Contributions to a Discourse Theory of Law and Democracy* (*op. cit.*) – publicado na Alemanha em 1992 – contrapõe, ao ingressar no debate político-constitucional contemporâneo, autores americanos e alemães, como veremos mais adiante.

que nos seus *Commentaries on the Constitution of the United States*[42] defende aquilo que designa como *interpretação razoável* da Constituição Americana. Comprometido com um constitucionalismo liberal, cujos valores primordiais são o Estado de Direito e os direitos individuais, Story afirma que as palavras de uma constituição devem ser tomadas em sua acepção natural e óbvia, evitando-se o indevido alargamento ou restrição de seu significado. Story defende a *teoria dos poderes implícitos,* segundo a qual na interpretação de um determinado poder não se consentirá coisa alguma que possa invalidar ou prejudicar os seus confessados objetivos. Exemplifica tal teoria interpretando o texto da Constituição Americana que autoriza o Congresso a declarar guerra. Declarar, segundo ele, só pode significar aqui o poder de fazer e empreender a guerra e não o mero poder de tornar conhecida uma coisa já existente.[43]

A corrente interpretativista, admitindo a utilização de diversos elementos interpretativos, defende uma *interpretação jurídica* da constituição, de forma que o princípio da legalidade constitucional é *"fundamentalmente salvaguardado pela dupla relevância atribuída ao texto: (1) ponto de partida para a tarefa de mediação ou captação de sentido por parte dos concretizadores das normas constitucionais; (2) limite da tarefa de interpretação, pois a função do intérprete será a de desvendar o sentido do texto sem ir para além, e muito menos contra...".*[44]

---

[42] Joseph Story. *Commentaries on the Constitution of the United States*, 4ª edição, 2 vols. Boston, Thomas M. Cooley, 1873, citado por Paulo Bonavides. *Curso de Direito Constitucional, op cit.*, p. 384.

[43] Citado por Paulo Bonavides, *Curso de Direito Constitucional*, op. cit., pp. 430-431. No âmbito do constitucionalismo brasileiro, português ou espanhol não há trabalhos consistentes sobre os autores que integram a chamada corrente interpretativista americana. E mesmo as rápidas referências são bastante esparsas. Tampouco há bibliografia à disposição. Nada disso é surpresa, de vez que tanto o constitucionalismo europeu como o brasileiro se contrapõem a esta corrente. A esse respeito são claras as palavras de Paulo Bonavides: *"Na vida do direito, a interpretação, pois, já não se volve para a vontade do legislador ou da lei, senão que se entrega à vontade do intérprete ou do juiz, num Estado que deixa assim de ser o Estado de Direito clássico para se converter em Estado de justiça, único onde é fácil a união do jurídico com o social, precisamente por ocorrer o holocausto do primeiro a segundo, com o Direito Constitucional se transformando numa Sociologia ou Jurisprudência da Constituição". Idem,* p. 435.

[44] Cf. José Joaquim Gomes Canotilho. *Direito Constitucional, op. cit.*, p. 150.

A segunda posição, denominada não-interpretativista (*non interpretivism*) autoriza o judiciário, na tarefa de interpretação da constituição, a recorrer aos valores substantivos da comunidade e não apenas ver o direito como um sistema fechado de regras concretas. Sem perder a objetividade, os juízes podem recorrer aos princípios jurídicos, como a justiça e a igualdade. Esta mediação judicial concretiza a constituição precisamente porque, ao contrário da corrente interpretativista, não leva em consideração apenas o texto constitucional, mas também invoca o processo histórico, os valores e princípios substantivos, os precedentes e outros conceitos ancorados num determinado *ethos* social, tudo isso com o objetivo de julgar em conformidade com o "*projeto de constituição*".

Os trabalhos de Bruce Ackerman, constitucionalista norte-americano integrante do chamado grupo republicano, são representativos desta segunda posição. Partindo da ideia de que o primeiro, e mais fundamental, é o direito de cada indivíduo ao reconhecimento dialógico como cidadão com iguais atribuições na conversação política,[45] Ackerman equipara a sociedade a uma comunidade dialógica e vê a Constituição como um ato de autodeterminação de uma comunidade política. Nesta perspectiva, a Suprema Corte, através do *judicial review*, deve impedir a violação das restrições constitucionais determinadas pelo povo. No entanto, por recorrer a uma concepção de "democracia dualista", Ackerman acredita que em determinados momentos históricos decisivos a Suprema Corte não pode declarar a inconstitucionalidade das conquistas revolucionárias obtidas por uma cidadania fortemente mobilizada. Em outras palavras, o povo é capaz de engendrar "transformações no sistema" e a Suprema Corte deve atuar no sentido de acatá-las e, ao mesmo tempo, integrá-las à história constitucional da comunidade política.

Da mesma forma que Ackerman, Dworkin[46] também integra esta corrente. Ainda que se oponha ao grupo republicano, o liberalismo de Dworkin, paradoxalmente, não o impede de dar à Suprema Corte

---

[45] Cf. Bruce Ackerman. *La Justicia Social en el Estado Liberal*, tradução de Carlos Rosenkrantz, Madrid, Centro de Estudios Constitucionales, 1993, p. 104 e segs.

[46] As posições de Ackerman e Dworkin sobre a atuação do Judiciário serão objeto de análise no terceiro capítulo deste trabalho. Daí a brevidade das referências ora formuladas.

um papel proeminente na interpretação da Constituição. Partindo da crítica ao positivismo, que confere prioridade às normas em detrimento dos princípios, Dworkin ataca a defesa positivista do poder discricionário dos juízes no caso da ausência de normas: *"No âmbito do positivismo jurídico encontramos uma teoria dos casos difíceis. Quando um determinado litígio não pode ser resolvido claramente por uma norma jurídica, estabelecida previamente por alguma instituição, o juiz – de acordo com esta teoria – tem poder discricionário para decidir o caso. Esta opinião supõe, aparentemente, que uma das partes tinha o direito preexistente de ganhar o processo, mas tal ideia não é mais do que uma ficção. Na realidade, o juiz introduziu novos direitos jurídicos e os aplicou depois, retroativamente, ao caso que tinha em mãos"*.[47] Para ele, a moralidade política pode influenciar os juízes nos casos excepcionais, especialmente no que diz respeito à interpretação da constituição. Ante os chamados *"casos difíceis"*, os juízes devem recorrer aos princípios, adotando uma interpretação fundacional da constituição como um todo.

No que diz respeito ao debate alemão, as posições são basicamente as mesmas. Também aqui duas posições se confrontam. De um lado, os que defendem uma metodologia estritamente jurídica da hermenêutica constitucional,[48] segundo a qual não há distinção entre a interpretação da constituição e a interpretação de uma lei. Por conseguinte, as regras tradicionais da interpretação[49] também devem se aplicar à hermenêutica constitucional. De outro lado, temos os defensores de uma metodologia bastante ampliada, denominada *científico-espiritual*, que toma a constituição como *ordem de valores* e que vê a interpretação constitucional como uma tarefa de

---

[47] Cf. Ronald Dworkin. *Los Derechos en Serio*, tradução de Marta Guastavino, Barcelona, Editorial Ariel, 1989, p. 146.

[48] A defesa estrita do método jurídico no plano da interpretação constitucional foi feita, na Alemanha, por Ernst Forsthoff.

[49] As regras tradicionais da interpretação estão associadas aos chamados métodos tradicionais da hermenêutica, a saber, a interpretação gramatical, a lógica e a analógica. A interpretação gramatical prioriza o sentido literal das palavras utilizadas na elaboração da norma. A interpretação lógica é aquela que investiga as condições e os fundamentos da lei, procurando reconstruir a intenção do legislador. A interpretação analógica, pressupondo a unidade do sistema jurídico, supre as lacunas da norma recorrendo a matérias análogas. Sobre o tema, ver Paulo Bonavides, *Curso de Direito Constitucional, op. cit.* Capítulo "A Interpretação da Constituição".

articulação do texto constitucional com os valores reais de uma comunidade histórica.

Da mesma forma como ocorre em relação à corrente interpretativista norte-americana, são raras as referências ao método estritamente jurídico defendido por constitucionalistas alemães, seja na literatura constitucional portuguesa ou espanhola, seja na brasileira. Quanto ao método científico-espiritual, sua influência é decisiva. Senão vejamos. Esta metodologia foi inicialmente desenvolvida por Rudolf Smend, criador da concepção integrativa, segundo a qual a interpretação constitucional deve tomar a constituição como um todo, em uma análise global de seus aspectos teleológicos e materiais. Privilegiando a dimensão política do ordenamento constitucional, Smend recusa qualquer interpretação formalista da constituição, pois o fundamental é o estabelecimento de uma articulação entre o texto constitucional e a realidade *espiritual* de uma comunidade histórica. Apenas uma análise integrativa, que assim proceda, pode captar o sentido teleológico do ordenamento constitucional, adaptando-o aos tempos e às circunstâncias.[50]

É precisamente em torno da metodologia científico-espiritual desenvolvida por Smend que se estrutura o constitucionalismo alemão contemporâneo, excetuando-se, como é evidente, os poucos defensores dos métodos jurídicos clássicos. Ainda que algumas nomenclaturas apareçam – método tópico-problemático, método hermenêutico-concretizante, método normativo-estruturante – todos estes métodos[51] são variações em torno de um mesmo tema, qual seja, como concretizar a constituição enquanto consenso social sobre os valores básicos de uma comunidade concreta. Friedrich

---

[50] As mais consistentes análises sobre a obra de R. Smend se encontram, no Brasil, em Paulo Bonavides, *Curso de Direito Constitucional, op. cit.,* e José Joaquim Gomes Canotilho, *Direito Constitucional, op. cit.,* em Portugal.

[51] Estas metodologias são todas complementares entre si. Variam apenas os instrumentos práticos e específicos de concretização das normas constitucionais e analisá-los ultrapassa os limites deste trabalho. Ainda que alguns autores tenham, por vezes, seus nomes associados a mais de uma corrente hermenêutica, a literatura constitucional associa os seguintes métodos aos seguintes autores: método científi co-espiritual (Rudolf Smend); método tópico-problemático (Theodor Viehweg); método hermenêutico-concretizador (Konrad Hesse e Friedrich Müller); método normativo-estruturante (Friedrich Müller); método concretista da "constituição aberta" (Peter Häberle).

Müller, Konrad Hesse e Peter Häberle partilham desta perspectiva e integram o que alguns constitucionalistas designam por Nova Hermenêutica.

Os autores que integram a Nova Hermenêutica partem do pressuposto que a diferenciação social e o pluralismo político são as principais características da sociedade contemporânea. Neste contexto de conflitividade política e social, mas que também inclui formas democráticas de participação nos assuntos públicos, não seria razoável tomar o ordenamento constitucional como um sistema normativo completo e fechado, caracterizado pela ordem e pela unidade. Frente ao processo de diferenciação e ao pluralismo, a constituição, segundo estes autores, se caracteriza por sua "estrutura aberta", incompatível com qualquer interpretação metodologicamente formalista. Quando a Nova Hermenêutica recusa as regras clássicas da interpretação constitucional – incompatível com a ideia de abertura constitucional – isto significa o fim do primado da norma e a consequente primazia da constituição material sobre a constituição formal.

Com efeito, o conceito de "domínio normativo" formulado por Friedrich Müller[52] revela precisamente esta primazia: a concretização normativa apenas se dá pela via de uma interpretação que ultrapassa o texto da norma jurídica e atinge uma parte da realidade social enquanto práxis que inclui o processo legislativo, a atuação dos órgãos do governo, a administração da justiça etc. O "domínio normativo", portanto, além de incluir o texto da norma jurídica, incorpora ainda fatores normativos, de caráter material. Para Konrad Hesse, por seu turno, a concretização constitucional necessita de uma interpretação que preserve e consolide aquilo que ele designa por "força normativa da constituição". Partindo da análise efetuada por Humboldt, em 1813, sobre a Constituição Alemã, Hesse resgata deste autor a idéia de que toda constituição deve encontrar um *germe material de sua força vital* no tempo e formula o *princípio da ótima concretização da norma*, ao qual toda interpretação constitucional deve estar submetida. Este princípio, incompatível com as regras clássicas do formalismo hermenêutico, vê a eficácia da

---

[52] Ver Friedrich Müller. *Direito, Linguagem e Violência – Elementos de uma teoria constitucional*, op. cit., e "Concepções Modernas e a Interpretação dos Direitos Humanos", tradução de Peter Naumann, *in Anais da XV Conferência Nacional da Ordem dos Advogados do Brasil.*

constituição condicionada pelos fatos concretos da vida. Nas palavras de Hesse, "*a interpretação adequada é aquela que consegue concretizar, de forma excelente, o sentido da proposição normativa dentro das condições reais dominantes numa determinada situação*".[53] São precisamente estas condições reais da sociedade contemporânea que levam Peter Häberle a formular o conceito de "constituição aberta". Comprometido com os ideais do Estado Providência e com a "força produtiva do pluralismo", Häberle defende o alargamento do círculo de intérpretes da constituição, pela via de um processo aberto e público. Dos cidadãos aos partidos políticos, passando por sindicatos e órgãos estatais, todos tomam parte do processo de interpretação da constituição. Sem a participação de todas as forças da comunidade política, não há como concretizar a constituição.[54]

Parece não restar dúvidas de que a realidade social, para os integrantes da Nova Hermenêutica, não mais está confinada ao espaço pré-jurídico. A concepção material da constituição, por todos priorizada, vem precisamente realçar o papel das diversas forças políticas – em sociedades plurais – na fixação dos princípios fundamentais do ordenamento constitucional. A constituição aqui é a força normativa da *vontade política* de uma comunidade histórica e, por consequência, a fonte *real* de validade de todo o sistema normativo.

É precisamente pela prioridade dada à *concepção formal da constituição* que podemos facilmente observar uma afinidade entre a corrente interpretativista americana e o chamado método jurídico de interpretação defendido por alguns constitucionalistas alemães – grupo 1. De outra parte, a opção pela *concepção material da constituição* é partilhada tanto pela corrente não-interpretativista americana como pelos constitucionalistas alemães que defendem metodologias ampliadas de interpretação constitucional – grupo 2. O fundamental aqui é que a opção por qualquer das alternativas acarreta consequências importantes tanto para o sistema de direitos fundamentais, como para o entendimento da própria constituição e da atuação da jurisdição constitucional. Senão vejamos. Ou a constituição é, na medida em que organiza a vida político-estatal e regula a relação Estado-cidadão, apenas um ordenamento-marco e, portanto, o entendimento dos

---

[53] Cf. Konrad Hesse. *A Força Normativa da Constituição, op. cit.*, p. 22.
[54] Ver, a respeito, Peter Häberle. *Hermenêutica Constitucional. A Sociedade aberta dos intérpretes da Constituição: Contribuição para a interpretação pluralista e "procedimental" da Constituição, op. cit.*

direitos fundamentais se resume a direitos subjetivos de liberdade voltados para a defesa contra a ingerência indevida do Estado (grupo 1); ou a constituição é a ordem jurídica fundamental de uma comunidade em seu conjunto e a isso corresponde uma concepção dos direitos fundamentais como normas objetivas de princípio que atuam em todos os âmbitos do direito (grupo 2). No que diz respeito à jurisdição constitucional, duas são também as alternativas: ou os tribunais apenas garantem os direitos fixados no ordenamento-marco, sem qualquer capacidade de estabelecer posições jurídicas singulares (grupo 1) ou estão vinculados à eticidade substantiva da comunidade e podem, portanto, agir de forma a aproximar a norma da realidade (grupo 2).

A cultura jurídica brasileira, positivista e privatista, que defende uma concepção de constituição-quadro, enquanto marco que preserva a esfera da ação individual, se identifica com a posição adotada pelo grupo 1, precisamente porque prioriza a dimensão formal do ordenamento constitucional. Quanto aos constitucionalistas "comunitários" brasileiros, que recusam qualquer concepção de constituição que não a tome como uma estrutura normativa que revela o conjunto dos valores de uma comunidade histórica, é evidente a adoção da postura assumida pelo grupo 2 e, neste sentido, o compromisso com a concepção material da constituição.

b) O Constitucionalismo "Comunitário" no Processo Constituinte

Os representantes deste constitucionalismo "comunitário" integraram a Comissão de Estudos Constitucionais, a quem coube elaborar estudos e anteprojeto de Constituição, a título de colaboração, enviado à Assembleia Constituinte, em 1987. Foi de Tancredo Neves a ideia de organizar a Comissão Provisória de Estudos Constitucionais, composta por representantes de diferentes setores econômicos e com distintos compromissos político-ideológicos. O Presidente José Sarney tornou efetiva esta ideia através do Decreto nº 91.450, de 18 de julho de 1985.

A Comissão de Estudos Constitucionais, presidida por Afonso Arinos,[55] era composta por quarenta e nove membros, assim distribuídos: trinta advogados, cinco empresários, quatro sociólogos, três jornalistas, três economistas, dois religiosos, um escritor e um médico. Jornalistas da *Folha de S. Paulo*[56] estabeleceram, a partir da análise de suas biografias, a seguinte caracterização político-ideológica: cinco de direita, seis de centro-direita, dezesseis de centro, quinze de centro-esquerda e sete de esquerda. Particularizando os advogados, tivemos: dois de direita, três de centro-direita, quatorze de centro, nove de centro-esquerda e dois de esquerda. As primeiras análises sobre a composição da Comissão Arinos insistiam em seu caráter conservador. Foram diversas as críticas dos partidos de esquerda que a definiam como um foro elitista e não-democrático. Por essa razão, os juristas Eduardo Seabra Fagundes e Fábio Konder Comparato, vinculados, respectivamente, ao PDT e ao PT, se recusaram a integrar a Comissão, apesar de insistentemente convidados.

As análises sobre a composição da Comissão Arinos não estavam equivocadas. Não há dúvidas de que era majoritário o grupo qualificado como "conservador" pela própria imprensa nacional.[57] O seu Anteprojeto de Constituição, no entanto, foi considerado um estudo sério e progressista e, sobre isso, tampouco há qualquer dúvida.

---

[55] Os professores Carlos Roberto de Siqueira Castro e Ana Lucia de Lyra Tavares assessoraram o Senador Afonso Arinos durante os trabalhos da Comissão de Estudos Constitucionais. Posteriormente, ao longo da Assembléia Constituinte, o professor Carlos Roberto de Siqueira Castro assessorou a liderança do PDT, enquanto que a professora Ana Lucia de Lyra Tavares continuou a trabalhar ao lado do Senador.

[56] Perfil publicado na *Folha de S. Paulo*, 19/09/86.

[57] A imprensa identificou, logo no início dos trabalhos da Comissão Arinos, dois grupos em confronto: o primeiro, majoritário, denominado "conservador", era integrado por "ideólogos de direita" – qualificação também dada pela imprensa – e por empresários; o segundo, denominado "progressista", era composto por juristas, professores e jornalistas. Ney Prado, Miguel Reale e Gilberto Ulhôa Canto (ideólogos de direita), bem como Sergio Quintella e Luís Eulálio Bueno Vidigal (empresários) são nomes representativos do grupo "conservador". José Afonso da Silva, Barbosa Lima Sobrinho, Cândido Mendes, Evaristo de Moraes Filho, Joaquim de Arruda Falcão, dentre outros, integraram o grupo "progressista".

Uma das manchetes da *Folha de S. Paulo*, de 19/09/86, "No Final, Vitória dos Progressistas", revelava que algo saíra errado para a maioria conservadora na Comissão. Considerada, de início, elitista, ao final dos seus trabalhos o anteprojeto elaborado pela Comissão passou a ser alvo da virulência dos "conservadores". Criticando o caráter detalhista do anteprojeto, assim se manifestou Sérgio Quintela, empresário e integrante da Comissão, em artigo publicado na *Folha de S. Paulo*, de 22/06/86: "*Faço parte daquele grupo que imaginava ter sido criada a Comissão para fornecer subsídios à elaboração de um texto constitucional suficientemente plástico e flexível. (...) O texto em elaboração peca, a meu ver, por transportar para a Constituição a ideologia de seus mais brilhantes membros...*" Em 17/06/86, a *Revista Senhor*, em matéria que tinha por título "Entregando os Anéis", também constatava a expressiva derrota dos "conservadores", grupo majoritário na Comissão Arinos. Resta, portanto, decifrar tal processo e são variadas as chaves desta interpretação.

Ressalte-se, inicialmente, que não se concretizou qualquer pacto entre os ideólogos de direita e os empresários. As atuações de Antonio Ermírio de Moraes, empresário paulista, e Odilon Ribeiro Coutinho, usineiro nordestino, mas de velha e pessoal tradição democrática, ilustram bem a inexistência de alinhamentos automáticos. O primeiro, candidato ao governo de São Paulo pelo PTB, acompanhou o "grupo progressista" no debate sobre a ordem econômica. O segundo, por apoiar as propostas deste grupo referentes ao conceito de empresa nacional, foi qualificado, por Ney Prado, porta-voz do grupo "conservador",[58] de empresário-suicida, ao que

---

[58] O afastamento do advogado Ney Prado, ex-chefe da Divisão de Política do Colégio Interamericano de Defesa, em Washington, membro do corpo permanente da Escola Superior de Guerra e secretário-geral da Comissão Arinos, foi um dos mais expressivos sinais da derrota dos "conservadores". Discordando do texto final votado pela Comissão, Prado foi responsável pela sua publicação, não-revisado e não-autorizado, na revista *Manchete*, caracterizando-o como "socializante", "esquerdista" e "xenófobo". Escolhido para compor a Comissão por contar com a simpatia do Ministro do Exército, Leônidas Pires Gonçalves, Ney Prado, um civil que se apresentava como porta-voz dos militares na Comissão, dela se afastou, sugerindo, no artigo "Constituição de Araque" publicado no jornal *O Estado de S. Paulo* (15/05/86), que o Presidente da República, José Sarney, rasgasse o anteprojeto apresentado pela Comissão. No mesmo artigo acrescentou: "*A douta comissão espelha a carência de recursos humanos do Brasil destes dias, onde juristas*

retrucou: "*Suicida é você. Entrego os anéis para não entregar os dedos. No Brasil de hoje já não se concebe excesso de privilégios para ninguém.*"[59]

De outra parte, foi efetiva a participação dos representantes do grupo "progressista" nos comitês temáticos[60] e nos debates gerais da Comissão Arinos, não tendo os "conservadores" a mesma assiduidade e o mesmo compromisso. Ney Prado, em entrevista ao jornal *Folha de S. Paulo* (19/09/86), assim se manifestou sobre a pouca disponibilidade dos membros do seu grupo: "*Os chamados conservadores são homens com múltiplas atividades e não podiam comparecer com assiduidade. E os progressistas, mais determinados, começaram a freqüentar mais as reuniões. E ficou tão marcante a divisão que alguns conservadores até desistiram. Eles diziam: O que adianta ir se os nossos pontos de vista estão sendo triturados?*"

Acrescente-se ainda que a Comissão iniciou seus trabalhos e discussões tomando como base o anteprojeto de Constituição elaborado por José Afonso da Silva,[61] um dos mais respeitados

---

do porte de Miguel Reale se tornam cada vez mais escassos (...) São de esquerda os donos da cultura no Brasil (...) A Comissão de Estudos que (...) se vem reunindo no Rio encontra-se sob a influência perniciosa de tais donos da cultura (...) A conclusão não pode deixar de ser melancólica. É que, como em muita coisa mais, já não se fazem constitucionalistas como antigamente. Fazem-se, sim, em grande número, constitucionalistas de araque." No dia seguinte ao afastamento de Prado, durante a última sessão da Assembleia, 18 membros subscreveram um manifesto contrário à reunião da Comissão em Itaipava, Petrópolis, onde se pretendia, em um esforço concentrado, acelerar a conclusão dos trabalhos. Nova derrota. A Assembleia manteve a decisão já tomada anteriormente.

[59] Cf. *Revista Senhor*, 17/06/86, p. 29.

[60] A Comissão Arinos era integrada por dez comitês temáticos distintos, tendo cada um deles um coordenador, um secretário e um relator. Alguns membros integravam mais de um comitê ou desempenhavam mais de uma função no mesmo comitê. São os seguintes os comitês temáticos: 1º) Princípios Fundamentais da Ordem Constitucional. Organização Internacional. Declaração de Direitos; 2º) Federação e Organização Tributária; 3º) Poder Legislativo e Organização Partidária; 4º) Poder Executivo; 5º) Poder Judiciário e Ministério Público; 6º) Educação, Cultura e Comunicações; 7º) Condições Ambientais, Saúde, Ciência e Tecnologia; 8º) Ordem Econômica; 9º) Ordem Social; 10º) Defesa do Estado, da Sociedade Civil e das Instituições Democráticas.

[61] José Afonso da Silva, professor da Universidade de São Paulo, foi um dos dois representantes da esquerda dentre os advogados que integraram a Comissão Afonso Arinos.

"comunitário*s*" brasileiros. Ao mesmo tempo, ainda que fosse evidente a representatividade social dos integrantes da Comissão, tratava-se de tarefa – redigir anteprojeto de constituição – estranha à atividade empresarial – alguns empresários mencionavam isso – e próxima ao ofício dos advogados. Dentre os trinta advogados integrantes da Comissão, a maioria atuava na área do direito constitucional e estava comprometida com os ideais comunitários.

São três os temas fundamentais que definem o caráter "comunitário" tanto do anteprojeto de Constituição elaborado por José Afonso da Silva, como do anteprojeto apresentado pela Comissão Arinos. Em primeiro lugar, e na busca de um fundamento ético para a ordem jurídica, incorporam positivamente princípios constitucionais ao texto da constituição, definindo o Brasil como *Estado Democrático de Direito*, cujo objetivo é a *"dignidade dos brasileiros"* (art. 1º, Anteprojeto José Afonso) ou a *"promoção da pessoa"* (art. 1º, Anteprojeto da Comissão Arinos). Ao definir a dignidade humana como objetivo do Estado brasileiro, traduzindo-a como "valor constitucional" na medida em que integra os princípios fundamentais do Estado, ambos os anteprojetos buscam orientar a compreensão e a interpretação da Constituição pelo critério do sistema de direitos constitucionais.

É precisamente o exaustivo e completo sistema de direitos constitucionais[62] o segundo tema a associar estes anteprojetos aos ideais comunitários. Observa-se, tanto num como noutro, a fixação de um amplo sistema de direitos fundamentais compreendidos como liberdades positivas, onde sobressaem os direitos de participação política, ao lado de mecanismos processuais que possam torná-los eficazes. Neste tema, é clara a influência do anteprojeto José Afonso – que, por sua vez, se inspira em artigos das Constituições portuguesa e espanhola – sobre o anteprojeto da Comissão Arinos, de vez que muitos dos seus artigos nele se repetem. De outra parte, ambos os anteprojetos dão prioridade ao *dever de prestação* por parte do Estado, pois de nada valeria a constitucionalização de um amplo sistema de direitos fundamentais se, ao lado dele, não se fixasse determinados

---

[62] Seja no âmbito do anteprojeto José Afonso, seja no da Comissão Arinos, é completo o sistema de direitos individuais e coletivos. Estavam previstos, dentre outros, o direito à cultura, ao meio ambiente, à associação sindical, à proteção jurídica, à informação, à excusa de consciência, ao lazer, à integridade moral e imagem, de acesso aos registros informáticos, de greve etc.

instrumentos procedimentais que pudessem dar efetividade às normas asseguradoras de direitos ainda não regulamentadas de forma eficaz. Contra as omissões do poder público, tanto o anteprojeto José Afonso como o da Comissão Arinos buscavam assegurar a eficácia do sistema de direitos constitucionais.

O anteprojeto José Afonso, no Título III (Das Garantias Constitucionais), apresentava o artigo 40 (Eficácia dos direitos e garantias), com a seguinte redação:

1. *"As normas que definem os direitos, liberdades, garantias e prerrogativas têm eficácia imediata."*

2. *"Incumbe aos Poderes Públicos promover as condições para que a igualdade e a liberdade sejam reais e efetivas, removendo os obstáculos de ordem econômica e social que impeçam o pleno desenvolvimento da pessoa humana e a participação de todos os trabalhadores na organização política, econômica, social e cultural do País."*

3. *"Na falta de leis, decretos ou atos necessários à aplicação dessas normas, o juiz ou tribunal competente para o julgamento suprirá a lacuna, à luz dos princípios fundamentais da Constituição e das Declarações Internacionais de Direitos que o País seja signatário, recorrendo de ofício, sem efeito suspensivo, para o Tribunal Constitucional."*

4. *"Os suprimentos normativos deduzidos em última instância, na forma do parágrafo anterior, terão vigência de lei até que o órgão competente os revogue por substituição."*

O artigo 10 e seu parágrafo 1º do anteprojeto da Comissão Arinos,[63] por sua vez, previa:

---

[63] No âmbito da Comissão Arinos, foi o professor Cândido Mendes, relator do Comitê Temático nº 1 (Princípios Fundamentais da Ordem Constitucional. Organização Internacional. Declaração de Direitos) quem apresentou à Assembléia da Comissão duas sugestões de artigos relativos à eficácia do sistema de direitos constitucionais. O primeiro, apresentado pelo professor Miguel Reale Jr., tinha a seguinte redação: *"Todos têm direito ao pleno exercício da cidadania e a exigir do Estado as condições materiais e formais para a sua vigência." Parágrafo 1º – "O direito ao reconhecimento desta cidadania é imediato cabendo ao Defensor do Povo, ex-ofício, ou por solicitação da parte, prover o seu atendimento e as diligências necessárias à sua formulação pelos poderes públicos."* O segundo, apresentado pela professora Rosah Russomano, tinha o seguinte conteúdo: *"As normas constitucionais relativas a direitos e garantias são auto-aplicáveis."* Posteriormente, tomando como referência o artigo 1º, parágrafo 3º,

Artigo 10. "Os direitos e garantias constantes desta Constituição têm aplicação imediata.

1º – Na falta ou omissão da lei prevista para discipliná-la, o juiz decidirá o caso, de modo a atingir os fins da norma constitucional.

Como podemos observar, além de garantir a auto-aplicabilidade do sistema de direitos constitucionais, ambos os anteprojetos, ainda que não se refiram expressamente ao instituto do mandado de injunção, como o fez a Constituição Federal, o acolhem de igual forma. O parágrafo 3º do anteprojeto José Afonso define inclusive um procedimento mais eficaz do que aquele previsto no ordenamento constitucional brasileiro, como veremos mais adiante, de vez que autoriza o Poder Judiciário a suprir a lacuna, sem que haja efeito suspensivo do recurso interposto à instância superior.

Ambos os anteprojetos de constituição previam, ainda, um outro instituto que, de igual forma, visa controlar as omissões do poder público, procurando garantir o dever de prestação por parte do Estado. Trata-se da ação de inconstitucionalidade por omissão. Neste caso, entretanto, há diferenças significativas entre o anteprojeto José Afonso e o da Comissão Arinos.

O art. 139 do Anteprojeto José Afonso dispunha que *"Compete ao Tribunal Constitucional: II – processar e julgar a ação direta de inconstitucionalidade: b) por omissão das medidas legislativas ou executivas requeridas para tornar plenamente aplicáveis normas desta Constituição. Parágrafo 5º – A sentença do Tribunal Constitucional que declarar a inconstitucionalidade por omissão regulará a matéria em forma normativa, para valer como lei, a partir de prazo nela assinalado, se nele o Legislativo ou o Executivo, conforme o caso, não adotar as providências necessárias ao pleno cumprimento da Constituição."* O Anteprojeto José Afonso, como podemos observar, não apenas cria a figura do Tribunal Constitucional, como o autoriza a legislar, nos casos em que por omissão do Legislativo ou do Executivo, após a

---

da Constituição Alemã, o Professor José Paulo Sepúlveda Pertence encaminhou sugestão de emenda ao projeto do Comitê Temático nº 1, solicitando a inclusão do seguinte --artigo: *"Os direitos e garantias fundamentais assegurados nesta Constituição têm eficácia imediata, vinculando todos os poderes públicos. Na ausência ou omissão de lei que os complemente, o juiz construirá a solução mais adequada à plena realização dos fins da norma constitucional."* Quando da discussão em plenário, com base nestas sugestões, os integrantes da Comissão formularam a redação do artigo 10.

definição de um certo prazo, as normas constitucionais não sejam plenamente aplicáveis.

Quanto ao Anteprojeto da Comissão Arinos, no parágrafo 2º do seu art. 10, dispunha: "*Verificando a inexistência ou omissão da lei, inviabilizando a plenitude de eficácia de direitos e garantias assegurados nesta Constituição, o Supremo Tribunal Federal recomendará ao Poder competente a edição da norma que venha a suprir a lacuna.*" Se o parágrafo 1º do art. 10 – cujo conteúdo, como vimos, tinha o mesmo objetivo do mandado de injunção – traduziu uma vitória da representação "progressista" na Comissão, o mesmo não ocorreu com o parágrafo 2º. Com efeito, o parágrafo 1º autorizava o juiz a resolver o caso concreto e concretizar o direito dos impetrantes, independentemente de regulação. Ou seja, ainda que não encontrasse no ordenamento jurídico norma aplicável ao caso concreto, o juiz deveria decidir o caso. Como aceitar que o Judiciário legisle abstratamente é inconstitucional, o que se garantia era a solução de casos concretos, sem efeitos gerais, *erga omnes*, prevalecendo a decisão individual *inter partes*. Quanto à previsão do parágrafo 2º de, nos casos de inconstitucionalidade por omissão, delegar ao Supremo Tribunal Federal o encargo de simplesmente apontar aos demais poderes a necessidade de regulamentação, isso poderia se constituir em razão para o descumprimento do próprio parágrafo 1º, pois dificilmente um juiz decidiria pela aplicação *ex tunc* e o Supremo Tribunal Federal dilataria, ainda mais, a vigência da norma.

O terceiro tema que revela o *"compromisso comunitário"* de ambos os anteprojetos – o de José Afonso e o da Comissão Arinos – é a caracterização da mais elevada corte de justiça brasileira – o Supremo Tribunal Federal – como órgão de caráter político, que atue no sentido de zelar para que o processo de elaboração legislativa ocorra sob as condições legitimadoras de uma política deliberativa. Mais do que isso, dão à Corte Suprema a tarefa fundamental de concretizar as normas constitucionais, especialmente aquelas que se referem aos direitos fundamentais do homem. Também aqui são relevantes as diferenças entre o anteprojeto José Afonso e o da Comissão Arinos.

O anteprojeto de Constituição apresentado à Comissão por José Afonso, como assinalamos, previa explicitamente a figura do Tribunal Constitucional, nos moldes das cortes constitucionais européias – Alemanha e Itália – de feitio puramente político, dedicado às matérias constitucionais, composto por 15 juízes nomeados pelo

Presidente da República, sendo 5 eleitos pelo Conselho Nacional da Magistratura, dentre magistrados dos Tribunais Superiores da União e dos Estados, 5 pelo Congresso Nacional e 5 pelo Conselho de Ministros,[64] dentre juristas de renome e *"comprovada prática democrática"*. Estes juízes seriam investidos no cargo por 9 anos, renováveis por terço de três em três anos, vedada a recondução. Além disso, não poderiam ser escolhidos aqueles que estivessem no exercício de mandato executivo ou legislativo, de cargo de Ministro ou Secretário de Estado, ou que tivesse exercido qualquer dessas funções até 4 anos antes da escolha.

A Comissão Afonso Arinos se encaminhava no sentido de incorporar a sugestão de criação do Tribunal Constitucional, como apresentada no anteprojeto José Afonso da Silva. No entanto, o *lobby* do Poder Judiciário, especialmente a posição do Supremo Tribunal Federal, que foi formalmente convidado a apresentar propostas à Comissão, impediu a criação da Corte Constitucional. Considerando *"injustificável"* sua transformação em Tribunal Constitucional, pois de *"competência limitada estritamente a temas constitucionais, sem o tratamento das relevantes questões de direito federal"* – que seriam transferidas para o Superior Tribunal de Justiça (como, em parte, o foram) – o STF, na verdade, se contrapunha aos mandatos eletivos, que *"ficariam ao sabor das eventuais maiorias parlamentares"*, com a conseqüente cessação da garantia de vitaliciedade para seus membros. Para o STF, *"o juiz de qualquer tribunal deveria ser vitalício, permanente, qualificado conhecedor do direito, neutro e desvinculado das partes"*.[65]

A saída encontrada pela Comissão Afonso Arinos foi uma solução de compromisso.[66] Inicialmente, atenderam à reivindicação do

---

[64] O anteprojeto de Constituição apresentado por José Afonso da Silva definia como parlamentarista a forma de governo.

[65] As sugestões encaminhadas pelo Supremo Tribunal Federal à Comissão Arinos foram publicadas no *Diário da Justiça*, de 14 de julho de 1986.

[66] No âmbito da Comissão Arinos, o Comitê Temático sobre Poder Judiciário era coordenado por Miguel Reale e dele faziam parte José Paulo Sepúlveda Pertence, Evaristo de Moraes Filho, Claudio Lacombe, Clovis Ferro Costa, Laerte Vieira, Rosah Russomano, Gilberto de Ulhôa Canto e Fajardo José Pereira Faria. Miguel Reale e Gilberto de Ulhôa Canto, desde as primeiras reuniões do Comitê, se posicionaram contra a criação do Tribunal Constitucional, defendendo a vitaliciedade dos membros da Suprema Corte e recusando qualquer compromisso político-partidário de

Supremo de maior autonomia administrativa e orçamentária. De outra parte, abandonando a ideia de criação do Tribunal Constitucional, nos moldes europeus, a Comissão manteve o STF, mas modificou essencialmente suas atribuições, que passaram a ser predominantemente constitucionais, exatamente no feitio da Suprema Corte Americana. Não concordaram, portanto, com a pretensão do Supremo de continuar acumulando a competência para declarar tanto o sentido da Constituição como o das leis federais.[67] Recorrendo ao chamado *"critério de relevância"* do constitucionalismo norte-americano, a Comissão conferiu ao STF as atribuições jurídico-políticas de uma Corte Constitucional, além da competência para julgar, em recurso extraordinário, as causas decididas em única ou última instâncias por outros tribunais, quando a decisão recorrida contrariar dispositivo da Constituição e quando considerar "relevante a questão federal" resolvida pelos demais tribunais superiores.

Foram vários, portanto, os *"compromissos comunitários"* do anteprojeto elaborado pelos integrantes da Comissão de Estudos Constitucionais. No que diz respeito à busca por um fundamento ético para o ordenamento jurídico do País, o Preâmbulo do texto é certamente o marco deste compromisso, na medida em que clama por um *"regime social justo, fraternal e participativo"*, que propicie uma *"existência digna para todos os brasileiros"*. Estava correta, portanto, a imprensa brasileira ao afirmar: *"no final, vitória dos progressistas"*.

O Presidente José Sarney não contava com isso. Ainda que, em discurso proferido no dia 3 de setembro de 1985, por ocasião da instalação da Comissão Arinos, tenha dito que ela seria *"uma área de discussão livre e informal das razões nacionais, submetendo ao debate público teses básicas quanto ao Estado, à sociedade e à Nação"* Sarney decidiu por

---

seus membros. Apesar de minoritários no âmbito do Comitê, os "conservadores" tinham, a seu favor, a enorme pressão externa do próprio Poder Judiciário. Daí, a solução de compromisso mencionada.

[67] Foi criado o Superior Tribunal de Justiça destinado, entre outros fins, ao julgamento, em "recurso especial", das causas decididas em única ou última instâncias pelos Tribunais Federais Regionais ou pelos Tribunais dos Estados quando a decisão recorrida contrariar tratado ou lei federal, ou negar-lhe vigência; se julgar válida lei ou ato do governo local, contestado em face da lei federal, ou der à lei federal interpretação divergente da que haja dado outro Tribunal, o próprio Superior Tribunal de Justiça ou o Supremo Tribunal Federal.

não enviar o anteprojeto da Comissão à Assembléia Nacional Constituinte, procurando impedir, precisamente, que ele fosse publicamente discutido. Para o Senador Afonso Arinos, a adoção do *parlamentarismo presidencial*, ponto central da proposta da Comissão relativa ao regime de poderes, foi o motivo pelo qual Sarney optou por não enviar o anteprojeto à A.N.C. É verdade que sempre foi pública a discordância de Sarney em relação ao parlamentarismo, mas a sua decisão de não enviar o anteprojeto da Comissão ao Congresso Constituinte parece estar ancorada em mais de uma razão. A declaração do deputado José Genoíno, do PT de São Paulo, ao jornal *Correio Brasiliense*, em 10/6/88, resume bem estes motivos: *"Para falar a verdade, o anteprojeto dos Notáveis é bem melhor do que o texto aprovado pela Comissão de Sistematização, de uma maneira geral. O Presidente Sarney o engavetou justamente porque era avançado demais."*

Ainda que não tenha sido formalmente encaminhado à Constituinte, para servir de subsídio, como inicialmente previsto por Tancredo Neves, o anteprojeto da Comissão não foi esquecido. Das mais variadas formas ele circulava nos bastidores do Congresso. Informalmente, partes significativas do seu texto foram copiadas por constituintes, o que levou o deputado Manoel Moreira, do PMDB paulista, a observar: *"No lugar de plagiar, vamos examinar logo o original."*[68] Algum tempo depois, ainda que dividido em partes, o anteprojeto foi apresentado como sugestão à Mesa da Constituinte. O Senador Afonso Arinos, eleito para a presidência da Comissão de Sistematização, tinha dúvidas acerca da oportunidade de apresentar formalmente o anteprojeto, pois temia que seu gesto fosse interpretado como uma limitação à soberania dos constituintes. Entretanto, no dia 24 de abril de 1987, o Senador recebeu um telefonema do Deputado Ulysses Guimarães, Presidente da Constituinte, solicitando que apresentasse a proposta dos notáveis à Mesa da Assembleia.[69] A partir daí, deputados e senadores passaram a contar com o texto do anteprojeto da Comissão Arinos.

---

[68] Declaração dada ao jornal *O Globo*, em 18/4/87.

[69] Tanto o *Jornal de Brasília*, de 25/04/87, quanto o *Jornal do Brasil*, do mesmo dia, publicaram reportagens intituladas, respectivamente: "Congresso terá como base Anteprojeto de Notáveis" (p. 4) e "Arinos apresenta proposta" (p. 2), informando não apenas sobre o telefonema de Ulysses Guimarães, como da decisão do Senador Arinos de distribuir os capítulos do Anteprojeto dos Notáveis às subcomissões da Constituinte.

De resto, e certamente decisiva neste processo, foi a atuação dos constitucionalistas "comunitários". Ressalte-se que o professor José Afonso da Silva era, não apenas amigo pessoal do deputado Ulysses Guimarães, como o principal assessor, durante todo o processo constituinte, do Senador Mário Covas (PMDB-SP), líder da maioria na Assembleia. O professor Carlos Roberto de Siqueira Castro assessorou o Senador Afonso Arinos na Comissão de Estudos Constitucionais e a liderança do PDT na Assembleia Constituinte, além de ter destacada participação, conforme revelam suas atas, na Comissão da Soberania e dos Direitos e Garantias do Homem e da Mulher. Ressalte-se, ainda, que ambos os constitucionalistas integraram a Comissão de Redação, responsável pelo texto final da Constituição. Não menos importantes foram as atuações de Eduardo Seabra Fagundes, vinculado ao PDT, e de Fábio Konder Comparato, do PT de São Paulo.

Parece não restar dúvida de que todo este processo pode nos ajudar a explicar especialmente o uso de uma *"linguagem comunitária"* na Constituição Federal, como também a incorporação de novas e variadas formas de garantia do ideal comunitário da participação ativa dos cidadãos nos assuntos públicos.[70]

2. A *Dimensão Comunitária* da Constituição de 1988

Os três grandes temas que definem a *dimensão comunitária* tanto do anteprojeto José Afonso da Silva como o da Comissão Arinos – definição do fundamento ético da ordem jurídica, amplo sistema de direitos fundamentais, acompanhado dos institutos processuais que visam controlar a omissão do poder público e Corte Suprema como órgão de caráter político – são adotados pela Constituição Federal. A denominada Constituição Cidadã passa, por um lado, como no

---

[70] Esclareço que a intensa participação dos mais diversos setores organizados da sociedade civil no processo constituinte foi certamente a razão primordial e prioritária da incorporação, no texto constitucional, do amplo sistema de direitos nela assegurados. O meu objetivo aqui, no entanto, é estabelecer as conexões entre o chamado *discurso* "comunitário" e a incorporação na Constituição de determinados tipos jurídicos que garantem a participação popular no processo político-jurídico nacional.

constitucionalismo europeu, a adotar um completo e exaustivo sistema de direitos, prevendo também os instrumentos processuais elaborados para garantir a sua efetividade, como veremos mais adiante. Por outro lado, e seguindo aqui o modelo norte-americano, atribui ao Supremo Tribunal Federal o papel de *guardião da Constituição*, ainda que não o transforme em Tribunal Constitucional, como desejava José Afonso da Silva, com seu anteprojeto. Neste sentido, a Constituição Federal explicita, ainda mais claramente que o anteprojeto da Comissão Arinos, o caráter político da ação do STF, afirmando que a ele compete, *"precipuamente, a guarda da Constituição"* (art. 102, CF).

a) Valores Constitucionais, Direitos Fundamentais e Participação

A marca da "linguagem comunitária" atravessa todo o texto constitucional. Como vimos, ela já se evidencia no preâmbulo da Constituição Federal, que identifica *"os direitos sociais e individuais, a liberdade, a segurança, o bem-estar, o desenvolvimento, a igualdade e a justiça como os valores supremos de uma sociedade fraterna, pluralista e sem preconceitos, fundada na harmonia social..."*.[71] Se o preâmbulo da Constituição define os *"valores supremos"* da Nação, o Título I (Dos Princípios Fundamentais) se encarrega de positivá-los, na medida em que o artigo 1º, III, fixa a *dignidade da pessoa humana* como um dos fundamentos do Estado brasileiro, enquanto Estado Democrático de Direito. Como assinalamos no início deste capítulo, a *dignidade humana*, que se revela no sistema de direitos constitucionais, é vista como um valor essencial que dá unidade de sentido à Constituição Federal.

Desde o início do processo constituinte, a intenção – presente nos anteprojetos de José Afonso e da Comissão Arinos – de caracterizar a Constituição como um ordenamento comprometido com determinados valores, definidos no Preâmbulo e no âmbito do próprio texto, já se revelava. O Anteprojeto da Comissão da Soberania

---

[71] É evidente a semelhança – quase literal – entre os preâmbulos dos anteprojetos de José Afonso da Silva, da Comissão Arinos e da Constituição de 1988.

e dos Direitos e Garantias do Homem e da Mulher[72] incorporou redação aprovada pelo Relatório da Subcomissão da Nacionalidade, da Soberania e das Relações Internacionais, cujo Relator foi João Herrmann Neto, do PMDB, e dispunha: Art. 1º – *O Brasil é uma nação fundada na comunhão dos brasileiros, irmanados num povo independente que visa a construir uma sociedade livre, justa e solidária, segundo sua índole e a determinação de sua vontade. Art. 2º – O fundamento da comunhão nacional é a dignidade da pessoa humana, cujos direitos fundamentais são intocáveis.*

Ao longo das diversas fases da Constituinte, esta intenção inicial não se alterou, ainda que alguns deslocamentos e alterações redacionais tenham se verificado. A atuação dos constitucionalistas "comunitários" neste processo foi decisiva, pois através das assessorias que prestavam, conforme se pode verificar nas atas das Comissões Temáticas, informavam aos constituintes como as contemporâneas constituições europeias definiam compromissos valorativos e estabeleciam os princípios e os fundamentos dos seus Estados. Convidado a fazer comentários críticos aos relatórios parciais elaborados pelos constituintes no âmbito da Subcomissão da Nacionalidade, da Soberania e das Relações Internacionais, na sua 13ª Reunião, Carlos Roberto de Siqueira Castro assim se manifestou: "*A idéia de um Estado Social e Democrático de Direito é, sem sombra de dúvida, o que há de mais moderno em termos de predicação dos Estados no mundo contemporâneo. A Constituição espanhola faz essa menção, imitando, neste ponto, a Constituição portuguesa. E, de um modo geral, as constituições européias sublinham o aspecto social e democrático do Estado de Direito... A locução Estado de Direito pura e simplesmente já soa um tanto conservadora, um tanto obsoleta, quiçá reacionária... Sinto falta também, neste título relativo à soberania, da enunciação de princípios de organização nacional. É muito comum os textos constitucionais contemporâneos aludirem aos princípios fundamentais da*

---

[72] Da mesma forma que a Comissão Arinos, a Constituinte foi organizada através de comissões e subcomissões. O seu Regimento Interno definiu que, inicialmente, seriam constituídas 24 subcomissões temáticas. Os produtos do trabalho de cada uma destas comissões seriam agrupados, em um segundo momento, em oito anteprojetos, produto das 8 comissões temáticas que reuniriam, cada uma, 3 das 24 subcomis sões. Finalmente, a Comissão de Sistematização teria a tarefa, a partir das propostas anteriores, de oferecer um Projeto de Constituição ao Plenário da Assembléia. O Regimento previa ainda que as comissões e subcomissões observariam em sua composição a proporcionalidade da representação partidária.

*comunidade política... Nesta minha proposta, esses princípios seriam... a igual-
dade, a liberdade, a dignidade da pessoa humana, a justiça social, o pluralismo
político."*[73]

Não houve qualquer resistência à incorporação deste compromisso valorativo no texto constitucional. A representação conservadora na Constituinte atribuía ao tema uma função exclusivamente
retórica, definindo-o como "filosofias". Tanto é assim que as emendas substitutivas oferecidas, na segunda fase da Constituinte, pelo
grupo conservador denominado *Centrão*[74] não propugnaram nem
pela rejeição, nem mesmo pela alteração[75] deste compromisso valorativo.

O fundamento ético do ordenamento jurídico se revela, precisamente, no momento em que a Constituição apresenta, no seu corpo
normativo, um sistema de valores. Por conseguinte, a aplicação das
suas normas, por via interpretativa, se torna uma realização de valores. Em outras palavras, *"o procedimento hermenêutico de captação do sentido
do conteúdo das normas torna-se compreensão valorativa conforme procedimentos
próprios da análise e da ponderação de valores"*.[76]

Desta forma, e na linha do constitucionalismo "comunitário", o
cumprimento dos princípios fundamentais equivale a uma realização
de valores. A dimensão axiológica supera, portanto, a dimensão
deontológica, pois o conceito de *bom* tem primazia sobre o de *dever
ser*, na medida em que os princípios expressam os "valores fundamentais" da comunidade. Não se trata, como pareceu ao *Centrão*, de

---

[73] Cf. Ata da 13ª Reunião da Subcomissão da Nacionalidade, da Soberania
e das Relações Internacionais, em 13/05/87.

[74] Na segunda fase do processo constituinte, a maioria conservadora cria o
Centrão, integrado pelos conservadores do PMDB, PFL, PDS, PDC, PTB e
PL, com apoio do empresariado e do Palácio do Planalto.

[75] O Projeto de Constituição apresentado pelo *Centrão* previa este mesmo
compromisso valorativo. No âmbito dos Princípios Fundamentais, a única
diferença verificada entre o Projeto do *Centrão* e o Projeto Final da
Comissão de Sistematização é que este último, ao contrário do primeiro,
assegura, no parágrafo único do art. 1º, o exercício direto do poder pelo
povo. O *Centrão*, neste tema, foi derrotado, e a Constituição Federal dispõe
que *"todo o poder emana do povo, que o exerce por meio de representantes eleitos ou
diretamente, nos termos desta Constituição"*.

[76] Cf. Tércio Sampaio Ferraz Jr. *Constituição de 1988. Legitimidade, Vigência e
Eficácia Normativa, op. cit.*, p. 11.

tema cuja função seja meramente retórica. Se analisarmos o sistema de direitos fundamentais à luz desta dimensão axiológica dos princípios fundamentais, evidencia-se a intenção dos nossos constituintes. Com efeito, o ordenamento constitucional assegura aos indivíduos uma esfera de liberdade frente às intervenções do poder público, da mesma forma como garante que a personalidade humana, na busca por sua dignidade, se desenvolva livremente dentro da comunidade social. Ao não se definir como um ordenamento valorativamente neutro, a Constituição permite que, frente a um conflito entre direitos fundamentais, juízes e tribunais possam recorrer aos "valores supremos" que se expressam nos princípios fundamentais para dar solução ao caso. Não é por outra razão que, no transcurso da fundamentação das decisões, juízes e tribunais, na tarefa de interpretação do texto constitucional, se refiram a uma *hierarquia valorativa*, em função da qual faz-se necessário uma *ponderação*.[77]

---

[77] Em novembro de 1994, o Supremo Tribunal Federal proferiu decisão em processo (*Habeas Corpus* n<u>o</u> 71374-4) em que se verificava conflito entre direitos fundamentais constitucionalmente assegurados. Em ação de investigação de paternidade, em que se exigia realização de exame de DNA, uma das partes invocava o direito de conhecer a sua identidade biológica, condição para o livre desenvolvimento da personalidade. A parte contrária alegava que ninguém pode ser obrigado a fazer algo senão em virtude de lei – e não há lei que obrigue alguém a realizar exame de DNA –, e que o exame violava sua integridade física, pois implicava em prática invasiva sobre o próprio corpo. As instâncias inferiores, recorrendo a um ordenamento valorativo objetivo, decidiram pela obrigatoriedade da realização do exame, fundamentando a decisão no seguinte raciocínio: o direito ao conhecimento da sua própria origem, enquanto uma das dimensões da dignidade humana, é um *bem jurídico* que tem prioridade em relação ao direito de não ser obrigado a fazer o exame, que, por sua vez, não significa violação da integridade física, já que se resolve na retirada de um fio de cabelo ou de uma gotícula de sangue. O STF não manteve as decisões. Recorrendo a uma concepção de direito fundamental enquanto esfera de liberdade privada que deve ser protegida das intervenções do poder público, a Corte Suprema, por 5 votos contra 4, modificou as decisões das instâncias inferiores. Ver, sobre o tema, o valioso trabalho da professora Maria Celina Bodin de Moraes, "Recusa à Realização do Exame de DNA na Investigação da Paternidade e Direitos da Personalidade", *in Direito, Estado e Sociedade*. Revista do Departamento de Direito da PUC-Rio, n<u>o</u> 9, agosto-dezembro de 1996. A autora recorre ao princípio da proibição do abuso do direito para sustentar uma posição contrária à decisão do STF e, neste sentido, adota, como veremos no terceiro

Outro tema a revelar a presença do ideário "comunitário" no texto constitucional é a adoção de um regime que assume uma forma de *democracia participativa*, seja a participação pela via representativa, seja a participação por via direta do cidadão. A idéia de participação, não tanto a individual, mas a coletiva organizada, que caracteriza a participação direta da cidadania na formação dos atos de governo, foi incorporada na Constituição através dos institutos de democracia semidireta, que combinam instituições de participação direta com instituições de participação indireta. Neste sentido, os institutos da iniciativa popular – pela qual se admite que o povo apresente projetos de lei ao Legislativo – do referendo popular – que se caracteriza pelo fato de que projetos de lei aprovados pelo legislativo possam ser submetidos à vontade popular – e do plebiscito – que visa a decidir previamente uma questão política antes de sua formulação legislativa – foram incluídos na Constituição Brasileira.

Se tais institutos – que evidenciam a incorporação no texto constitucional dos mecanismos de um regime de democracia participativa – podem revelar uma certa *"dimensão comunitária"* que caracteriza a Constituição Federal, sabemos, no entanto, que o debate sobre a democracia participativa antecede os discursos que se caracterizam como comunitários, ainda que o caráter deliberativo dos institutos adotados esteja de acordo com eles.

De qualquer forma, não há dúvida de que a principal característica "comunitária" do texto constitucional se encontra precisamente na ideia de *"comunidade de intérpretes"*, que pressupõe, por um lado, uma concepção de *"Constituição aberta"* e, por outro, a adoção de diversos e novos institutos que asseguram a determinados intérpretes informais da Constituição a capacidade para deflagrar processos de controle, especialmente judiciais. Assim ocorre:

a) no mandado de segurança coletivo, que pode ser impetrado por partido político, organização sindical, entidade de classe ou associação legalmente constituída, em defesa dos interesses de seus membros e associados (art. 5º, LXX, b);

b) na ação popular, em que qualquer cidadão é parte legítima para postular a anulação de ato lesivo ao patrimônio público ou de entidade de que o Estado participe, à moralidade administrativa,

---

capítulo deste trabalho, o modelo de interpretação constitucional proposto por Dworkin.

ao meio ambiente e ao patrimônio histórico e cultural (art. 5º, LXXIII);

c) na denúncia de irregularidades ou ilegalidades formulada por qualquer cidadão, partido político, associação ou sindicato ao Tribunal de Contas da União (art. 74, parágrafo 2º);

d) no mandado de injunção, sempre que a falta de norma regulamentadora torne inviável o exercício de direitos e liberdades constitucionais e das prerrogativas inerentes à nacionalidade, à soberania e à cidadania (art. 5º, LXXI);

e) na ação de inconstitucionalidade por omissão, que pode ser proposta, dentre outros, por partidos políticos, por confederações sindicais ou entidades de classe de âmbito nacional (art. 103, parágrafo 2º).

Ressalte-se, entretanto, que o mandado de segurança, a ação popular e os instrumentos que denunciam irregularidades, ainda que viabilizem a existência de uma comunidade de intérpretes do texto constitucional, pois podem ser impetrados por cidadãos, partidos políticos, associações ou sindicatos, conforme o caso, são institutos próprios de um *constitucionalismo liberal*, de vez que em princípio associados ao *dever de abstenção* por parte do Estado.

Quando o constitucionalismo "comunitário" brasileiro observa, na Constituição Federal, o alargamento da positivação constitucional das aspirações por mais *igualdade*, não se refere, obviamente, aos direitos dos cidadãos a ações negativas por parte do Estado e, portanto, ao *dever de abstenção*, mas sim aos seus direitos a ações positivas por parte do poder público, ou seja, *dever de ação*. Ao dever de ação corresponde, portanto, o direito a prestações. Os direitos dos cidadãos a ações positivas do Estado podem ter por objeto ou uma ação fática ou uma ação normativa. Como assinala Robert Alexy, os direitos a ações positivas fáticas são *"direitos a prestações em sentido estrito"*, enquanto que *"os direitos a ações positivas normativas são direitos a atos estatais de imposição de norma"* e, neste sentido, são *"direitos a prestações em sentido amplo"*.[78]

---

[78] Ver, a respeito, Robert Alexy. *Teoria de los Derechos Fundamentales,* tradução Ernesto Garzón Valdés, Madrid, Centro de Estudios Constitucionales, 1993, pp. 195-196.

Os direitos sociais, cujo enorme elenco integra o sistema de direitos constitucionais na Constituição Federal, são considerados típicos direitos a prestações e apontam para ações fáticas ou ações normativas por parte do Estado. É precisamente por isso que os constitucionalistas "comunitários" tanto festejaram o acolhimento, pelo ordenamento constitucional, do mandado de injunção e da ação de inconstitucionalidade por omissão, formas de superar a distância entre o sistema de direitos assegurados pela Constituição e a realidade existente.

b) *Concretização* da Constituição e Omissão do Poder Público: o Mandado de Injunção e a Ação de Inconstitucionalidade por Omissão

A preocupação com a concretização da Constituição, e especialmente com a efetividade do sistema de direitos nela assegurados, estava presente desde o início do processo constituinte. O temor de que a nova Constituição viesse a padecer, como as anteriores, de uma espécie de inoperância crônica, era evidente em matérias veiculadas na imprensa e nos próprios debates no interior da A.N.C. Esta inoperância crônica era atribuída, por um lado, às omissões do poder público relativas à obrigatoriedade de ações normativas e, por outro, à ausência, nas Constituições do passado, de instrumentos processuais que pudessem concretizar a ideia de comunidade de intérpretes, proposta pelo constitucionalismo "comunitário".

O mandado de injunção e a ação de inconstitucionalidade por omissão são os institutos acolhidos na Constituição Federal[79] que

---

[79] A intensa participação popular foi uma das marcas do processo constituinte. Foram apresentadas 122 emendas populares, que reuniram um total de mais de 10 milhões de assinaturas. Não seria nenhum exagero afirmar que o amplo sistema de direitos fundamentais assegurado na Constituição Federal é, em boa parte, resultado desse processo de participação política. No entanto, a inclusão no texto constitucional das garantias de efetivação dos direitos fundamentais, especialmente o mandado de injunção e a ação de inconstitucionalidade, é tarefa atribuída aos "juristas". São claras, a respeito, as palavras de Adriano Pilatti: *"Em princípio e como regra, no meu entender, os movimentos populares acabaram seduzidos pela ilusão juridicista da consagração retórica de direitos substantivos, deixando em segundo plano a previsão de instrumentos de efetivação. Segundo me parece, a batalha real não se esgota na consagração de direitos e*

melhor viabilizam, na prática, esta ideia de *comunidade de intérpretes*. A efetividade das normas constitucionais protetoras dos direitos - sociais depende do grau, maior ou menor, da participação e da adesão da cidadania em torno do ideário constitucional e da vigilância dos seus destinários; por outro lado, são os intérpretes informais do texto constitucional que podem evitar que as políticas públicas destinadas a atender demandas sociais não sejam destruídas por interpretações judiciais da Constituição presas ao velho paradigma liberal defensor da autonomia privada.

Como assinalamos, os direitos sociais fundamentais, que integram o sistema de direitos constitucionais, são direitos a prestações cujo objeto pode ser uma ação fática ou uma ação normativa por parte do Estado. O mandado de injunção[80] e a ação de inconstitucionalidade por omissão são institutos associados, exatamente, à obrigatoriedade de ações normativas por parte do poder público, pois visam exatamente *"garantir o cumprimento de preceitos constitucionais ainda não integrados por normas regulamentadoras que devem ser produzidas através de atuação direta do Poder Legislativo e/ou Executivo"*.[81]

O mandado de injunção encontrou inspiração no *writ of injunction* do direito inglês, que foi posteriormente incorporado ao direito norte-americano. Com base no mandado de injunção a justiça dos EUA, por exemplo, reprimiu, através de uma política judicial coibidora, a segregação racial nas escolas norte-americanas.

Com o instituto do mandado de injunção, o que se pretende é a aplicabilidade da justiça por equidade, a decisão do juiz como o instrumento de integração entre a omissão pública e o cidadão no caso concreto. Em outras palavras, *"o mandado de injunção é a única ação constitucional que autoriza o juiz a romper com a tradicional aplicação rígida da lei ao caso concreto para, de acordo com o pedido e o ordenamento jurídico, construir*

---

princípios, mas começa realmente com eles, passando necessariamente pela estruturação de uma instrumentalidade tal que permita a cobrança de sua implementação". Cf. Adriano Pilatti. *A Educação nas Constituintes Brasileiras* (org. Osmar Fávero), Campinas, SP, Editora Autores Associados, 1996, p. 299.

[80] O mandado de injunção pode ser individual ou coletivo.

[81] Cf. Regina Quaresma. *O Mandado de Injunção e a Ação de Inconstitucionalidade por Omissão. Teoria e Prática*, Rio de Janeiro, Editora Forense, 1995, p. 1.

uma solução satisfatória, de modo a concretizar o Direito Constitucional do impe-
trante. Esta nos parece ser a finalidade do mandado de injunção brasileiro e
igualmente foi a finalidade do seu ancestral inglês e norte-americano".[82]

Não há dúvidas de que o mandado de injunção foi concebido pelos constituintes brasileiros com o objetivo de conferir proteção à aplicabilidade dos direitos e liberdades constitucionais de toda espécie, procurando superar, em favor da efetivação do sistema de direitos constitucionais, a inércia dos Poderes Legislativo e Executivo.

Durante o processo constituinte foram propostos inúmeros projetos e emendas que tinham esse objetivo e, neste sentido, também compartilhavam das intenções do artigo 40 do Anteprojeto José Afonso e do parágrafo 1º do artigo 10 do Anteprojeto da Comissão Arinos. Assim, as emendas nº 96 da fase B de 17/05/87, da deputada Anna Maria Rattes (PDT – RJ), e a nº 297 da fase B de 20/05/87, do deputado Michel Temer (PMDB-São Paulo), previam a aplicação imediata das garantias da Constituição, elegendo o mandado de injunção para garantir os direitos nela assegurados e não aplicados em razão da ausência de norma regulamentadora. Estas emendas não chegaram a ser informadas para discussão em plenário.

Foi o Senador Virgílio Távora (PDS-CE), alertado pela Assessoria Legislativa do Senado Federal, preocupada com a não efetividade das normas programáticas referentes à educação, quem apresentou, no início dos trabalhos da Assembléia Nacional Constituinte, as sugestões de Normas Constitucionais de nº 155-4 e 156-2, datadas de 27/03/87, tratando dos institutos do mandado de injunção e da ação de inconstitucionalidade por omissão. A sugestão de Norma Constitucional nº 155-4 pedia que se incluísse no capítulo dos Direitos e Garantias Constitucionais o seguinte artigo: *"Sempre que se caracterizar a inconstitucionalidade por omissão, conceder-se-á mandado de injunção, observado o rito processual estabelecido para o mandado de segurança."* Quanto à sugestão de Norma Constitucional nº 156-2 foi oferecida a seguinte redação: *"A não edição de atos ou normas pelos Poderes Legislativo, Executivo e Judiciário, visando a implementar esta Constituição, implica a inconstitucionalidade por omissão."* Estas propostas do Senador Virgílio Távora foram rejeitadas.

---

[82] Cf. Marcelo Figueiredo. *O Mandado de Injunção e a Ação de Inconstitucionalidade por Omissão*, São Paulo, Editora Revista dos Tribunais, 1991, p. 32.

Posteriormente, o Senador Ruy Barcelar (PMDB-BA) propôs à A.N.C. a sugestão de Norma Constitucional nº 367-1, de 03/04/87, na qual, utilizando a mesma nomenclatura, pedia que incluísse, *onde coubesse*, a criação de idêntico instrumento processual. A sugestão de Norma Constitucional nº 367-1 obteve a seguinte redação: *Artigo – "Os direitos conferidos por esta Constituição e que dependem de lei ou providências do Estado serão assegurados por mandado de injunção, no caso de omissão do Poder Público. Parágrafo Único – O mandado de injunção terá o mesmo rito processual estabelecido para o mandado de segurança."* Esta sugestão de Norma Constitucional vinha acompanhada da seguinte justificativa: *"Não basta a mera enunciação de direitos na carta constitucional. De que, na realidade, adianta ao cidadão que a lei suprema do País declare, expressamente, o direito, por exemplo, à educação ou à saúde, se o Estado não é compelido a pôr em prática o mandamento constitucional?"*

O constituinte Gastone Righi (PTB-RS), no dia 22/04/87, na 3ª reunião da Subcomissão dos Direitos Políticos, dos Direitos Coletivos e Garantias, pede a criação de um *mandamus*, uma forma de processo pela qual alguém possa exercitar um direito social, como a educação. O deputado Lysâneas Maciel (PDT-RJ) propõe dois mecanismos: um na forma solicitada por Righi, no art. 3º do seu Anteprojeto, segundo o qual o povo exerceria a soberania: VII – *pelo mandado de garantia social por inexistência ou omissão de normas, atos jurisdicionais ou administrativos*; o outro no art. 40: *"Na falta de regulamentação para tornar eficaz a norma constitucional, o Ministério Público ou qualquer interessado poderá requerer ao Judiciário a aplicação do direito assegurado."*

No anteprojeto da subcomissão dos Direitos e Garantias Individuais, cujo relator foi o Deputado Darcy Pozza (PDS), foi acolhida a sugestão do Senador Ruy Barcelar e estabeleceu-se a seguinte redação: Artigo – *"Os direitos e garantias constantes desta Constituição têm aplicação imediata. Conceder-se-á mandado de injunção para garantir direitos nela assegurados, não aplicados em razão da ausência de norma regulamentadora, podendo ser requeridos em qualquer juízo ou tribunal, observadas as regras de competência da lei processual."*

No âmbito da Comissão da Soberania e dos Direitos e Garantias do Homem e da Mulher, passou a constar o mandado de injunção, no substitutivo do Relator da Comissão Senador José Paulo Bisol

(PMDB-RS),[83] nos seguintes termos: Artigo 34 – *"Conceder-se-á mandado de injunção, observado o rito processual do mandado de segurança, sempre que a falta de norma regulamentadora torne inviável o exercício dos direitos e liberdades constitucionais e das prerrogativas inerentes à nacionalidade, à soberania do povo e à cidadania."* Artigo 48, parágrafo 1º – *"A lacuna permanecendo depois de seis meses da promulgação da Constituição, qualquer cidadão, associação, partido político, sindicato ou entidade civil poderá promover mandado de injunção para o efeito de obrigar o Congresso a legislar sobre o assunto no prazo que a sentença consignar."*

A Comissão de Sistematização, na fase do Projeto de Constituição, adotou o instituto com a seguinte redação: Artigo 32, Parágrafo Único – *"Qualquer juízo ou tribunal, observadas as normas da lei processual, é competente para conhecer, processar e julgar as garantias constitucionais."*

Já na fase de emendas ao Primeiro Substitutivo do Relator da Comissão de Sistematização, o Senador Fernando Henrique Cardoso (PSDB-SP) ofereceu a Emenda nº 34.970 de 05/09/87, que foi acatada pelo Relator quanto à supressão da referência ao rito processual do mandado de segurança, influindo decisivamente para a redação final do instituto.

O Segundo Substitutivo da Comissão de Sistematização contemplou o mandado de injunção com a seguinte redação: Artigo 5º, inciso 57 – *"Conceder-se-á mandado de injunção, observando o rito processual*

---

[83] O Senador José Paulo Bisol, do PMDB-RS, foi o Relator da Comissão da Soberania e dos Direitos e Garantias do Homem e da Mulher, durante a Constituinte. A sua atuação foi decisiva para a aprovação do mandado de injunção, tal como finalmente acolhido no ordenamento constitucional. Em entrevista concedida ao Professor Adriano Pilatti, em 25/06/87, ao ser indagado sobre qual estratégia tinha adotado para ultrapassar as barreiras conservadoras, respondeu: *"Um dos aspectos que nos levou ao êxito talvez tenha sido uma certa presunção dos conservadores, no sentido de que eles tinham maioria e que bastava, portanto, argumentar não contra o raciocínio, mas contra a pessoa que raciocina. Eles achavam que esse método serviria porque geraria confusões e debates muito grandes. Como eu não respondi-a nenhuma agressão, houve uma espécie de perda de substância moral na posição dos adversários. Faltava-lhes fundamento ético para continuar na luta. E alguns, mais humanizados, mais compreensivos, acabaram se ajustando. Daí o nosso êxito. Além disso tudo, os conservadores políticos achavam que os conservadores religiosos iriam apoiá-los. A verdade é que alguns religiosos sentiram que o compromisso deles era com suas próprias convicções religiosas. E por mal-estar entre eles, não foi criada a aliança que os conservadores políticos tentaram fazer."*

previsto em lei complementar, sempre que a falta de norma regulamentadora torne inviável o exercício das liberdades constitucionais e das prerrogativas inerentes à nacionalidade, à soberania do povo e à cidadania."

O Projeto de Constituição *A* (Terceiro Substitutivo do Relator da Constituinte) inovou apenas quanto à norma regulamentadora do instituto, subtraindo a referência à lei complementar e prevendo a lei ordinária. O Relator da Constituinte, Deputado Bernardo Cabral, acatou aqui a emenda oferecida pelo *Centrão*, que, por um lado, tornava o mandado de injunção dependente de lei posterior que viria regulamentá-lo,[84] e, por outro, suprimia a palavra "direitos", ficando a proteção do instituto apenas para as liberdades e prerrogativas. Buscava-se, na verdade, excluir os direitos econômico-sociais do âmbito de proteção do mandado de injunção, esvaziando-o.

Finalmente, com o Projeto de Constituição *B*, originário do segundo turno de discussão e votação no Plenário, o *Centrão* foi, neste tema, derrotado e o mandado de injunção sofreu a sua última alteração, sendo definido nos termos do artigo 5º, inciso LXXI, da Constituição Federal de 1988: *"Conceder-se-á mandado de injunção sempre que a falta de norma regulamentadora torne inviável o exercício dos direitos e liberdades constitucionais e das prerrogativas inerentes à nacionalidade, à soberania e à cidadania."*[85]

---

[84] A estratégia de agregar a expressão *"na forma da lei"* ao instituto do mandado de injunção teve, como é evidente, o objetivo de, ao não torná-lo auto-aplicável, protelar no tempo a sua utilização, bastando, para tanto, não regulamentá-lo. Estaríamos obrigados, nesta hipótese, a recorrer à ação de inconstitucionalidade por omissão, para que o instituto fosse regulamentado. Ainda que esta estratégia não tenha, neste caso, tido sucesso, importa ressaltar que, em outros casos, ela foi utilizada, com êxito, pelo *Centrão*. Foi de iniciativa do Deputado Jovanni Masini (PMDB-PR) a emenda que suprimiu a expressão "na forma da lei" utilizada na redação formulada pelo *Centrão*.

[85] Quanto à competência para julgar e processar o mandado de injunção, a C.F. define: Art. 102: *"Compete ao Supremo Tribunal Federal, precipuamente, a guarda da Constituição, cabendo-lhe: I – processar e julgar, originariamente: q) o mandado de injunção, quando a elaboração da norma regulamentadora for atribuição do Presidente da República, do Congresso Nacional, da Câmara dos Deputados, do Senado Federal, das Mesas de uma dessas Casas Legislativas, do Tribunal de Contas da União, de um dos Tribunais Superiores, ou do próprio Supremo Tribunal Federal. II – julgar, em recurso ordinário: a) o habeas corpus, o mandado de segurança, o habeas data e o*

A Constituição Federal foi, portanto, mais precisa do que o Anteprojeto José Afonso e o da Comissão de Estudos Constitucionais, pois decidiu expressamente pela adoção do instituto do mandado de injunção. No entanto, ao contrário dos dois anteprojetos mencionados, não conferiu, de forma expressa, poder aos membros do Judiciário para suprir a lacuna legislativa. É exatamente com base na ausência desta previsão expressa que o Poder Judiciário tem inviabilizado o instituto do mandado de injunção, como veremos mais adiante.

Se o mandado de injunção tem a finalidade de garantir o pronto exercício do direito, a despeito e em função da falta de regulamentação adequada, a ação de inconstitucionalidade por omissão tem por finalidade advertir o poder competente para que pratique ato legislativo ou executivo, requerido para dar plena eficácia a uma norma constitucional, tornando-a imediatamente aplicável. É o art. 103, parágrafo 2º, da C.F., que a prevê, nos seguintes termos: *"Declarada a inconstitucionalidade por omissão de medida para tornar efetiva norma constitucional, será dada ciência ao Poder competente para a adoção das providências necessárias e, em se tratanto de órgão administrativo, para fazê-lo em 30 dias."*

A ação de inconstitucionalidade por omissão, outra novidade acolhida pelo ordenamento constitucional brasileiro, foi diretamente recepcionada do art. 283 da Constituição Portuguesa de 1976, que, no item 2, dispõe: *"Quando o Tribunal Constitucional verificar a existência de inconstitucionalidade por omissão, dará disso conhecimento ao órgão Legislativo competente."* O Anteprojeto José Afonso da Silva, como vimos, também se inspirou no ordenamento português, mas, ao contrário deste, autorizava a Corte Suprema – no caso, o Tribunal Constitucional – a regular a matéria de forma normativa, se após um certo prazo o Legislativo ou o Executivo não tomassem as providências necessárias ao cumprimento da Constituição.

---

mandado de injunção decidido em única instância pelos Tribunais Superiores, se denegatória a decisão." Artigo 105: *"Compete ao Superior Tribunal de Justiça: I – processar e julgar, originariamente: b) o mandado de injunção, quando a elaboração da norma regulamentadora for atribuição de órgão, entidade ou autoridade federal, da administração direta ou indireta, excetuados os casos de competência do Supremo Tribunal Federal e dos órgãos da Justiça Militar, da Justiça Eleitoral, da Justiça do Trabalho e da Justiça Federal."*

Os nossos constituintes, da mesma forma como os integrantes da Comissão Arinos, optaram pela adoção do instituto tal como previsto na Constituição de Portugal, ou seja, tanto lá como aqui a sentença judicial limita-se a dar ciência ao poder competente omisso, sem que se defina qualquer meio eficaz que obrigue à adoção das medidas que se fazem necessárias ao cumprimento da Constituição.

A ação de inconstitucionalidade por omissão, como o mandado de injunção, também foi proposta e aprovada, durante o processo constituinte, no âmbito da Comissão da Soberania e dos Direitos e Garantias do Homem e da Mulher, cujo relator, como vimos, era o Senador José Paulo Bisol, do PMDB-RS, que recebeu a sugestão através do Deputado Lysâneas Maciel (PDT-RJ), Relator da Subcomissão dos Direitos Políticos, dos Direitos Coletivos e Garantias. No entanto, ao contrário do mandado de injunção, objeto das mais variadas propostas e emendas, foi relativamente pacífica e pouco polêmica a tramitação da ação de inconstitucionalidade por omissão. Acolhendo a sugestão da Comissão, o projeto *A* da Constituinte, no parágrafo 55 do art. 6º, previa no Capítulo dos Direitos Individuais e Coletivos a seguinte redação: *"Cabe ação de inconstitucionalidade contra ato que, por ação ou omissão, fira preceito desta Constituição."* No art. 127, parágrafo 2º, era fixada a competência do STF para sua apreciação: *"Declarada a inconstitucionalidade por omissão de medida para tornar efetiva norma constitucional, será dada ciência ao Poder competente para a adoção das providências necessárias e, em se tratando de órgão administrativo, para fazê-lo em 30 dias."* Os objetivos do instituto não foram alterados no Projeto *B* da Constituinte, previsto aqui no art. 5º, LXXV, havendo, apenas, a seguinte alteração redacional: *"Cabe ação de inconstitucionalidade contra ato ou omissão que fira preceito desta Constituição."* A mesma redação foi mantida no Projeto *C* e na redação final – Projeto *D* – da Constituição.[86]

---

[86] Foram muitos, como vimos, os constituintes que lutaram pela adoção do instituto do mandado de injunção e da ação de inconstitucionalidade por omissão, como forma de dar eficácia ao sistema de direitos constitucionalmente assegurados. Entretanto, foram numerosas as emendas que buscaram suprimir ambos os institutos, ou seja, os dois instrumentos processuais mais significativos adotados pela Constituição de 1988, no sentido de evitar a omissão do poder público. Dentre outros, apresentaram emendas com vistas à supressão destes institutos os seguintes constituintes: Octávio Elísio (PMDB-MG), emenda nº 23.352, de 02/09/87; Basílio Villani (PMDB-

A ação de inconstitucionalidade por omissão, inicialmente prevista, juntamente com o mandado de injunção e outras garantias constitucionais, no Título II da C.F., deveria, portanto, integrar um dos incisos do art. 5º. A Comissão de Redação Final, entretanto, não a incluiu no rol dos direitos e garantias fundamentais, e ela foi agrupada como espécie do gênero de ação de inconstitucionalidade, sendo prevista, como vimos, no parágrafo 2º do art. 103. Para alguns, questões meramente técnicas determinaram esta retirada da ação de inconstitucionalidade por omissão do rol das garantias constitucionais, de vez que não houve qualquer alteração na redação do instituto. Outros atribuem este "deslocamento" às pressões conservadoras sobre o Deputado Bernardo Cabral, Relator da Comissão de Redação Final. Como o *Projeto do Centrão*, além de não alterar a redação do dispositivo relativo à ação de inconstitucionalidade por omissão, o manteve ao lado das demais garantias constitucionais, a primeira hipótese parece ser a mais razoável. De qualquer forma, ainda que prevista no parágrafo 2º, do art. 103, a ação de inconstitucionalidade por omissão pode ser considerada análoga aos "remédios constitucionais", conforme a doutrina constitucional.[87]

Enquanto garantia constitucional, a ação de inconstitucionalidade por omissão pode ser proposta pelos órgãos e entidades enumerados no artigo 103,[88] sendo de competência originária do Supremo Tribunal Federal. Neste sentido, ao contrário do mandado de injunção, cujo efeito da sentença se processa *inter partes*, são *erga omnes* os efeitos do julgamento da ação de inconstitucionalidade por omissão. São claras, a esse respeito, as palavras de Carlos Mário da Silva Velloso: "*A diferença entre mandado de injunção e ação de inconstitucionalidade por omissão está justamente nisto: na ação de inconstitucionalidade por omissão, que se inscreve no contencioso jurisdicional abstrato, de competência exclusiva do Supremo Tribunal Federal, a matéria é versada apenas em abstrato*

PR), emenda nº 15.698, de 13/08/87; Afif Domingos (PL-SP), emenda nº 01.024, de 11/07/88; Annibal Barcellos (PFL), emenda nº 01.250, de 11/07/88.

[87] Ver, a respeito, José Afonso da Silva. *Curso de Direito Constitucional Positivo*, *op. cit.*, p. 47.

[88] O art. 103, da C.F., autoriza o Presidente da República, a Mesa da Câmara dos Deputados e do Senado, o Conselho Federal da OAB, Partido Político com representação no Congresso, Confederação Sindical, Entidade de Classe de âmbito nacional, dentre outros, a propor ação de inconstitucionalidade, seja direta, seja por omissão.

e, declarada a inconstitucionalidade por omissão, será dada ciência ao Poder competente para a adoção das providências necessárias... No mandado de injunção, reconhecendo o juiz ou tribunal que o direito que a Constituição concede é ineficaz ou inviável em razão da ausência de norma infraconstitucional, fará ele, juiz ou tribunal, por força do próprio mandado de injunção, a integração do direito à ordem jurídica, assim tornando-o eficaz e exercitável."[89]

São, como podemos observar, várias as diferenças entre o mandado de injunção e a ação de inconstitucionalidade por omissão. Em comum, e por um lado, ambos os institutos buscam constatar a inexistência de providências por parte do poder público; de outra parte, tanto um como outro efetivam a idéia comunitária de comunidade de intérpretes. Isto se torna mais evidente no caso do mandado de injunção porque qualquer pessoa (indivíduo, grupos, associações, partido político, sindicatos etc.) tem legitimidade para dele dispor; no entanto, ainda que não seja tão amplo o leque daqueles que podem propor a ação de inconstitucionalidade por omissão, a idéia de comunidade de intérpretes também se realiza, na medida em que partidos políticos, confederações sindicais, entidades de classe etc. têm legitimidade para propô-la.[90]

Com esses institutos,[91] portanto, pretendeu-se concretizar uma comunidade de intérpretes do texto constitucional, já que os cidadãos e as associações possuem legitimidade, assegurada pela própria

---

[89] Cf. Carlos Mário da Silva Velloso. *Temas de Direito Público*, Belo Horizonte, Editora Del Rey, 1994, p. 171.

[90] A Constituição anterior não previa a ação de inconstitucionalidade por omissão, referindo-se apenas à ação direta de inconstitucionalidade. Dispunha, ainda, que somente o Procurador-Geral da República (em nível federal) e os Procuradores- Gerais dos Estados (em nível estadual) tinham competência para suscitá-la. Ressalte-se, de outra parte, que a ampliação da legitimidade para propor a ação de inconstitucionalidade significou, não apenas uma vitória dos setores progressistas, mas uma das grandes derrotas dos membros do Supremo Tribunal Federal que, em suas propostas sobre o Poder Judiciário, sublinhavam: *"Quanto à pretendida outorga de legitimidade para representação por inconstitucionalidade de lei ou ato normativo federal ou estadual a órgãos do Poder Público (Executivo, Legislativo, Judiciário) ou, mesmo, a entidades de direito público ou privado, entendeu a Corte que ela deve continuar a cargo, exclusivamente, da Procuradoria-Geral da República"*. Cf. *Diário da Justiça*, 14/07/86.

[91] A professora Regina Quaresma, em texto valioso sobre os institutos do mandado de injunção e da ação de inconstitucionalidade por omissão, buscando auxiliar os seus leitores quanto à utilização destes institutos, oferece

Constituição, para deflagrar processos judiciais perante juízes e tribunais, especialmente no sentido de tornar efetivas as normas constitucionais protetoras dos direitos sociais fundamentais, combatendo as omissões dos poderes públicos. E neste contexto de Constituição aberta e de abertura constitucional, não se poderia destinar outro papel aos tribunais, senão o de regente republicano das liberdades positivas. Chegamos, portanto, ao terceiro tema que define a "dimensão comunitária" da Constituição Federal: a Corte Suprema como órgão de caráter político.

c) A Interpretação Constitucional Orientada por Valores: o Supremo Tribunal Federal como Órgão de Caráter Político

Nos meses que antecederam a Constituinte, foram inúmeros os juristas que, através da imprensa, clamavam pela necessidade de conferir ao Supremo Tribunal Federal atribuições jurídico-políticas de uma Corte Constitucional. Em artigo publicado na *Folha de S. Paulo*, de 6/10/85, Sidney Sanches afirmava que o STF *"deveria cuidar de temas constitucionais (...) e de questões de alto interesse público, no plano da ordem jurídica, moral, política, econômica e social"*. Clóvis Ramalhete, também na *Folha de S. Paulo* (6/10/85), atribuía ao STF a função de *"intérprete, defensor e elastecedor da Constituição"*. O *Jornal da Tarde*, de 27/5/85, veiculava a opinião de Celso Ribeiro Bastos, para quem ao Supremo *"compete também reinterpretar a Constituição à luz dos reclamos e anseios da sociedade da época, contribuindo assim para a sua maior longevidade"*.

---

modelos de petições iniciais onde "idealiza" exemplos esclarecedores. Como sabemos, o parágrafo 2o, do art. 227, da C.F., afirma que *"a lei disporá sobre normas de construção dos logradouros e dos edifícios de uso público e de fabricação de veículos de transporte coletivo, a fim de garantir acesso adequado às pessoas portadoras de deficiência"*. Caso nenhuma norma regulamentadora seja editada para implementar esta garantia constitucional, portador (mandado de injunção individual) ou portadores (mandado de injunção coletivo) de deficiência física podem ingressar em juízo, alegando, por exemplo, que todos os logradouros públicos do bairro onde reside (ou residem) não dispõem de qualquer aparato que propicie o seu livre acesso. Espera-se, neste caso, que o Judiciário solucione o caso concreto, emitindo decisão que obrigue o órgão -omisso a tomar as providências cabíveis. Ver, a respeito, Regina Quaresma, *O Mandado de Injunção e a Ação de Inconstitucionalidade por Omissão. Teoria e Prática*, *op. cit.*, pp. 119-129.

"As atribuições do STF de-
veriam ser predominantemente constitucionais, como nos Estados Unidos da
América", sentenciava Miguel Reale Jr. (*Folha de S. Paulo*, 9/10/86).

Foi no âmbito da Comissão da Organização dos Poderes e Sistema de Governo, na Subcomissão do Poder Judiciário e do Ministério Público, que teve como relator o Deputado Plínio de Arruda Sampaio, do PT-SP, que se iniciou o debate sobre o papel e a competência da Corte Suprema na nova Constituição do País.

O primeiro Relatório apresentado por Plínio de Arruda Sampaio, que incorporava, inclusive, a posição do Partido dos Trabalhadores quanto ao tema, instituía a Corte Constitucional[92] – dedicada às questões constitucionais – e o Superior Tribunal de Justiça, que incorporaria as demais atribuições do STF. Este primeiro relatório seguia, neste sentido, as orientações dos Anteprojetos de José Afonso e da Comissão Arinos.[93] A reação contrária da maioria conservadora no âmbito da Subcomissão foi imediata. O Deputado Adolfo Oliveira, do PL-RJ, registrou *"o desassossego na magistratura bra-sileira em todos os seus escalões, em face do simples anúncio destas propostas"*. Invocando a *"tradição positivista do nosso direito"* e lamentando o fim da *"garantia sagrada do princípio da vitaliciedade no direito brasileiro"*, o Deputado Paes Landim, do PFL-PI, manifestou veementemente sua discordância.[94] A estratégia adotada pelo relator, em face das reações contrárias, foi incorporar as sugestões apresentadas pelo Senador Maurício Corrêa, do PDT-DF, e pelo Deputado Michel Temer, do PMDB-SP, no sentido de reduzir as atribuições do Supremo Tribunal Federal, que seriam transferidas, como desejava Plínio de

---

[92] Ressalte-se que o Senador Mário Covas, líder da maioria na Constituinte, apresentou sugestão de norma constitucional que instituía a figura do Tribunal Constitucional. O projeto do Senador reproduzia, neste tema, os artigos do Anteprojeto José Afonso da Silva, seu principal assessor na Constituinte. Esta sugestão de norma constitucional não foi discutida.

[93] O Anteprojeto da Comissão Arinos também previa a criação do Superior Tribunal de Justiça, nos termos do Relatório de Plínio de Arruda Sampaio. No que diz respeito ao Anteprojeto José Afonso da Silva, a orientação foi idêntica, havendo apenas diferença quanto à designação: mantinha o Supremo Tribunal Federal, mas com as atribuições do novo Superior Tribunal de Justiça.

[94] Cf. Atas das 8ª e 9ª Reuniões da Subcomissão do Poder Judiciário e do Ministério Público, realizadas em 15/05/87 e 19/05/87, respectivamente.

Arruda Sampaio, para o novo Superior Tribunal de Justiça, manten-do-se o Supremo Tribunal Federal, mas com atribuições de Corte Constitucional. Esta proposta foi aprovada[95] e passou a integrar o Relatório da Comissão da Organização dos Poderes e Sistema de Governo,[96] cujo relator foi o Deputado Egídio Ferreira Lima, do PMDB-PE.

Da mesma forma como ocorrera em relação à Comissão de Estudos Constitucionais, a pressão do Judiciário e a ação coordenada dos membros do Supremo logo se fizeram sentir no âmbito da Assembleia Constituinte. O segundo substitutivo do Relator, apresentado em setembro de 1987, revelava, ainda que parcialmente, o resultado desta pressão: como na Constituição anterior, o STF continuaria a ser integrado por onze ministros, todos indicados pelo Presidente da República, ouvido o Senado Federal. A vitória, no entanto, foi apenas parcial. Ainda que não tenha convertido o Supremo Tribunal Federal em Corte Constitucional, foi-lhe atribuída a função de guardião da Constituição e parte de suas antigas atribuições foram transferidas para o novo Superior Tribunal de Justiça.[97] Esta configuração inicial não mais foi alterada ao longo do processo

---

[95] Em entrevista concedida ao professor Adriano Pilatti, em 22/05/87, Plínio de Arruda Sampaio afirma: *"eu acho que nós encontramos uma solução feliz, como sempre brasileira, porque no Brasil nós temos a convivência de dois sistemas jurídicos: no direito constitucional, a nossa tradição é copiada dos Estados Unidos; na lei federal, da Europa. Esta fórmula é híbrida porque este é um país híbrido"*.

[96] O Anteprojeto da Comissão da Organização dos Poderes e Sistema de Governo dispunha que o STF seria integrado por 16 ministros, sendo 5 indicados pelo Presidente da República, 6 indicados pela Câmara dos Deputados e 5 indicados pelo Presidente da República, dentre integrantes de listas tríplices, organizadas para cada vaga, pelo STF.

[97] A criação do Superior Tribunal de Justiça (art. 104, C.F.) traduziu nova derrota dos membros do Supremo Tribunal. Sobre o tema, assim se manifestaram: *"Desaprova (...) a Corte a idéia de se criar um Tribunal Superior de Justiça (abaixo do Supremo Tribunal Federal), com competência para julgar recursos extraordinários oriundos de todos os Tribunais Estaduais do País"*. E ainda acrescentam: *"Pela proposta, o Supremo Tribunal Federal conserva sua competência para julgar recurso extraordinário nos moldes atuais"*. A Constituição de 1988 também reduziu esta competência, transferindo para o Superior Tribunal de Justiça a decisão sobre os casos de colisão direta entre o direito estadual e o direito federal ordinário. Cf. *Diário da Justiça*, 14/07/86.

constituinte, nem mesmo pelo Projeto do *Centrão*, sendo assim incorporada à Constituição Federal.

O ordenamento constitucional brasileiro, portanto, não converteu, como desejavam os "comunitários", o Supremo Tribunal Federal em Corte Constitucional,[98] mas reduziu sua competência à matéria constitucional, afirmando que a ele compete, *"precipuamente, a guarda da Constituição"* (art. 102, C.F.). Não há dúvidas de que a função de guardião da Constituição remete necessariamente ao caráter político que assume o Supremo Tribunal Federal no novo texto constitucional. Afinal, a função de declarar o sentido e o alcance das regras jurídicas, especialmente na função jurisdicional de tutela da Constituição, traduz uma ação política ou, pelo menos, uma ação de inexorável repercussão política. Se a própria Constituição, como vimos, não se definiu como um ordenamento valorativamente neutro, pois está comprometida com determinados valores comunitários, tampouco pode ser neutra a tarefa de garanti-la, através de procedimentos interpretativos. É precisamente por isso que a Corte Suprema deve recorrer a *procedimentos interpretativos de legitimação de aspirações sociais* à luz da Constituição e não a *procedimentos interpretativos de bloqueio,*[99] pretensamente neutros, vinculados a uma concepção de Estado mínimo e adequados a uma legalidade estritamente positivista.

Com a definição do caráter político do Supremo Tribunal Federal, fecha-se o círculo que caracteriza a *dimensão comunitária* do ordenamento constitucional brasileiro.[100] A realização dos valores

---

[98] O livro *Jurisdição Constitucional* (São Paulo, Editora Saraiva, 1996), de Gilmar Ferreira Mendes, é um dos mais importantes e exaustivos trabalhos publicados no Brasil que realiza um estudo comparado entre o Supremo Tribunal Federal brasileiro e o Tribunal Constitucional alemão.

[99] Conceitos apresentados por Tércio Sampaio Ferraz Jr., *Constituição de 1988. Legitimidade, Vigência e Eficácia Normativa, op. cit.*

[100] A dimensão "comunitária" e progressista da Constituição Federal de 1988 não se coaduna com a composição majoritariamente conservadora do Congresso Constituinte responsável por sua promulgação. Como vimos, o Anteprojeto da Comissão Arinos tampouco era compatível com o conservadorismo da maioria dos seus membros. No caso da Constituição Federal, também são variadas as chaves de interpretação deste processo, ainda que seja possível enumerá-las de forma um tanto quanto aleatória: a) houve uma enorme renovação *pessoal* nas eleições de 1986, com muitos constituintes

constitucionais e a efetivação do sistema de direitos fundamentais vai depender, por um lado, da participação jurídico-política de uma ampla comunidade de intérpretes, dotada de instrumentos processuais inibidores das omissões do poder público, e, por outro, de uma hermenêutica constitucional que, ultrapassando o formalismo positivista, introduza uma consideração de ordem axiológica na tarefa de interpretação da Constituição.

---

exercendo seus primeiros mandatos federais; b) o descontentamento destes "novos" com as decisões centralizadoras do Presidente Ulysses Guimarães foi a causa da eleição do Senador Mário Covas para a liderança da maioria (PMDB) na Constituinte; c) o Senador Mário Covas indicou para as relatorias estratégicas das Subcomissões constituintes comprometidos com as teses progressistas e que, por força do Regimento, integrariam a Comissão de Sistematização; d) o Regimento Interno, aprovado pelos "novos" – que desejavam participar ativamente dos trabalhos constituintes – definiu um itinerário que, partindo do zero, descentralizava a confecção do texto constitucional em comissões e subcomissões e permitia a intensa participação da sociedade civil no processo; e) finalmente, ainda que a maioria conservadora, o *Centrão*, tenha reagido na segunda fase da Constituinte e alterado o Regimento Interno, para descartar a influência da minoria progressista, a modificação regimental foi mal realizada. A alteração do Regimento Interno abriu a possibilidade de apresentação de novas emendas e de substitutivos que pudessem ser apreciados inclusive antes do texto aprovado pela Comissão de Sistematização. Para tanto, estes substitutivos deveriam reunir 280 assinaturas. Alcançado este número, o texto devia ser submetido a votação, e só seria aprovado se obtivesse 280 votos favoráveis. Se isto não ocorresse, colocava-se então em votação o texto da Comissão de Sistematização, cuja aprovação dependia da obtenção do mesmo número de votos. Se - nenhum dos textos alcançasse tal número, ocorreria, então, o chamado "buraco negro" (nenhum texto aprovado), o que colocava a necessidade de oferecimento de novo texto pelo Relator.
-Este processo terminou por obrigar a maioria conservadora a estabelecer acordos, que garantiram as conquistas obtidas pelos progressistas na primeira fase. Ver, a
respeito, Adriano Pilatti. "Marchas de uma Contramarcha: Transição, UDR e Constituinte", Dissertação de Mestrado apresentada ao Departamento de Direito da PUC-Rio, 1988, p. 171 e segs. Do mesmo autor, ver também *A Educação nas Constituintes Brasileiras* (org. Osmar Fávero), *op. cit.*, pp. 293-302.

3. A Interpretação "Comunitária" do Ordenamento Constitucional

O artigo 5º, XXXV, da Constituição Federal declara que "*a lei não excluirá da apreciação do Poder Judiciário lesão ou ameaça a direito*". A primeira garantia que o texto revela é a de que cabe ao Poder Judiciário o monopólio da jurisdição. A segunda garantia consiste no direito de invocar a atividade jurisdicional sempre que se tenha como lesado ou simplesmente ameaçado um direito, individual ou coletivo.

O constitucionalismo "comunitário" brasileiro, ao conferir prioridade aos mecanismos jurídicos de participação que buscam efetivar o sistema de direitos assegurados pela Constituição, especialmente contra as omissões dos poderes públicos, não tem qualquer dificuldade em fazer uma leitura ampliada deste dispositivo constitucional, defendendo a proeminência do Poder Judiciário, que deve desempenhar papel político relevante no sistema constitucional, podendo inclusive sobrepor-se ao Legislativo. Invocando o "*judiciarismo*" das décadas de 50 e 60 nos Estados Unidos, quando lançaram mão do princípio da igualdade e da cláusula do devido processo legal (*due process of law*) para questionar a fundo a racionalidade e a razoabilidade das regras jurídicas que garantiam a discriminação dos - negros, os "comunitários" brasileiros afirmam que é indispensável, em um sistema equilibrado de partilha de competências institucionais, que o Judiciário possa concluir acerca da racionalidade e da razoabilidade das regras jurídicas sempre que for questionada lesão ou ameaça de lesão a direito individual ou coletivo, sob pena de permitir-se, pelo menos em tese, o arbítrio do legislador.[101]

Para o constitucionalismo "comunitário", portanto, a atividade jurisdicional não pode ficar adstrita a uma legalidade positivista e abstrata, destituída, assim, de qualquer dimensão política. A função de declarar o sentido e o alcance das regras jurídicas, especialmente das normas constitucionais, possui uma clara conotação política.[102]

---

[101] Ver, a respeito, Carlos Roberto de Siqueira Castro. *O Devido Processo Legal e a Razoabilidade das Leis na Nova Constituição do Brasil*, Rio de Janeiro, Editora Forense, 1989, p. 212 e segs.

[102] Criticando o "*dogma da separação dos poderes*", instituído por uma cultura jurídica positivista e privatista, Carlos Roberto de Siqueira Castro vê uma

É precisamente no âmbito desta função jurisdicional de tutela da constituição que o direito e a política se encontram.[103] E não poderia ser diferente. Como a constituição é, para o constitucionalismo "comunitário", um sistema de valores, a sua tutela, por via interpretativa, não pode senão se transformar em instrumento de *realização política*.

Esta função jurisdicional de tutela da constituição – a jurisdição constitucional – se traduz no controle da constitucionalidade das leis, que pode se processar através de dois critérios: o *difuso*, que reconhece o seu exercício a todos os componentes do Poder Judiciário, e o *concentrado*, deferido a um Tribunal Supremo ou a uma Corte Especial.

O critério de controle difuso, adotado nos EUA, não é considerado pelos constitucionalistas "comunitários" brasileiros como uma verdadeira forma de jurisdição constitucional, não tanto por também ter entregue o controle da constitucionalidade à jurisdição ordinária, mas pelo fato de que o objetivo desta jurisdição é a decisão do caso concreto, e não a função de guardiã dos valores que integram o *sentimento constitucional* da comunidade. Preferem o sistema concentrado, adotado nos países europeus, que, através dos Tribunais

---

nítida proeminência do Poder Judiciário como árbitro da validade das normas jurídicas, com relevante papel político no sistema constitucional. Sobre a preocupação positivista com um eventual excesso da magistratura em sua atividade de interpretação das normas constitucionais, afirma que *"resta sempre a solução política final, de insuspeita índole democrática, qual seja a possibilidade de o Congresso Nacional, no exercício do poder constituinte revisional, emendar o texto da Constituição, seja para lhe conferir interpretação autêntica e corretiva da que lhe dera o órgão jurisdicional, seja para suprir lacuna indevidamente suprida pela interpretação pretoriana. Assim é que, nos Estados Unidos da América, em quatro históricas oportunidades, o Congresso americano exercitou tal prerrogativa para afastar decisões da Suprema Corte acerca do sentido e do alcance da Constituição (...)"* Cf. Carlos Roberto de Siqueira Castro. *O Devido Processo e a Razoabilidade das Leis na Nova Constituição do Brasil, op. cit.*, p. 216.

[103] Importa ressaltar que se a interpretação judicial da Constituição é vista pelo constitucionalismo "comunitário" como uma ação política, isso não significa obviamente que os juízes estejam autorizados a agir sem independência, sem imparcialidade e a partir de compromissos partidários. O que os constitucionalistas "comunitários" não admitem são os argumentos que buscam assegurar um caráter não-político à função judiciária, especialmente a de declaração do alcance e do sentido de normas constitucionais.

Constitucionais, evidencia a *natureza política* do sistema de defesa da Constituição.

A Constituição Federal, entretanto, a despeito de ter mantido mecanismos do sistema norte-americano,[104] consolidou um sistema misto que combina o critério de controle difuso por via incidental ou de exceção com o critério de controle concentrado por via de ação direta de inconstitucionalidade, incorporando também, como vimos, a ação de inconstitucionalidade por omissão. Apesar de não ter convertido o Supremo Tribunal Federal em Corte Constitucional, a C.F., como assinalamos, reduziu sua competência à matéria constitucional, afirmando que a ele compete, *precipuamente, a guarda da Constituição*. O constitucionalismo "comunitário" brasileiro, no entanto, afirma que não é fácil conciliar uma função típica de guarda dos valores constitucionais com a função de proferir julgamentos para casos concretos, que sempre conduz à preferência pela decisão do conflito, e não pelos valores constitucionais. Daí sua preferência pelo Tribunal Constitucional, cujos pronunciamentos a propósito da constitucionalidade das leis obrigam não apenas todos os órgãos do Poder Judiciário, como os demais poderes do Estado.

De qualquer forma, ainda que os constituintes não tenham seguido a orientação do Anteprojeto José Afonso da Silva no sentido de adotar a figura do Tribunal Constitucional, para o constitucionalismo "comunitário", o Poder Judiciário, na qualidade de último intérprete da Constituição – já que aqui prevalece o sistema jurisdicional de controle da constitucionalidade[105] – tem um papel proeminente.

---

[104] Nos EUA a adoção do sistema difuso não causa prejuízo aos valores constitucionais, segundo os constitucionlistas "comunitários", pelo fato de que o sistema do *common law* tem a eqüidade, e não a lei, como primordial fonte do direito. Neste sentido, as decisões relativas à declaração de inconstitucionalidade, pela via do precedente judicial, rapidamente se generalizam.

[105] A doutrina constitucional identifica três sistemas de controle da constitucionalidade. O primeiro, denominado *político*, encarrega órgãos de natureza política do controle da constitucionalidade das leis (o Conselho Constitucional francês, por exemplo); o segundo, o *jurisdicional*, confere a tarefa ao próprio Poder Judiciário (o *judicial review*, do direito norte-americano); finalmente, o sistema *misto* autoriza o controle político para certas categorias de leis e o controle jurisdicional para outras (controle político para as leis federais e controle jurisdicional para as leis locais, como ocorre

No que diz respeito a este tema, é interessante observar a trajetória dos discursos elaborados pelos constitucionalistas "comunitários". Durante todo o processo constituinte, defenderam a adoção de um exaustivo sistema de direitos e garantias e a criação de uma Corte Constitucional, de caráter preponderantemente político, responsável pela concretização das normas constitucionais, especialmente aquelas asseguradoras dos direitos fundamentais. Defendiam, portanto, uma Constituição nos moldes europeus, pelo menos no que se refere a estes temas. Após a promulgação da Constituição Federal, que incorporou, de uma parte, o modelo constitucional europeu do exaustivo sistema de direitos fundamentais, mas, de outra parte, adotou a forma mista de jurisdição constitucional – se bem que acrescida, como vimos, de critério de controle concentrado de constitucionalidade – os constitucionalistas "comunitários", nem por isso, deixam de admitir a possibilidade e a necessidade de uma ação política por parte do Supremo Tribunal Federal, ainda que sem os contornos de uma Corte Constitucional. São claras, a respeito, as palavras de Miguel Seabra Fagundes: *"Quando se diz que o Supremo Tribunal Federal exerce função política, fala-se o que é óbvio. Porque funções políticas exercem todos os órgãos de cúpula do Poder Público... Com relação ao STF, o exercício de função política não se dá na rotina das suas atividades, senão quando chamado ele, na aplicação da Constituição da República, a manifestar-se sobre a validade das leis e atos executivos em face de princípios constitucionais basilares... Ao manifestar-se (...), como árbitro que é da Constituição, o seu desempenho é político. Porque a Lei Maior será aquilo, no conteúdo e na extensão, que os seus arestos declararem que é."*[106]

Como *"fiel depositário do sentimento constitucional nacional"*,[107] o Supremo Tribunal Federal deve atuar, enquanto guardião da

---

na Suíça). Ver, a respeito, José Afonso da Silva. *Curso de Direito Constitucional Positivo, op. cit.,* p. 48; Mauro Cappeletti. *O Controle Judicial de Constitucionalidade das Leis no Direito Comparado*, tradução de Aroldo Plínio Gonçalves, Sergio Fabris Editor, Porto Alegre, 1984, Capítulo III; e Gilmar Ferreira Mendes. *Controle de Constitucionalidade. Aspectos Jurídicos e Políticos*, São Paulo, Editora Saraiva, 1990.

[106] Cf. Miguel Seabra Fagundes, "A Função Política do Supremo Tribunal Federal", *in Revista dos Tribunais*, vols. 49 e 50, p. 8.

[107] Cf. Carlos Roberto de Siqueira Castro, "Pela Criação do Tribunal Constitucional", *in Revista Contextos*, no 2, julho/dezembro de 1987, PUC-Rio, p. 95.

Constituição, de forma a atualizar o sistema de valores constitucionais, sob pena de suas decisões "*se converterem em meros instrumentos de falsificação da realidade política*".[108]

Parece não restar dúvida de que o constitucionalismo "comunitário" brasileiro, especialmente no que diz respeito ao tema da jurisdição constitucional, luta por um Poder Judiciário cujo papel fundamental seja o de ajustar o ideal "comunitário" dos valores compartilhados à realidade constitucional. Esperam do Judiciário uma ação de inclusão dos excluídos, "*concretizando a Constituição*", como advoga Canotilho, ou, nas palavras de José Afonso da Silva, "*realizando o sistema de direitos constitucionais*", para eliminar as perversas divisões sociais que caracterizam a sociedade brasileira. Citando Pablo Lucas Verdú, para quem a Constituição é a "*autêntica carta de identidade nacional de um país*", Carlos Roberto de Siqueira Castro espera que a reverência ao raciocínio e à logicidade jurídicas não seja "*impeditiva do exercício da ampla criatividade pelos julgadores em sua indeclinável missão de construir um direito socialmente justo, o que lhes permite, inclusive, ir além da lei para, com isso, (...) satisfazer as aspirações coletivas emergentes*".[109]

A consequência deste compromisso "comunitário" com uma atuação jurisdicional criativa, que atenda as expectativas judiciais da sociedade brasileira, se revela precisamente na exigência de apreciação judicial das questões que envolvam lesão ou ameaça de lesão a direito individual ou coletivo. Em outras palavras, quando se trate de interpretação do ordenamento constitucional e do sistema normativo por ele presidido com vistas ao exame de violação ou ameaça aos direitos fundamentais, não pode deixar de haver apreciação judiciária, sob pena de violação do preceito constitucional segundo o qual "*a lei não excluirá da apreciação do Poder Judiciário lesão ou ameaça a direito*". Desta forma, mesmo nos casos de ausência, no ordenamento jurídico, de norma aplicável a um caso, cabe ao juiz solucioná-lo, concretizando o direito dos impetrantes, independentemente da inexistência de regulação. O mandado de injunção, como vimos, é exatamente a garantia constitucional a ser utilizada todas as vezes em

---

[108] Cf. José Afonso da Silva, "Tribunais Constitucionais e Jurisdição Constitucional", *in Revista Brasileira de Estudos Políticos*, n<u>o</u> 60/61, janeiro/julho de 1985, UFMG, p. 495.

[109] Cf. Carlos Roberto de Siqueira Castro, *O Devido Processo Legal e a Razoabilidade das Leis na Nova Constituição do Brasil, op. cit.*, p. 225.

que a ausência de norma regulamentadora inviabilize o exercício de direitos, liberdades e prerrogativas. Espera-se, portanto, que o juiz, frente à inexistência normativa, resolva o caso concreto, garantindo o direito daquele que o invoca.

Esta posição, denominada *tese resolutiva,* é defendida, com vigor, pelo constitucionalismo "comunitário" brasileiro. Ressalte-se, a respeito, que como aceitar que o Judiciário legisle abstratamente é inconstitucional, a tese resolutiva garante que sejam solucionados os casos concretos, sem efeitos gerais, *erga omnes*, prevalecendo a decisão individual *inter partes*, até que a norma regulamentadora faltante seja editada. Essa posição foi a adotada no parágrafo 1º do artigo 10, do Anteprojeto de Constituição da Comissão Arinos, quando autorizava o juiz, na falta ou omissão da lei, a decidir o caso de modo a atingir os fins da norma constitucional.

Foi com profundo desagrado e desesperança que o constitucionalismo "comunitário" viu o Supremo Tribunal Federal adotar a chamada *tese da subsidiariedade,*[110] segundo a qual o Poder Judiciário deve apenas recomendar ao Poder omisso que elabore legislação reguladora, não tendo qualquer competência para concretizar o direito do impetrante. Esta posição foi adotada no julgamento do mandado de injunção nº 107/90, notório desde então, relatado pelo mais antigo e talvez mais conservador dos membros do STF, o Ministro José Carlos Moreira Alves,[111] que equiparou o mandado de injunção à ação de inconstitucionalidade por omissão.[112]

---

[110] O parágrafo 2o, do artigo 10, do Anteprojeto da Comissão Arinos, afirma que o STF, quando da inexistência ou omissão da lei, recomendará ao Poder competente a edição de norma que venha a suprir a falta. Não se pode aqui, entretanto, demonstrar o compromisso da Comissão Arinos com a tese da subsidiariedade, de vez que o parágrafo 1o, do mesmo artigo, adotou a tese resolutiva ao autorizar o juiz a decidir o caso na falta ou omissão da lei. É importante ressaltar que tanto a "tese da subsidiariedade" quanto a "tese resolutiva" são designações estabelecidas por Regina Quaresma, em *O Mandado de Injunção e a Ação de Inconstitucionalidade por Omissão. Teoria e Prática, op. cit.*

[111] O Ministro José Carlos Moreira Alves foi nomeado Ministro do STF em 1975, pelo Presidente Ernesto Geisel.

[112] A indignação de José Afonso da Silva com esta equiparação logo se fez sentir: *"É equivocada ... a tese daqueles que acham que o julgamento do mandado de injunção visa a expedição da norma regulamentadora ..., dando a esse remédio o mesmo*

A reação do constitucionalismo "comunitário" logo se fez sentir. Em artigo publicado no *Jornal do Brasil*, em 11/09/90, que tinha por título "S.O.S. para o Mandado de Injunção", José Carlos Barbosa Moreira[113] afirmava: *"Conceber o mandado de injunção como simples meio de apurar a inexistência de norma regulamentadora e comunicá-la ao órgão competente para a edição (o qual, diga-se entre parênteses, presumivelmente conhece mais do que ninguém suas próprias omissões...) é reduzir a inovação a um sino sem badalo. Afinal, para dar ciência de algo a quem quer que seja, servia – e ainda serve – a boa e velha notificação ... A prevalecer este entendimento – como há motivos para temer que aconteça – mais valerá que, na primeira reforma constitucional, se suprima pura e simplesmente o inciso LXXI do art. 5º. O mandado de injunção, porém, merece sorte melhor que essa morte precoce e inglória. Não será tempo, ainda, de salvá-lo?"*

Joaquim de Arruda Falcão, em artigo publicado na *Folha de S. Paulo*,[114] de igual forma manifestou sua indignação, ao dizer que o Supremo Tribunal Federal *"hesita em tomar as decisões que o País espera que tome. Hesita em assumir responsabilidades de verdadeira Corte Constitucional. Opta por procedimentos de adiar, em vez dos de decidir conflitos (...) Acredita que se estabelecer, mesmo por analogia, limites legais para a greve dos servidores, invade a área do Congresso. Um poder não pode invadir o outro. Com o que todo mundo concorda. Mas todo mundo concorda também que inexiste invasão quando a própria Constituição manda que se um Poder não cumpre a obrigação de decidir, outro o faça, para assegurar a liberdade dos cidadãos... O Supremo é apenas o locutor do Congresso. Quando não tem telepronto, o locutor nada lê! Cala-se ... E se o Congresso nada decidir? Quem vai garantir nossos*

---

objeto da ação de inconstitucionalidade por omissão ... A tese é equívoca e absurda: 1º) *não tem sentido a existência de dois institutos com o mesmo objetivo e, no caso, de efeito duvidoso, porque o legislador não fica obrigado a legislar;* 2º) *o constituinte... negou ao cidadão legitimidade para a ação de inconstitucionalidade, porque teria ele que fazê-lo por vias transversas?,* 3º) *absurda mormente porque o impetrante... precisaria percorrer duas vias: uma, a do mandado de injunção...; admitindo que obtenha a regulamentação que será ... abstrata ..., teria ainda que reivindicar sua aplicação em seu favor."* Cf. José Afonso da Silva, *Curso de Direito Constitucional Positivo, op. cit.*, p. 389.

[113] Alguns meses depois, o Desembargador José Carlos Barbosa Moreira, do Tribunal de Justiça do Rio de Janeiro, em julgamento no qual foi relator do processo, adotou posição contrária à do STF, e concedeu mandado de injunção que garantia, aos servidores públicos civis eleitos para cargo de direção em sindicato da categoria, o direito ao gozo de licença não-remunerada, até a entrada em vigor da lei regulamentadora.

[114] *"O Supremo e a Greve"*, *Folha de S. Paulo*, 17/06/94.

direitos? O Supremo lava as mãos? Para que serve então a separação dos Poderes se não viabiliza as liberdades?"

Ressalte-se, finalmente, a posição de Carlos Roberto Siqueira Castro: *"As posições que têm sido até o presente assumidas pela maioria dos integrantes do STF infelizmente fulminam as esperanças de quantos consideramos consistir o mandado de injunção uma super e multifinalística garantia integradora da ordem jurídica, destinada a tornar-se, especialmente no campo dos direitos econômicos e sociais, uma fecunda guardiã da efetividade do sistema constitucional democrático restaurado e ampliado em 1988. A bem dizer, a Suprema Corte brasileira, fazendo ouvidos moucos ao clamor das demandas emancipatórias da cidadania e exercitando uma visão estreita..., apequenou a significação do instituto recém-criado. O apego a tecnicalidades de toda ordem... acabou rendendo encômios às expectativas das forças conservadoras, temerosas quanto ao papel a ser desempenhado por essa inovação introduzida pela Constituição Cidadã."*[115]

Apesar das reações adversas à atuação do STF por parte do constitucionalismo "comunitário", pouca coisa mudou desde então. Importa sublinhar, no entanto, o julgamento do mandado de injunção nº 283/91, cujo relator foi o Ministro Sepúlveda Pertence, que deferiu a garantia e fixou um prazo de 60 dias para que fosse suprida a omissão legal, após o qual, persistindo a inexistência da regulamentação, o juízo competente de 1º grau poderia satisfazer o direito requerido. O próprio Ministro Moreira Alves, relator no julgamento do mandado de injunção nº 232/92, fixando o mesmo prazo de 180 dias para que o Congresso editasse norma regulamentadora, autorizou o impetrante a gozar o direito que invocava, se, após o prazo, persistisse a omissão legal. Para o constitucionalismo "comunitário", entretanto, ainda que tais decisões possam ter sido, como parece que foram, provocadas pela forte resistência à interpretação dada pelo STF ao inciso LXXI do art. 5º, muito pouco se fez, no âmbito do Judiciário brasileiro, para garantir a efetividade das normas asseguradoras de direitos, liberdades e prerrogativas.

Se o Judiciário não tem correspondido às expectativas "comunitárias", o mesmo não se pode dizer acerca da ampla comunidade de intérpretes criada pela Constituição. A sociedade brasileira se

---

[115] Cf. Carlos Roberto de Siqueira Castro. *A Constituição Aberta e Atualidades dos Direitos Fundamentais do Homem, op. cit.*, p. 596.

encontra, do ponto de vista jurídico, inteiramente aparelhada de instrumentos processuais constitucionais para a defesa dos direitos fundamentais individuais e coletivos. E disso tem feito uso. A revista *Veja*,[116] de 26/03/97, em reportagem intitulada "Exaustos Meritíssimos", ao se referir aos 28.000 processos julgados pelo STF em 1996, assinala que os brasileiros, como nunca no passado, estão lutando na Justiça por seus direitos constitucionais e, sobre o tema, cita a acertada opinião do advogado José Guilherme Villela: *"Uma leitura otimista e correta mostra que cresce no país a consciência da cidadania..."*

Foi por acreditar nesta cidadania juridicamente participativa que os constitucionalistas "comunitários" lutaram pela incorporação no texto constitucional das garantias processuais que pudessem viabilizá-la. Ao conferir prioridade aos temas da igualdade e da dignidade humanas, eles rompem com a tradicional cultura jurídica brasileira, positivista e privatista, voltada mais para o universo microjurídico dos interesses individuais do que para conflitos de projeções globais, que envolvem interesses públicos ou coletivos. Frente a autonomia privada dos cidadãos, garantida pelos direitos liberais fundamentais, o constitucionalismo "comunitário" opta pela autonomia pública, assegurada pelos direitos de participação política.

Este compromisso com a defesa da autonomia pública dos cidadãos determinou a atuação dos constitucionalistas "comunitários" ao longo de todo o processo constituinte, caracterizado, como vimos, por uma intensa participação de movimentos sociais organizados, que com eles partilhavam os mesmos objetivos. Ao mesmo tempo, esta prioridade conferida aos interesses públicos ou coletivos revelou que a pretensão não era, após a ditadura militar, apenas configurar um Estado liberal, comprometido com a defesa dos velhos

---

[116] Outras razões, para além do crescimento da consciência da cidadania, também explicam a enorme quantidade de processos que chegam ao STF. Ressalte-se, de um lado, a resistência do Poder Executivo em cumprir a legislação em vigor e, por outro, a quantidade infindável de recursos previstos no direito processual brasileiro. A revista *Veja* menciona ambos os motivos. Esquece, entretanto, de se referir à própria resistência do Supremo em transferir, por ocasião da Constituinte, parte de suas atribuições para outros tribunais. E se equivoca inteiramente, a revista, ao criticar o caráter minucioso da Constituição brasileira, elogiando, nas entrelinhas, a Constituição Americana que *"cabe em dez folhas de papel"*.

direitos subjetivos individuais. Pretendeu-se, ao contrário, conformar um Estado de bem-estar social, nos moldes europeus, através da previsão constitucional – dentre outras normas e mecanismos – de um amplo sistema de direitos constitucionais, mecanismos jurídicos relativos ao controle das omissões do poder público e uma atuação política do Poder Judiciário. Implementar justiça distributiva, em resumo, é o objetivo fundamental do constitucionalismo "comunitário" brasileiro.

Como veremos mais adiante, o tema da justiça distributiva está presente em boa parte do debate constitucional contemporâneo. Constitucionalistas e filósofos discutem as formas de sua implementação e estabelecem os temas a partir dos quais é possível, do ponto de vista do direito, configurar uma sociedade justa. O debate, neste sentido, se organiza em torno de algumas questões centrais: que papel desempenha a Constituição nas sociedades democráticas contemporâneas?; qual a função do sistema de direitos constitucionalmente assegurados no que diz respeito a um justo processo distributivo?; quais os limites do Poder Judiciário no processo de interpretação constitucional?

Ressalte-se, no entanto, que se a justiça distributiva é o tema central do debate constitucional contemporâneo, não foi no âmbito do direito, como assinalamos, que esta discussão teve início. Com efeito, a justiça distributiva é o núcleo em torno do qual se organiza a filosofia política contemporânea, e a discussão constitucional tem sido um dos resultados deste processo. Neste sentido, é necessário, antes de ingressarmos no mundo do direito, observar como a filosofia política contemporânea, em face do pluralismo que caracteriza as democracias atuais, analisa as relações entre ética, moral e justiça distributiva.

2

A JUSTIÇA DISTRIBUTIVA ENTRE O UNIVERSALISMO E O COMUNITARISMO

A derrocada do autoritarismo comunista no Leste Europeu, a reconstrução do Estado de Direito em diversos países latino-americanos após longas ditaduras militares, a convivência de grupos étnicos e religiosos em sociedades multiculturais marcam a história política deste final de século. Se a isto agregamos a chamada "onda neoliberal", com suas exigências de mercados internacionalizados e processo produtivo sem fronteiras, pareceria razoável concordar com aqueles que vislumbram o "fim da história",[117] enquanto processo de universalização da democracia liberal. É a própria história, no entanto, que demonstra o equívoco deste tipo de análise. A explosão dos conflitos nacionalistas nos países que integravam a União Soviética, o genocídio muçulmano na Bósnia, os confrontos étnicos na África, o crescimento eleitoral de partidos políticos franceses e italianos cuja principal bandeira é a luta contra a presença dos imigrantes, a intolerância religiosa do fundamentalismo islâmico em vários países muçulmanos são evidências de como ainda estamos distante de uma democracia "globalizada".

O tão anunciado "triunfo" da democracia liberal convive com o fim da utopia igualitária, com as constantes violações de direitos humanos, com o sentimento de vazio associado a uma compreensão

---

[117]   -Cf. Francis Fukuyama. *O Fim da História e o Último Homem*, tradução de Aulyde Soares Rodrigues, Rio de Janeiro, Rocco, 1992.

da política enquanto mera estratégia de engenharia social, com concepções de "estado mínimo" e de mercado concorrencial que agravam a sensação de desamparo e fragilidade.

É neste contexto histórico complexo, em que regionalismos dos mais variados gêneros convivem com pretensões universalistas, sejam econômicas, sejam democráticas,[118] que podemos assistir a um renascimento da filosofia política, que centra-se nas relações entre ética, direito e política e cuja principal marca é um indiscutível compromisso com os ideais democráticos. A filosofia política parece ter encontrado a certeza de que já não nos é possível sobreviver, face a esta conjuntura histórica, fora de algum padrão de eticidade e justiça.

Este retorno ao mundo da ética, do direito e da política já não permite qualquer referência a um sujeito individual ideal. É bem verdade que, historicamente, a ficção do sujeito independente foi utilizada, especialmente do ponto de vista da política, como via de emancipação dos indivíduos das formas de dominação tradicionais. A idéia do homem natural, do sujeito pré-político, enquanto invenção artificial, procurava libertar os indivíduos da servidão. Neste sentido, esta ficção tinha o objetivo de legitimar uma certa idéia de "individualidade" frente a qualquer tipo de coletivismo "natural". Ressalte-se, entretanto, que se este homem natural colaborou com a erosão da legitimidade histórica do feudalismo, no momento em que se transforma em sujeito orientado por seus próprios interesses, atuando no âmbito do mercado capitalista, se torna uma figura reificada que inviabiliza a idéia de comunidade democrática. Quando a figura do outro é representada através das imagens do competidor e do inimigo, não pode haver política de cooperação democrática.

Não é por outra razão, como veremos ao longo deste capítulo, que a ficção do sujeito pré-político agora dá lugar a considerações acerca das relações lingüísticas que se estabelecem entre os indivíduos ou, de outra forma, à intersubjetividade. O sujeito racional solitário está morto, e são os valores culturais, os mundos plurais, as diversas concepções sobre a vida digna os temas com os quais se defronta a filosofia política contemporânea. É, portanto, pela via da

---

[118]   -Ver, sobre o processo de globalização econômica, política, cultural e ideológica e a explosão dos mais variados gêneros de regionalismos, José Maria Gomez, "Globalização da Política. Mitos, Realidades e Dilemas", *in Praia Vermelha*, 1/1997, Rio de Janeiro, UFRJ.

intersubjetividade que se retorna ao mundo da ética, do direito e da política. É neste território que se situam as perguntas sobre como podemos compreender a nossa sociedade e quais são os elementos e instrumentos que devem atuar neste processo de compreensão.

Liberais, comunitários e crítico-deliberativos compartilham este território comum. A intersubjetividade é, para todos, marco de referência da ética e da política e imediatamente se vincula ao tema da construção da democracia. No entanto, se a democracia, como projeto de identidade ética e política, é a perspectiva por todos compartilhada,[119] são diversos os instrumentos capazes de construí-la ou compreendê-la. A democracia necessita de algum fundamento filosófico? Caso necessite, este fundamento deve ser contextualista, crítico ou neokantiano? Existe um ideal de cidadania universal? É possível ou não compatibilizá-lo com as diversas concepções sobre a vida digna? Se a justiça distributiva é exigência da moralidade, como implementá-la?

São várias as formas através das quais, no âmbito da filosofia política contemporânea, liberais, comunitários e crítico-deliberativos respondem a estas questões. No entanto e por razões que veremos mais adiante, já não é possível definir com precisão as fronteiras teóricas que delimitariam os seus campos de atuação. Neste sentido, as diversas respostas a estas indagações, bem como as variadas formas de conexão entre a ética, o direito e a política talvez sejam mais bem elucidadas através da análise de alguns temas específicos.

1. Pluralismo, Tolerância e Desacordo Razoável

O compromisso da filosofia política contemporânea com a questão da intersubjetividade é precisamente o que a obriga a estabelecer um entrelaçamento entre a ética e a política para a configuração de uma identidade na democracia. Sabemos, no entanto, que a identidade não é a marca da sociedade democrática contemporânea. Ao

---

[119] Ver, sobre o compromisso de liberais, comunitários e crítico-deliberativos com os ideais democráticos, Nancy Rosenblum, "Introduccion" e "Pluralismo e Autodefensa", *in El Liberalismo y la Vida Moral*, Ediciones Nueva Visión, Buenos Aires, 1993.

invés da homogeneidade e da similitude, a diferença e o desacordo são os seus traços fundamentais.

Diferentemente da modernidade, é possível apreender as sociedades tradicionais, enquanto coletividades "naturais", como um todo homogêneo, pois ainda que seja possível analisá-las a partir de um ponto de vista específico – religião, política, economia – todas estas noções se entrelaçam de tal forma que constituem uma realidade única, orgânica e integrada. O consenso aqui se confunde com a dimensão "natural" do agrupamento social. A sociedade democrática contemporânea não pode ser apreendida desta forma. A multiplicidade de valores culturais, visões religiosas de mundo, compromissos morais, concepções sobre a vida digna, enfim, isso que designamos por pluralismo, a configura de tal maneira que não nos resta outra alternativa senão buscar o consenso em meio da heterogeneidade, do conflito e da diferença. Mas é possível o estabelecimento de um consenso democrático frente a qualquer forma de pluralismo? Ou apenas um pluralismo "razoável" é compatível com a democracia? O pluralismo é algo que deve ser valorizado em si mesmo ou apenas constatado?

Importa ressaltar, inicialmente, que não há respostas especificamente liberais, comunitárias ou crítico-deliberativas a estas questões. Paralelos e contrastes podem ser observados tanto entre autores que integram um mesmo grupo quanto entre autores que pertencem a grupos distintos, ainda que, como veremos, algumas fronteiras mínimas não são ultrapassadas.

a) Os Liberais e a Subjetividade das Concepções Individuais sobre a Vida Digna

No âmbito do pensamento liberal, é minoritária a posição segundo a qual o pluralismo possui um valor intrínseco. É Joseph Raz, em *The Morality of Freedom,*[120] que se volta contra aqueles que vêem o pluralismo apenas como um fato a ser constatado nas democracias contemporâneas. O pluralismo é celebrado e valorizado, em Raz,

---

[120] Joseph Raz. *The Morality of Freedom*, Oxford, Oxford University Press, 1986.

precisamente porque, sem ele, não pode haver verdadeira autonomia pessoal.

Raz constrói sua argumentação afirmando, por um lado, que *"existem várias formas de vida moralmente válidas que são incompatíveis umas com as outras"*[121] e, por outro lado, definindo a autonomia pessoal como um princípio perfeccionista, de vez que os indivíduos são autônomos não porque acreditam no valor de suas crenças, mas sim porque devem viver procurando alcançar objetivos que são válidos independentemente de suas crenças. Em outras palavras, só há verdadeira autonomia pessoal se os indivíduos puderem optar por uma dentre as diversas formas de vida moralmente válidas, ainda que a validade moral dessas concepções seja independente do valor a elas atribuído pelos indivíduos que as adotam.

Como a *"vida autônoma é válida apenas se utilizada na busca de projetos e relações válidos e aceitos"*,[122] podemos deduzir, em primeiro lugar, que existem concepções de bem que são válidas e outras que não o são e, em segundo lugar, que a idéia de autonomia circunscreve nossas escolhas ao âmbito das concepções de bem consideradas válidas. Mais do que isso, não há escolha possível entre um bem e um mal precisamente porque não se pode pensar a autonomia independentemente do seu exercício. Neste sentido, como só podemos ser autônomos em sociedades que promovam e garantam as formas sociais através das quais a autonomia se estrutura, as nossas escolhas estão inteiramente condicionadas às opções disponíveis em nossa própria sociedade.

O liberalismo de Raz, portanto, não se baseia em qualquer compromisso ético com o subjetivismo ou com o ceticismo e sua dimensão perfeccionista e compreensiva está precisamente associada à idéia de que certas concepções sobre a vida digna são objetivamente melhores e mais valiosas que outras. Este perfeccionismo não apenas o separa da maioria dos liberais contemporâneos, como assume até mesmo um caráter não-liberal, na medida em que possui uma dimensão de intolerância em relação àquelas visões de mundo que não são consideradas válidas enquanto suporte para o exercício da autonomia pessoal.

---

[121] *Idem*, p. 161.
[122] *Idem*, p. 417.

A maior parte dos liberais contemporâneos se volta contra o perfeccionismo e sua "dimensão moralista", ainda que possam divergir, como veremos, quanto ao caráter político ou compreensivo[123] que o liberalismo pode assumir.

É precisamente porque recusa qualquer conotação valorativa ao pluralismo que Rawls prefere simplesmente se referir ao "fato do pluralismo". Isto significa que, em qualquer democracia, há uma enorme diversidade de interesses pessoais, da mesma forma que variadas perspectivas através das quais as pessoas observam e compreendem o mundo. Ressalte-se, entretanto, que, para Rawls, este pluralismo "como tal" não garante a estabilidade de uma sociedade democrática. A característica permanente da cultura pública de uma sociedade democrática é a convivência de várias doutrinas compreensivas razoáveis,[124] ou seja, o "fato do pluralismo razoável". Em outras palavras, o pluralismo razoável não é uma mera conjuntura histórica que pode vir a desaparecer; trata-se, na verdade, de marca duradoura, porque intrínseca, de qualquer regime democrático.

Rawls parte do pressuposto de que há uma idéia intuitiva básica implícita na cultura pública das democracias que descreve a sociedade como um sistema eqüitativo de cooperação entre pessoas livres e iguais. Desta idéia intuitiva básica decorrem duas outras, de igual forma intuitivas. A primeira, a idéia de *"sociedade bem ordenada"*, que

---

[123] São os representantes do pensamento liberal, especialmente Rawls, que se referem às *"comprehensive doctrines"*. A expressão *"comprehensive"* designa as amplas visões de mundo que incorporam determinadas concepções filosóficas ou religiosas acerca do bem. Neste trabalho, optamos por traduzir, como fazem os espanhóis, *"comprehensive doctrines"* por doutrinas compreensivas.

[124] Rawls atribui três características fundamentais às doutrinas compreensivas razoáveis: são o resultado do exercício da razão teórica, pois abarcam *"os mais importantes aspectos religiosos, filosóficos e morais da vida humana de maneira mais ou menos consistente e coerente"*; também são resultado do exercício da razão prática, de vez que atribuem *"a certos valores uma primazia particular e um certo peso específico"*; finalmente, as doutrinas compreensivas razoáveis permanecem estáveis ao longo do tempo, ainda que evoluam lentamente se acreditam que há, desde seu ponto de vista, boas e suficientes razões para tanto. Ver John Rawls, *Liberalismo Político*, tradução de Sergio René Madero Báez, México, Fondo de Cultura Económica, 1995, pp. 75/76.

pressupõe a existência de uma *"concepção política de justiça"* que a regula.[125] Segundo Rawls, esta concepção de justiça deve ser independente (*fre-standing*) das diversas doutrinas compreensivas religiosas, filosóficas ou morais professadas pelos indivíduos em uma sociedade democrática. Daí, a idéia de *"justiça como imparcialidade"*, que, segundo ele, se situa exclusivamente no domínio do "político". Rawls emprega o termo "político" por oposição ao "metafísico",[126] e afirma que sua concepção política de justiça é neutra em relação às diversas - visões compreensivas acerca da vida digna. A segunda idéia é a de que os indivíduos são pessoas livres e iguais, pois *"em virtude do que podemos chamar suas capacidades morais e as capacidades da razão (de raciocínio, de pensamento e a capacidade de inferência relacionada com estas capacidades), dizemos que as pessoas são livres. E em virtude de possuírem essas capacidades em grau necessário a que sejam plenamente cooperativos da sociedade, dizemos que as pessoas são iguais"*.[127] As capacidades morais que Rawls atribui aos indivíduos decorrem precisamente do fato de que eles são capazes de participar de um sistema eqüitativo de cooperação social. São duas, com efeito, essas capacidades morais: a capacidade de ter um senso de justiça – ou seja, *"a capacidade de entender, de aplicar e de agir segundo a concepção pública de justiça que caracteriza os termos eqüitativos da cooperação social"* – e a capacidade de adotar uma concepção de bem

---

[125] Ao descrever uma *sociedade bem ordenada*, Rawls lhe atribui três características. Em primeiro lugar, todos os seus membros aceitam os mesmos princípios de justiça. Em segundo lugar, todos acreditam, ou pelo menos têm boas razões para acreditar, que as suas principais instituições políticas e - sociais realizam estes princípios. Finalmente, em uma sociedade bem ordenada os seus membros compartilham um sentido efetivo de justiça e é por isso que respeitam as regras de suas instituições básicas. Ver, a respeito, John Rawls, "Justiça como Eqüidade: uma concepção política, não metafísica", tradução de Regis de Castro Andrade, *in Lua Nova, Revista de Cultura e Política*, n<u>o</u> 25, 1992, pp. 35/36, e *Liberalismo Político*, *op. cit.*, p. 56.

[126] Como veremos mais adiante, esta não é a única significação atribuída por Rawls ao termo "político", ainda que provavelmente seja a mais importante, chegando mesmo dar título ao trabalho "Justiça como Eqüidade: uma concepção política, não metafísica", *in Lua Nova, Revista de Cultura e Política*, n<u>o</u> 25, *op. cit.*

[127] Cf. John Rawls, "Justiça como Eqüidade: uma concepção política, não metafísica", *in Lua Nova, Revista de Cultura e Política*, n<u>o</u> 25, *op. cit.*, p. 37.

– ou seja, a capacidade de formar, revisar e racionalmente buscar uma concepção racional do bem.[128]

É precisamente através da articulação entre as concepções de sociedade bem ordenada e indivíduos moralmente capazes que podemos melhor compreender a idéia de pluralismo razoável em Rawls. Como a concepção de sociedade bem ordenada pressupõe necessariamente a idéia de estabilidade política, pareceria problemático compatibilizá-la com a capacidade moral dos indivíduos de atuarem segundo suas próprias concepções de bem. Rawls pretende resolver este aparente conflito atribuindo, como vimos, outra capacidade moral ao indivíduo, a de ter um senso de justiça. É este senso de justiça que leva o indivíduo a agir em relação aos demais indivíduos segundo determinados princípios que podem ser aceitos publicamente por todos (ver nota 125).

O resultado disso é que há uma compatibilidade entre a idéia de justiça e a idéia de bem[129] que garante a estabilidade de uma sociedade bem ordenada. Em outras palavras, como o justo e o bem são compatíveis, o pluralismo não pode ser senão razoável. Com efeito, se o conteúdo da justiça como imparcialidade não necessita de qualquer acordo em torno de uma doutrina compreensiva específica, mas se, ao contrário, é independente de qualquer uma delas, não seria

---

[128] Cf. John Rawls. *Liberalismo Político, op. cit.*, pp. 42-43.

[129] A forma como Rawls analisa a compatibilidade entre o justo e o bem em *Liberalismo Político* é inteiramente distinta daquela adotada em *Uma Teoria da Justiça*. A diferença entre essas análises e as implicações dela decorrentes – algumas das quais serão explicitadas ao longo deste capítulo – são tão fundamentais que alguns autores chegam mesmo a se referir a um "novo" Rawls. Com efeito, em *Uma Teoria da Justiça*, a compatibilidade entre o justo e o bem se baseava na idéia de que era "racional ser razoável". Reinterpretando Kant, Rawls argumentava que um indivíduo realiza sua natureza de homem livre e racional quando age segundo um senso de justiça. Mais do que isso, a natureza racional e igual dos indivíduos deveria conduzi-los não apenas a agir segundo princípios de justiça, mas também a lhes dar prioridade absoluta. Transformando a justiça em bem supremo, Rawls baseava a compatibilidade entre o bem e o justo neste argumento de natureza filosófica. Ver John Rawls, *A Theory of Justice*, Capítulo VIII, *op. cit.* Em *Liberalismo Político*, Rawls passa a rejeitar a idéia de que a justiça é um bem supremo e a compatibilidade entre o justo e o bem se dá na medida em que as diversas doutrinas compreensivas razoáveis convergem sobre o valor de uma concepção política de justiça, a justiça como imparcialidade.

possível manter a estabilidade de uma sociedade bem ordenada caso os seus princípios pudessem ser influenciados pela existência de doutrinas compreensivas não razoáveis. Como assinala Bertrand Guillarme, *"em uma sociedade bem ordenada pela teoria da justiça, as doutrinas não razoáveis não serão aceitas por ameaçar a estabilidade da concepção"*. Entretanto, *"Rawls não considera que as doutrinas intolerantes estão totalmente ausentes em um regime ideal. Sua hipótese explicativa, no entanto, é que, em uma tal sociedade, as concepções que estão associadas aos vícios antiliberais não conseguirão recrutar partidários em número suficiente"*.[130]

O pluralismo razoável, enquanto diversidade de doutrinas compreensivas razoáveis – que, a despeito de suas profundas diferenças, não recusam, precisamente por serem razoáveis, os princípios essenciais de um regime democrático – é, para Rawls, o resultado natural das atividades da razão humana em uma sociedade democrática: *"considerar um desastre o pluralismo razoável é considerar também um desastre o exercício da razão em condições de liberdade."* [131]Desta forma, se o exercício da razão humana naturalmente resulta em um pluralismo razoável, é precisamente a sua dimensão "natural" que impede a sua valorização. Ao contrário de Raz, portanto, o pluralismo, enquanto "fato", há que ser apenas constatado.

Importa ressaltar, entretanto, que, no âmbito do pensamento liberal, nem sempre a constatação do pluralismo significa a constatação de que sobre o bem humano e a natureza da auto-realização pessoas razoáveis tendem naturalmente a discordar entre si. Afinal, como a característica fundamental da modernidade é o fato de que pessoas razoáveis discordam sobre o significado da vida, nada impede que o pluralismo seja uma das coisas sobre a qual pessoas razoáveis tendam a discordar. Ao invés de constatar o pluralismo talvez fosse o caso de constatar a inevitabilidade do desacordo razoável. Esta é a posição de Charles Larmore.

Segundo Larmore, o pluralismo é uma doutrina que afirma a existência de uma grande diversidade de formas moralmente válidas através das quais o ser humano pode se auto-realizar. A expectativa do desacordo razoável, por sua vez, *"refere-se antes ao fato de que visões posi-*

---

130 Cf. Bertrand Guillarme, "Rawls et le Libéralisme Politique", *in Revue Française de Science Politique*, vol. 46, no 2, 1996.
131 Cf. John Rawls. *Liberalismo Político, op. cit.*, p. 18.

tivas sobre a natureza da vida digna, sejam pluralistas ou monistas, são eminentemente controvertidas".[132] Isto significa que aceitar o pluralismo não é a mesma coisa que reconhecer a inevitabilidade do desacordo razoável.[133]

Ao estabelecer uma diferenciação entre pluralismo e desacordo razoável, o que Larmore pretende é precisamente garantir um fundamento estável para o liberalismo, pois se o pluralismo é uma doutrina sobre a qual pessoas razoáveis tendem a discordar, o liberalismo poderia também se transformar em uma doutrina controvertida, caso tivesse o pluralismo como sua base de sustentação. Daí a afirmação de que "*o liberalismo está essencialmente comprometido (...) com o desacordo razoável. O pluralismo é ele próprio objeto do desacordo razoável em nossa cultura*".[134]

Para Larmore, aquilo que Rawls descreve como pluralismo – a constatação de que pessoas razoáveis não compartilham uma mesma concepção compreensiva de bem – é na verdade, o desacordo razoável. O pluralismo, diferentemente, é uma doutrina, oposta ao monismo, segundo a qual há não apenas várias formas de auto-realização, como também são diversos os tipos de exigências da moral. Em - outras palavras, o pluralismo não faz qualquer distinção entre moralidade e vida digna. É possível, no entanto, segundo Larmore, sermos pluralistas acerca da felicidade, mas não acerca da moralidade.

É precisamente por isso que o liberalismo não pode estar comprometido com o pluralismo, mas apenas com o desacordo razoável. A razão disso é que ainda que as pessoas razoáveis tenham concepções distintas sobre a natureza da vida digna, é possível – e esta é a ambição original do liberalismo, segundo Larmore – encontrar princípios da associação política que expressem certos valores morais

---

[132] Cf. Charles Larmore. *The Morals of Modernity*, Cambridge, Cambridge University Press, 1996, p. 122.

[133] Importa ressaltar que, para Larmore, não há qualquer relação de identidade entre ceticismo e desacordo razoável. Ao contrário, o ceticismo não pode ser um componente essencial do liberalismo, porque "*o liberalismo deve olhar para além do profundo desacordo que divide pessoas razoáveis, em direção aos princípios mínimos em torno dos quais elas devem se unir*". *The Morals of Modernity*, *op. cit.*, p. 174. Sobre ceticismo e desacordo razoável em Charles Larmore, ver Brian Barry, *La Justicia como Imparcialidad*, tradução de José Pedro Tosaus Abadía, Barcelona, Paidós, 1997, pp. 227 a 245.

[134] Cf. Charles Larmore. *The Morals of Modernity*, *op. cit.*, p. 155 .

fundamentais, sobre os quais não há desacordo possível. Em suas palavras, o liberalismo *"busca encontrar os princípios da associação voluntária na essência da moralidade, que pessoas razoáveis podem aceitar apesar de sua tendência divergente natural na formulação de visões compreensivas acerca da natureza do valor"*.[135]

Quando Rawls afirma que é possível manter a estabilidade de uma sociedade justa integrada por cidadãos livres e iguais, que, no entanto, estão comprometidos com diferentes doutrinas compreensivas razoáveis, concorda com Larmore acerca da idéia de que, para além dos desacordos, os cidadãos são capazes de compartilhar princípios da associação política. De outra parte, nem Rawls, ao discutir o pluralismo, nem Larmore, ao defender o desacordo razoável, admitem a ideia de que determinadas concepções sobre a vida digna possam ser válidas, enquanto outras não. Neste sentido, o antiperfeccionismo marca o liberalismo de ambos e os separa de Raz. Há, no entanto, a despeito das diferenças, um viés comum que atravessa a discussão sobre o pluralismo – ou desacordo razoável, segundo Larmore – em todos estes autores, ainda que o perfeccionismo possa separá-los: trata-se da ideia segundo a qual o pluralismo é uma concepção vinculada à figura do indivíduo, enquanto ser capaz de agir segundo a sua concepção sobre a vida digna. Em outras palavras, os liberais contemporâneos estabelecem uma vinculação entre pluralismo e individualidades diferenciadas por concepções de bem distintas. Importa ressaltar, entretanto, que a ideia de pluralismo não se restringe à diversidade das concepções individuais sobre a vida digna que caracteriza a sociedade moderna. O pluralismo possui uma outra dimensão, que está associada não à diversidade das concepções individuais sobre o bem, mas à existência de uma pluralidade de identidades sociais, que são específicas culturalmente e únicas do ponto de vista histórico. Esta dimensão do pluralismo constitui uma das questões em torno da qual se organiza a crítica comunitária ao liberalismo. E Michael Walzer é um dos seus defensores.

b) Os Comunitários e a Intra-subjetividade das Identidades Sociais

---

[135] *Idem*, p. 167.

Com efeito, Walzer utiliza o termo pluralismo[136] para descrever a diversidade de identidades sociais e de culturas étnicas e religiosas que estão presentes em qualquer sociedade moderna e complexa. Ao vincular o pluralismo às múltiplas identidades sociais – e não às concepções individuais de bem – Walzer define o seu compromisso com o particularismo histórico e social. Em outras palavras, *"onde os liberais identificam interesses pessoais ordenados como sendo a capacidade das pessoas para estruturar, revisar e buscar concepções de bem, Walzer os vê como processos necessariamente parasitários em relação às construções culturais que são essencialmente comunitárias"*.[137] Neste sentido, ainda que implicitamente, Walzer confere prioridade à comunidade em relação ao indivíduo, na medida em que ele é essencialmente um ser produzido culturalmente. Precisamente porque os sujeitos primários dos valores são as comunidades históricas específicas – e a correção destes valores é resultado exclusivo de sua efetiva aceitação – os indivíduos estão integralmente vinculados às culturas que eles criam e compartilham.

Esta vinculação do indivíduo à comunidade na qual ele se insere parece não dar lugar ao pluralismo. Afinal, se somos todos produtos culturais de uma sociedade específica, como explicar as diversidades culturais, étnicas ou religiosas? Todo este conjunto de diversidades é possível, segundo Walzer, precisamente porque a fragmentação é a marca característica da sociedade liberal moderna.[138] Ao mesmo

---

[136] É necessário esclarecer que Walzer também utiliza o termo pluralismo em um outro sentido, ao se referir à diversidade de bens sociais, de "esferas de justiça", de procedimentos e de princípios distributivos. Este segundo sentido do termo pluralismo, basicamente vinculado ao tema da justiça distributiva, será mais adiante discutido.

[137] Cf. Stephen Mulhall & Adam Swift. *Liberals & Communitarians*, Cambridge, Blackwell Publishers, 1996, p. 139.

[138] Ao tratar do tema da fragmentação da sociedade moderna, Walzer utiliza, como exemplo, a sociedade norte-americana onde, segundo ele, os indivíduos estão cada vez mais separados e dissociados entre si. Esta dissociação, por sua vez, se revela através da instabilidade provocada por intensas mobilidades: a mobilidade geográfica (migrações internas), a mobilidade social (a maior parte das pessoas está em uma posição diferente da de seus pais), a mobilidade marital (elevado índice de divórcios) e a mobilidade política (fraco compromisso político ou partidário). Ressalte-se, entretanto, que por mais intensas que sejam estas mobilidades isto não significa, para Walzer, que a sociedade norte-americana esteja inteiramente desagregada, ou não seria uma sociedade. Ainda que as pessoas discordem, o fazem de

tempo, essa fragmentação não é incompatível com a ideia segundo a qual os indivíduos são seres culturalmente produzidos. Em outras palavras, uma sociedade fragmentada não pode produzir senão seres divididos, isto é, o indivíduo liberal *"reflete a fragmentação da sociedade liberal: é radicalmente indeterminado e dividido"*.[139]

Importa ressaltar que, para Walzer, os indivíduos estão divididos tanto no âmbito do privado – ou do interno – quanto do público. Daí sua afirmação de que o pluralismo cultural pode igualmente se expressar na esfera privada e na esfera pública. Do ponto de vista interno, os indivíduos se dividem de três formas distintas, ou seja, segundo seus interesses e seus papéis, segundo suas identidades e tradições e, finalmente, segundo seus ideais, princípios e valores.[140] Do ponto de vista público, o pluralismo se expressa através de uma grande variedade de valores diferentes, incomensuráveis e incompatíveis defendidos por comunidades ou grupos distintos.

Reconhecer o pluralismo, portanto, é reconhecer a diferença. Apenas recorrendo à dimensão ético-política da democracia é possível, segundo Walzer, compatibilizar a participação em uma comunidade política democrática, que tenha a liberdade e a igualdade como princípios, com o pluralismo cultural, étnico e religioso. Em outras palavras, face ao pluralismo, não nos resta outra alternativa senão abdicar das respostas únicas, verdadeiras e definitivas para o problema da associação política e admitir o caráter parcial, incompleto e conflitivo do consenso entre indivíduos. É por isso que Walzer, em detrimento do pluralismo,[141] prefere o tema da tolerância, porque *"a resolução das diferenças não produzirá jamais um resultado definitivo. Isto quer*

---

forma mutuamente compreensiva. Como ele recorda, *"a luta norte-americana pelos direitos civis é um bom exemplo de conflito para o qual nossa linguagem moral/política foi e é inteiramente adequada"*. Cf. Michael Walzer, "La Crítica Comunitarista del Liberalismo", tradução de Sebastián Abad, *in Agora, Cuadernos de Estudios Políticos*, no 4, verão de 1996, pp. 58-59 e 61.

[139] Cf. Michael Walzer, "La Crítica Comunitarista del Liberalismo", *in Agora, Cuadernos de Estudios Políticos, op. cit.*, p. 69.

[140] Cf. Michael Walzer. *Thick and Thin, Moral Argument at Home and Abroad*, Notre Dame, University of Notre Dame Press, 1994, p. 85.

[141] Alguns autores afirmam que Walzer não dá a devida atenção ao tema do pluralismo, exceto quando analisa a pluralidade das significações sociais dos bens ao discutir a questão da justiça distributiva. Ver, a respeito, Joshua Cohen, "El Comunitarismo y el Punto de Vista Universalista", tradução de Sebastián Abad, *in Agora, Cuadernos de Estudios Políticos*, no 4, verão de 1996.

dizer que nossa humanidade comum não fará de nós os membros de uma única e mesma tribo universal. Porque a característica comum e mais fundamental da humanidade é o particularismo".[142]

Walzer discute a questão do particularismo das mais variadas formas. Por vezes se refere às intensas reivindicações à diferença que marcam a história recente da sociedade norte-americana. Em outros momentos, invoca o tema das sociedades multiculturais. Tampouco esquece os confrontos que procuram garantir unidade política não apenas cultural, mas territorial, para determinados grupos nacionais. Por mais diferentes que esses antagonismos possam parecer, todos compartilham, segundo Walzer, de um sentimento comum: o medo. Medo da perda de valores, tradições e crenças. Medo do sentimento de isolamento e fragilidade. Medo da conquista e da opressão.

A tolerância é a única maneira através da qual é possível neutralizar o medo que se encontra na raiz dos antagonismos. São diversas as formas pelas quais a tolerância pode ser implementada – secessões, federações, revisões de fronteiras, pluralismo cultural, autonomias regionais – e estas opções estão condicionadas menos por princípios abstratos do que por circunstâncias históricas específicas.

Ressalte-se, entretanto, que a tolerância não é simplesmente a maneira como se evita os antagonismos. É mais do que isso. Somos obrigados a ser tolerantes. O relativismo de Walzer abre espaço, portanto, para um princípio universal fundamental: a obrigatoriedade do reconhecimento da diferença. Em suas palavras, *"o reconhecimento é universal, enquanto que o reconhecido é local e particular*".[143] Quando Walzer afirma que *"o tribalismo é um engajamento dos indivíduos e dos grupos em sua própria história, cultura e identidade e este engajamento (em seu princípio) é uma característica fundamental da espécie humana*",[144] isto significa que a tolerância é uma exigência da moral. Ou, de outra forma, a intolerância é incompatível com a moral porque viola aquilo que confere humanidade ao indivíduo: sua identidade cultural. A tolerância, portanto, não é fruto da indiferença ou do ceticismo moral. Walzer ainda reve-

---

[142] Cf. Michael Walzer, "Le Nouveau Tribalisme", tradução de Jean Kempf, *in Esprit*, no 186, Paris, novembro de 1992.
[143] Cf. Michael Walzer, "Conversacion con Michael Walzer", *in Leviatán, Revista de Hechos e Ideas*, no 48, *op. cit.*, p. 57.
[144] Cf. Michael Walzer, "Le Nouveau Tribalisme", *in Esprit*, no 186, *op. cit.*, p. 56.

la o seu compromisso com a dimensão moral da tolerância ao recusar o uso da coerção sobre grupos minoritários, afirmando que ela *"não é nem moralmente aceitável, nem politicamente eficaz"*.[145]

A tolerância não se esgota, no entanto, nesta dimensão moral. O liberalismo, segundo Walzer, se contenta com a idéia da tolerância moral, que permite a cada um viver segundo suas próprias convicções. Mas é a tolerância política a regra da democracia. É ela que permite uma confrontação ativa destas convicções, crenças e engajamentos singulares. Ainda que as identidades sociais sejam irredutíveis a qualquer padrão único ou universal, ainda que o particularismo seja a marca da natureza humana, nada disso inviabiliza uma coexistência humana pacífica. Se o consenso definitivo é inalcançável e se estamos condenados a viver em meio ao conflito, é a tolerância política que faz da política democrática uma atividade permanente. É ela que obriga os indivíduos a argumentar, deliberar e assumir responsabilidades permanentemente, porque *"os choques entre interesses, valores e crenças não conhecem fim. A liberdade e o pluralismo, ao invés de aboli-los, exercem o efeito de intensificá-los, porque colocam em jogo um maior número de pessoas, legitimam uma maior diversidade de interesses, valores e crenças e dividem o poder e a autoridade"*.[146]

O reconhecimento e o respeito por todas as identidades sociais e compromissos singulares e a conseqüente recusa de qualquer tipo de coerção ou opressão sobre significados sociais existentes revelam a dimensão liberal do pensamento de Walzer. Paradoxalmente, é a sua concepção de pluralismo – e a idéia de democracia que ela engendra – o que o afasta do liberalismo. Em outras palavras, nada existe para além do desacordo razoável, da mesma forma como não é possível encontrar princípios da associação política para além das diversas doutrinas compreensivas razoáveis. A singularidade e a universalidade de quaisquer concepções ou princípios que se situam acima ou além dos desacordos violam o particularismo das identidades sociais e o pluralismo dos valores autênticos, mas incompatíveis.

Se a nossa identidade e, portanto, as nossas ações estão configuradas pelos valores da forma de vida que adotamos, isto, como vimos, não só não nos impede como nos obriga a ser tolerantes.

---

[145] *Idem*, p. 48.
[146] Cf. Michael Walzer, "Conversacion con Michael Walzer", *in Leviatán, Revista de Hechos e Ideas*, nº 48, *op. cit.*, p. 60.

Outra coisa, no entanto, é supor que para além da tolerância existam argumentos, concepções ou princípios que possam ser por todos aceitos independentemente da diversidade de mundos plurais. Segundo Walzer, a imparcialidade requerida para a formulação de uma concepção partilhada por todos é incompatível com o fato de que mesmo quando refletimos ou criticamos as nossas normas, apenas podemos fazê-lo a partir de argumentos que são parte da nossa experiência e, portanto, integram a forma de vida na qual estamos inseridos.

Com efeito, a concepção de pluralismo na visão comunitária de Walzer – o reconhecimento da diversidade de mundos plurais conformadores das identidades sociais – está vinculada a uma metodologia particularista incompatível com a idéia de imparcialidade, necessária para a definição de um ponto de vista moral compartilhado por todos. Esta mesma idéia de imparcialidade pode, no entanto, ser compatível com uma outra concepção de pluralismo, ou seja, aquela que o associa à multiplicidade das concepções individuais razoáveis sobre a vida digna. Como vimos, o liberalismo e Rawls, em particular, defendem a idéia de que, a despeito das nossas diferentes concepções acerca da vida digna, isto é, apesar do "fato do pluralismo", a justiça como imparcialidade é possível. Neste sentido, parece que temos apenas duas alternativas: ou optamos por uma concepção de pluralismo que reconhece a diversidade das culturas que conformam as identidades e renunciamos à idéia de imparcialidade, ou, ao contrário, podemos preservá-la, bastando, para tanto, associar o pluralismo às concepções individuais razoáveis sobre a vida digna. Haveria uma terceira alternativa? Ou seja, seria possível sermos imparciais tanto em relação às diferentes doutrinas compreensivas razoáveis como em relação aos contextos particulares nos quais ocorrem disputas em torno de normas e princípios? Dialogando com liberais e comunitários, Habermas formula a concepção de ética discursiva, procurando exatamente configurar esta terceira alternativa.

c) A Intersubjetividade Habermasiana: Entendimento na Diferença

Com efeito, Habermas elabora uma concepção de ética discursiva que pressupõe tanto os interesses individuais quanto as perspectivas ancoradas em valores. As duas dimensões do pluralismo, ou seja, as concepções individuais sobre o bem e as formas de vida pluralistas, estão presentes na sociedade contemporânea e não há como, segundo Habermas, optar por uma em detrimento da outra.

É a concepção de moralidade pós-convencional em Habermas o que lhe permite incluir em sua ética discursiva as duas dimensões do pluralismo, na medida em que, face à sociedade moderna, tanto as concepções individuais sobre a vida digna, quanto os valores, costumes e tradições de uma forma específica de vida se deparam com uma exigência: estão obrigados a apresentar razões que sustentem a sua validade social, na medida em que não podem ser, como no passado, justificados apenas por si próprios. A moralidade pós-convencional que caracteriza a cultura moderna estabelece, neste sentido, uma ruptura entre vigência e validade social. Nas palavras de Habermas, a sociedade moderna *"promove o individualismo nos projetos pessoais de vida e um pluralismo nas formas de vida coletiva. Simultaneamente, entretanto, as normas do viver em conjunto tornam-se também reflexivas ... Cresce uma necessidade de justificação que, sob as condições do pensamento pós-metafísico, só pode ser satisfeita por discursos morais ... Em contraste com as deliberações éticas, que são orientadas pelo telos da minha/nossa própria concepção de bem, as deliberações morais requerem uma perspectiva liberta de todo egocentrismo ou etnocentrismo".*[147] Habermas se volta, portanto, contra o sentido subjetivo que o conceito de ética pode assumir, tanto no que diz respeito à subjetividade das concepções individuais sobre o bem – egocentrismo – quanto no que se refere à intra-subjetividade de formas de vida compartilhadas – etnocentrismo. Na ausência de visões religiosas ou metafísicas de mundo imunes à crítica – ou seja, frente a uma moralidade pós-convencional – a ética não pode se apoiar nem nos conteúdos das consciências individuais, nem nas tradições e costumes que integram os mundos plurais.

A subjetividade que caracteriza as identidades individuais e a intrasubjetividade que conforma as identidades sociais vão se constituindo através da internalização e da adoção de papéis e regras - sociais que são transmitidas pela via de costumes, valores e tradições concretas. Neste sentido, as identidades individuais e sociais se constituem a partir da sua inserção em uma forma de vida compartilhada, na medida em que aprendemos a nos relacionar com os outros e com nós mesmos através de uma rede de reconhecimento recíproco, que

---

[147] Cf. Jürgen Habermas. *Between Facts and Norms. Contributions to a Discourse Theory of Law and Democracy, op. cit.*, p. 97.

se estrutura através da linguagem. Há, desta forma, uma inter-relação entre sujeito e sociedade, que se processa através de estruturas linguísticas, formando aquilo que Habermas designa por intersubjetividade.

Esta rede intersubjetiva das relações dos indivíduos uns com os outros se processa através da linguagem e esta, por sua vez, não pode ser compreendida senão através da categoria de entendimento. Mais do que isso, linguagem e entendimento,[148] no pensamento de Habermas, se confundem: *"linguagem e entendimento não se conformam como meio e fim, mas, com efeito, o telos do entendimento é inerente à própria linguagem"*.[149] É, portanto, em direção a esta intersubjetividade social

---

[148] É no âmbito da teoria psicanalítica que Habermas vai buscar a inspiração para elaborar o seu paradigma do entendimento. A teoria psicanalítica procura dar conta do trajeto que vai da barbárie à civilização exatamente a partir da idéia de entendimento, como reconhecimento da figura do outro, enquanto diferente. E, neste sentido, Freud assinala a dimensão trágica que o vínculo social apresenta, pois a com preensão da existência do outro representa, ao mesmo tempo, objeto de satisfação e perigo à própria sobrevivência. Dependendo da maneira como ele é investido, o outro pode ser o adversário cruel ou o amigo tão esperado. De outra parte, como a figura do outro é reveladora da semelhança, a relação que o indivíduo estabelece consigo próprio é de proximidade, mas também de recusa. Em outras palavras, *"a dificuldade do vínculo com outrem nos remete à dificuldade de viver conosco mesmo. A relação humana se institui sobre uma base de angústia não-controlável: as referências são frágeis, mutantes; (...) o outro está sempre ali, com sua solidez (...); estamos rodeados de perigos, habitados por perseguidores internos; (...) o inominável nos cerca, (...) a dúvida nos invade. O inominável nos fala (...) de um mundo onde reina o caos primordial"*. Cf. Eugène Enriquez. *Da Horda ao Estado. Psicanálise do Vínculo Social*, tradução de Teresa Cristina Carreteiro e Jacyra Nasciutti, Rio de Janeiro, Jorge Zahar Editor, 1990, p. 159. É exatamente contra este processo de indiferenciação, que possibilita o aparecimento do caos primordial, que surge a sociedade. Em Freud, a superação desta desordem primitiva requer a renúncia dos instintos anti-sociais e anticulturais. E não há como renunciar a eles senão através do reconhecimento da figura do outro. Se, por um lado, o reconhecimento da figura do outro, enquanto diferente, acarreta o conflito inerente à própria admissão da alteridade, por outro lado, é através desse entendimento, ainda que conflitivo, que os indivíduos vão se constituindo/modificando mutuamente enquanto sujeitos.

[149] Cf. Domingo García Marzá, *Ética de la Justicia. J. Habermas y la ética discursiva*, Madrid, Tecnos, 1992, p. 37. Esta impossibilidade de dissociar linguagem e entendimento vai se traduzir na idéia segundo a qual o uso comuni-

que se volta a ética discursiva e não para a subjetividade das concepções individuais sobre o bem ou para a intra-subjetividade dos valores que conformam mundos plurais. Em outras palavras, para além do desacordo razoável e para além da diversidade de crenças e tradições compartilhadas, existe um ponto de vista moral que se distancia do terreno fático da eticidade.

Habermas parte do pressuposto de que o traço fundamental da modernidade é a configuração do indivíduo como sujeito capaz de auto-reflexão e crítica, o que lhe permite exigir igualdade de respeito e disponibilidade para o diálogo. A hermenêutica, em Habermas, designa precisamente o espaço da auto-reflexão e da crítica, enquanto que a pragmática inclui o território discursivo cujo núcleo central

---

cativo da linguagem que busca o entendimento (agir comunicativo) é original – no sentido de prioritário – em relação ao seu uso estratégico (ação estratégica). A ação orientada para o sucesso (ação estratégica) é, neste sentido, parasitária ou derivada da ação orientada para o acordo mútuo (ação comunicativa). Como assinala Habermas, *"a possibilidade de escolher entre o agir comunicativo e o agir estratégico é abstrata, porque ela só está dada na perspectiva contingente do ator individual. Na perspectiva do mundo da vida a que pertence cada ator, não é possível dispor livremente desses modos de agir. Pois as estruturas simbólicas de todo mundo da vida reproduzem-se sob as formas da tradição cultural, da integração social e da socialização – e esses processos (...) só poderiam efetuar-se por meio do agir orientado para o entendimento mútuo. Eis porque para os indivíduos também, que não podem adquirir e afirmar sua identidade a não ser através (...) da participação em interações socializadoras, a escolha entre o agir comunicativo e o agir estratégico só está em aberto num sentido abstrato, isto é, caso a caso. Eles não têm a opção de um salto prolongado para fora dos contextos do agir orientado para o entendimento mútuo. Este salto significaria a retirada para dentro do isolamento monádico do agir estratégico – ou para dentro da esquizofrenia e do suicídio. A longo prazo, ele é autodestruidor"*. Cf. Jürgen Habermas. *Consciência Moral e Agir Comunicativo*, tradução de Guido A. de Almeida, Rio de Janeiro, Tempo Brasileiro, 1989, pp. 124-125. Ver, ainda, Shane O'Neill, *Impartiality in Context. Grounding Justice in a Pluralist World*, New York, State University of New York Press, 1997, Capítulo V ("The Priority of Communicative Action"). -Segundo Habermas, *"o paradigma da autoconsciência, da auto-referência que caracteriza o sujeito que conhece e atua solitariamente deve ser substituído por outro, pelo paradigma do entendimento, isto é, da relação intersubjetiva de indivíduos comunicativamente socializados e que se reconhecem reciprocamente"*. Cf. Jürgen Habermas, "Otra Manera de Salir de la Filosofía del Sujeto: Rázon Comunicativa vs. Razón Centrada en el Sujeto", *in El Discurso Filosófico de la Modernidad*, tradução de Manuel Jiménez Redondo, Madrid, Taurus, 1989, p. 368.

é o entendimento. É através da conjunção da hermenêutica e da pragmática, isto é, do processo de auto-reflexão que se processa no âmbito da interação comunicativa – de vez que está esgotado o paradigma da filosofia da consciência que pressupõe um sujeito racional isolado[150] – que se constitui a formação racional da vontade.

A formação racional da vontade – ou formação discursiva da vontade – não significa simplesmente a aceitação de uma negociação ou equilíbrio entre interesses particulares concorrentes, pois, nesta hipótese, a racionalidade comunicativa estaria ainda vinculada à eticidade de um mundo concreto. A formação racional da vontade pressupõe um exercício público de discussão comunicativa, em que todos os participantes fixam a moralidade de uma norma a partir de um acordo racionalmente motivado. Este acordo racionalmente motivado, enquanto procedimento discursivo, supõe um princípio de universalização, designado por princípio (U), segundo o qual *"toda norma válida deve satisfazer a condição de que os efeitos laterais de seu cumprimento geral para a satisfação dos interesses de cada indivíduo possam ser aceitos sem coação por todos os afetados"*.[151]

O princípio de universalização é, portanto, a regra da argumentação em questões práticas. Ele substitui as concepções religiosas ou metafísicas de mundo às quais já não se pode recorrer, face à moralidade pós-convencional, para a resolução dos conflitos. Em um mundo desencantado, apenas os discursos morais podem solucionar

---

[150] Segundo Habermas, *"o paradigma da autoconsciência, da auto-referência que caracteriza o sujeito que conhece e atua solitariamente deve ser substituído por outro, pelo paradigma do entendimento, isto é, da relação intersubjetiva de indivíduos comunicativamente socializados e que se reconhecem reciprocamente"*. Cf. Jürgen Habermas, "Otra Manera de Salir de la Filosofía del Sujeto: Rázon Comunicativa vs. Razón Centrada en el Sujeto", *in El Discurso Filosófico de la Modernidad*, tradução de Manuel Jiménez Redondo, Madrid, Taurus, 1989, p. 368.

[151] Cf. Jürgen Habermas, "En que Consiste la Racionalidad de una Forma de Vida?", *in Escritos sobre Moralidad e Eticidad*, tradução de Manuel Jiménez Redondo, Barcelona, Paidós, 1991, p. 68. Habermas distingue o princípio de universalização (U) de outro princípio de nível inferior, que designa por (D) – *Diskursethik* (ética discursiva), – segundo o qual *"só podem reclamar validez as normas que encontrem (ou possam encontrar) o assentimento de todos os concernidos enquanto participantes de um discurso prático"*. Cf. Jürgen Habermas. *Consciência Moral e Agir Comunicativo, op. cit.*, p. 116.

imparcialmente os conflitos.[152] Neste sentido, a ética discursiva habermasiana, além de universalista, é formalista, pois o seu princípio regula um procedimento de resolução imparcial de conflitos. Como assinala Habermas, *"nas argumentações os participantes partem do pressuposto de que em princípio todos os afetados participam como livres e iguais na busca cooperativa da verdade na qual não se pode admitir outra coerção senão a resultante da força dos melhores argumentos. O discurso prático pode ser considerado como um exigente modo de formação argumentativa de uma vontade comum que tem por fim garantir a correção de cada um dos acordos normativos que possam ser obtidos nessas condições"*.[153] Voltamos, portanto, ao ponto de vista moral a partir do qual as questões morais podem ser julgadas com imparcialidade.

Se observarmos as instituições e normas morais das sociedades contemporâneas, vamos verificar, no entanto, que elas possuem uma dimensão substantiva e não apenas procedimental. De outra parte, Habermas reconhece que os indivíduos *"só se constituem enquanto tal porque ao crescerem como membros de uma particular comunidade de linguagem se introduzem em um mundo de vida intersubjetivamente compartilhado. Nos processos comunicativos se formam co-originariamente a identidade do indivíduo e a do coletivo"*.[154] Neste sentido, cabe a pergunta de como escapar da dimensão substantiva das instituições morais, formulando um ponto de vista moral que se caracteriza por um julgamento imparcial das questões morais, se os indivíduos atuam a partir de diferentes pontos de vista hermenêuticos proporcionados por uma sociedade pluralista e individualista? Esta é precisamente a objeção que Thomas McCarthy[155] formula à ética discursiva habermasiana, ao recusar a possibilidade de um consenso racionalmente motivado.

---

[152] Como assinala Max Pensky, em seus trabalhos sobre moral e política Habermas pressupõe a existência de um contexto intersubjetivo apto para lidar com questões moralmente relevantes. Nas sociedades democráticas contemporâneas, *"o universalismo é ele próprio não apenas um valor político concreto, mas uma mentalidade coletivamente compartilhada"*. Ver Max Pensky, "Universalism and the situated critic", in *The Cambridge Companion to Habermas*, Cambridge, Cambridge University Press, 1995, p. 69.

[153] Cf. Jürgen Habermas, "Objecciones de Hegel a Kant", *in Escritos sobre Moralidad e Eticidad, op. cit.*, p. 104.

[154] *Idem*, p. 105-106.

[155] Sobre estas e outras objeções, ver Thomas McCarthy, "Pratical Discourse and the Relation Between Morality and Politics", *in Revue Internationale de Philosophie*, vol. 49, nᵒ 194, 1995.

Importa ressaltar, em primeiro lugar, que a teoria moral habermasiana apenas define e fundamenta um ponto de vista moral, mas disso não se segue que pretenda orientar a ação dos sujeitos. As respostas às questões prático-morais são competência exclusiva dos próprios afetados. A teoria moral habermasiana, portanto, está limitada a um processo de reconstrução do procedimento da formação racional da vontade.

Quando os sujeitos mutuamente reconhecem que possuem a capacidade de encontrar razões para os seus atos isto significa que eles orientam suas ações por pretensões de validade. Até aqui, no entanto, os indivíduos ainda estão vinculados à eticidade de uma comunidade específica. Afinal, como assinala Habermas, "*os valores culturais, encarnados nas práticas de vida cotidiana, ou os ideais que determinam a autocompreensão de uma pessoa, comportam, certamente, uma pretensão de validade intersubjetiva, mas estão tão encrustados na totalidade de uma forma de vida particular, seja coletiva ou individual, que por si só não podem pretender uma validade normativa em sentido estrito*".[156]

A formação discursiva da vontade permite precisamente que, na interação comunicativa, e pela força do melhor argumento, os sujeitos possam modificar tanto as convicções normativas das suas formas de vida específicas, quanto as suas concepções individuais sobre a vida digna. Habermas não desconhece o fato de que quando os indivíduos questionam suas normas, o fazem a partir de convicções que integram o seu contexto cultural. O que ele pretende é encontrar um princípio de universalização que possa construir uma ponte entre as várias formas plurais e o interesse comum. Não se trata de negociação ou compromisso, mas de um procedimento deliberativo sobre as conseqüências de uma norma que deve satisfazer o interesse de todos os afetados.

A imparcialidade que caracteriza o ponto de vista moral é o recurso admitido por Habermas para uma normatização capaz de dar lugar à diversidade. A sua teoria moral não se relaciona, portanto, nem com a autodeterminação do sujeito que escolhe sua concepção sobre a vida digna, pois isso significaria reduzir a moralidade a uma dimensão individual, nem tampouco se fundamenta no consenso

---

[156] Cf. Jürgen Habermas, "En que Consiste la Racionalidad de una Forma de Vida?", *in Escritos sobre Moralidad e Eticidad, op. cit.*, p. 73.

substantivo compartilhado em formas de vida específicas, o que significaria reduzir a moralidade ao terreno fático da eticidade. No entanto, enquanto ética procedimental universalista, a ética discursiva pode incluir as duas dimensões do pluralismo, seja as concepções individuais sobre a vida digna – adotada pelo liberalismo –, seja a diversidade de valores que integram mundos plurais, privilegiada pelos comunitários.

Neste sentido, Habermas, por um lado, compartilha com Rawls o tema da imparcialidade, ao mesmo tempo em que, por outro lado, junto com Walzer, quer fazer da política democrática uma atividade permanente, na medida em que sem tolerância não há formação discursiva da vontade, e esta, por sua vez, não pode estar senão permanentemente aberta à admissão de novos valores, novos argumentos, novas convicções que naturalmente decorrem da comunicação política. A ética discursiva habermasiana, na verdade, parece se mover entre a imparcialidade monológica de Rawls e o contextualismo dialógico de Walzer. Mas isto pode ser mais bem compreendido se analisarmos a metodologia utilizada para a formulação dessas concepções. O que nos conduz ao nosso próximo tema.

2. Construtivismo, Reconstrutivismo e Particularismo

Rawls e Habermas compartilham, como vimos, a idéia segundo a qual, para além do pluralismo, é possível o estabelecimento de um ponto de vista moral ou de uma ética mínima que desautoriza qualquer posição relativista. A conseqüência disso é que tanto um quanto outro procuram justificar os juízos morais no contexto social da discussão moral, definindo certos pressupostos estruturais procedimentais para o discurso moral. Neste sentido, ainda que suas estratégias sejam diferentes, ambos compartilham uma metodologia construtivista, pois, como assinala Carlos Nino, *"a idéia central do construtivismo é que os juízos morais se justificam sobre a base de pressupostos procedimentais desta prática social em cujo contexto se formulam"*.[157]

---

[157] Cf. Carlos Nino. *El Constructivismo Etico*, Madrid, Centro de Estudios Constitucionales, 1989, p. 11.

É através da metodologia construtivista que os princípios da ética mínima – moralidade – , aceita por Rawls e Habermas, podem ser traduzidos em normas morais concretas de um contexto histórico – eticidade – através de uma deliberação prática. Com efeito, a principal característica do construtivismo é *"construir uma normatividade objetiva a partir da interação discursiva de uma comunidade racional e razoável, formada por sujeitos competentes e imparciais, dispostos a cooperar comunicativamente... com o objetivo de buscar, ou pelo menos tentar, uma solução para o conflito de interesses... mediante razões válidas... aceitas por aqueles que participam do diálogo real...*[158]

Portanto, frente aos conflitos de interesse resultantes do pluralismo, sujeitos morais competentes podem alcançar acordos normativos válidos. Se a solução de questões teóricas requer, como exigência de objetividade científica, a imparcialidade enquanto atitude metodológica, a resolução das questões práticas exige a imparcialidade, não apenas enquanto atitude metodológica, mas também como fator constitutivo. Não é por outra razão que o construtivismo pressupõe sujeitos morais que são, ao mesmo tempo, racionais e imparciais – racionais e razoáveis, na terminologia empregada por Rawls, ou cuja racionalidade comunicativa pode superar a racionalidade estratégica, segundo os termos de Habermas. Ressalte-se, entretanto, que a metodologia construtivista de Rawls, como veremos a seguir, permite que princípios de justiça sejam formulados a partir de uma situação hipotética – a *"posição original"* –, enquanto que Habermas recorre a uma metodologia reconstrutiva, que lhe possibilita elaborar uma análise ao mesmo tempo formal e empírica, de vez que busca

---

[158] Cf. José Rubio Carracedo. *Ética Constructivista y Autonomía Personal*, Madrid, Tecnos, 1992, p. 250. Carracedo assinala que uma das características mais notáveis da metodologia construtivista é o fato de que ela conjuga, inseparavelmente, o realismo e o normativismo. O realismo é proveniente da *"tentativa de resolver discursivamente um conflito real de interesses, ou um dilema prático, que tanto podem ser intra-subjetivos ou intersubjetivos; seu normativismo consiste na busca cooperativa para construir a norma legítima e válida, isto é, capaz de solucionar o conflito ou dilema de forma correta (justificável) e eficaz. Seu realismo obriga e facilita uma constante interação entre teoria e prática, com a conseqüente tradução ou interpretação contextual dos princípios em normas concretas, histórica e socialmente situadas; seu normativismo leva a uma superação dos condicionamentos histórico-sociais e individuais, pois abandona toda veleidade de monologismo (...) em favor do diálogo real (...), de tal modo que, procedimentalmente, a deliberação resulte frutífera e objetiva"*. Ver *Ética Constructivista y Autonomía Personal, op. cit.*, p. 251.

reconstruir os pressupostos morais universais da interação comunicativa que, no entanto, já se encontram presentes nas práticas argumentativas do mundo da vida.

É precisamente contra a possibilidade de solução imparcial dos conflitos de interesse que se volta o comunitarismo, ao afirmar que o particularismo das identidades sociais e o pluralismo dos valores autênticos, mas incompatíveis, nada possibilitam senão desacordos irredutíveis a qualquer ponto de vista moral, ainda que mínimo. Daí a afirmação de Walzer de que sobre a correção de uma norma não é possível qualquer acordo universal produzido por uma discussão racional. Uma norma é considerada correta ou não, segundo ele, pelo critério exclusivo da sua efetiva aceitação pela comunidade histórica na qual produz efeitos.

Walzer parte de considerações particularistas: *"não me gabo de ter conseguido um grande distanciamento do mundo social onde vivo. Uma maneira de iniciar a tarefa filosófica – a maneira original, talvez – consiste em sair da gruta, abandonar a cidade, subir as montanhas e elaborar um ponto de vista objetivo e universal. Logo se descreve o terreno da vida cotidiana desde longe, de modo que ele perde seus contornos particulares e adquire uma forma geral. Mas eu me proponho a ficar na gruta, na cidade, no solo."*[159] À metodologia construtivista Walzer opõe uma metodologia particularista, que não transcende os contextos históricos específicos constituídos por particularidades culturais. Nada pode existir, segundo Walzer, para além destes particularismos sociais e culturais, senão fantasias abstratas, como a ideia de imparcialidade. Tanto a posição original, em Rawls, como a situação ideal de fala, em Habermas, seriam, neste sentido, apenas constructos contrafáticos a partir dos quais se constrói a ideia de imparcialidade necessária à solução racional dos conflitos de interesse.

a) John Rawls: Imparcialidade e Monólogo

A metodologia construtivista de Rawls parte de uma concepção contrafática, a *"posição original"*, que ele define como um recurso de

---

[159] Cf. Michael Walzer. *Esferas de la Justicia. Una defensa del pluralismo y la igualdad*, tradução de Heriberto Rubio, México, Fondo de Cultura Económica, 1993, p. 12.

representação. Dworkin equipara a posição original a um conto de fadas, pois, para compreendê-la, devemos ser capazes de imaginar uma reunião de indivíduos, que nada sabem a respeito de si próprios e ainda desconhecem suas crenças pessoais a respeito da vida, nem tampouco pertencem a qualquer sociedade específica, mas estão reunidos em uma espécie de convenção constitucional com o objetivo de escolher as regras fundamentais da sociedade que pretendem construir.[160]

Enquanto recurso de representação, a posição original celebra um acordo hipotético e a-histórico, no qual representantes de cidadãos livres e iguais definem os termos da cooperação social e estabelecem princípios de justiça apropriados para garantir a liberdade e a igualdade. Ressalte-se, entretanto, que enquanto recurso de representação a posição original é apenas um meio de reflexão. Rawls, como vimos, parte do pressuposto de que há uma ideia intuitiva implícita na cultura democrática que descreve a sociedade como um sistema equitativo de cooperação social entre pessoas livres e iguais que, por sua vez, são racionais – têm a capacidade de ter uma concepção de bem – e razoáveis – têm a capacidade de ter um senso de justiça. Esses cidadãos livres e iguais possuem plena autonomia política. No entanto, as partes, na posição original, enquanto pessoas artificiais, não possuem esta autonomia política plena, mas apenas uma forma de autonomia que Rawls designa como racional, e que, como as partes, também é apenas um artifício da razão. Esta forma de autonomia é a maneira pela qual Rawls define a ideia de racional na posição original.[161] Como assinala Habermas, *"para a construção da*

---

[160] Ver Ronald Dworkin. *Los Hombres Detrás de las Ideas. Filosofía y Política – Diálogo con Ronald Dworkin*, tradução de José A. Robles García, México, Fondo de Cultura Económica, 1994, p. 259.

[161] A esse respeito assim se manifesta Rawls: *"as partes enquanto agentes racionais de construção são descritas na posição original como autônomas em dois sentidos: primeiro, em suas deliberações não lhes é exigido aplicar ou guiar-se por nenhum princípio de justiça prévio ou antecedente. Isto vem expresso pelo emprego da justiça procedimental pura. Segundo, dizemos que as partes se movem apenas pelos interesses de ordem superior que possuem por suas capacidades morais e por sua preocupação de realizar estes fins últimos determinados, ainda que desconhecidos"*. Ver John Rawls, "El Constructivismo Kantiano en la Teoria Moral", *in Justicia como Equidad. Materiales para una Teoria de la Justicia*, tradução de Miguel Angel Rodilla, Madrid, Tecnos, 1986, pág. 148. De acordo com Rawls, a posição original é um caso de justiça puramente procedimental, ou seja, qualquer princípio

posição original, Rawls quebra o conceito de autonomia política plena em dois elementos: as características moralmente neutras das partes que procuram sua vantagem racional, de um lado, e as restrições situacionais moralmente substantivas sob as quais as partes escolhem princípios para um sistema de cooperação justa, de outro. Estas restrições normativas permitem com que as partes sejam dotadas com um mínimo de propriedades, em particular, a capacidade para ter uma concepção de bem (e assim de ser racional)".[162]

Esta autonomia racional, artificial, permite que as partes, na posição original, definam uma concepção política de justiça que possa ser aceita, em uma sociedade democrática, por cidadãos livres e iguais, mas que estão comprometidos com diferentes doutrinas compreensivas razoáveis. Em outras palavras, princípios de justiça que especificam os termos justos da cooperação social, frente ao "fato do pluralismo", não podem ser definidos por partes portadoras de autonomia política plena. Daí a necessidade do véu da ignorância que, privando as partes da razão prática ao separá-las de suas próprias personalidades, das contingências históricas e de suas concepções acerca da vida digna, se constitui na primeira e provavelmente na mais fundamental garantia da imparcialidade da concepção política de justiça. Entretanto, apesar das restrições impostas pelo véu da ignorância, Rawls deixa claro que as partes estão obrigadas a levar em conta o fato de que os cidadãos que elas representam são plena-

---

selecionado pelas partes na posição original será considerado justo. Neste sentido, não se trata, obviamente, de justiça procedimental perfeita, *"em que existe um critério independente e já formado acerca do que é justo e o procedimento pode ser desenhado para assegurar um resultado que satisfaça esse critério"*. Cf. John Rawls, *Liberalismo Político, op. cit.*, pág. 87.

[162] Cf. Jürgen Habermas. "Reconciliation Through the Public Use of Reason: Remarks on John Rawls's Political Liberalism", tradução de Ciaran Cronin, *in The Journal of Philosophy*, volume XCII, no 3, março de 1995, p. 111. Michael Kelly, editor chefe do *The Journal of Philosophy*, teve a iniciativa de dedicar o no 3 deste periódico a um debate – por muitos considerado histórico – entre Habermas e Rawls. Além do artigo de Habermas, o periódico apresenta a resposta de Rawls ("Reply to Habermas"). No início de 1997, foi publicado na França um livro intitulado *Débat sur la justice politique* (tradução de Rainer Rochlitz, Paris, Éditions du CERF), que inclui os dois trabalhos publicados em *The Journal of Philosophy* e acrescenta, ao final, a "réplica" de Habermas a Rawls, cujo título é "La morale des visions du monde. 'Raison' et 'verité' dans le libéralisme politique de Rawls".

mente autônomos, inclusive no sentido de que estão dispostos a respeitar os interesses dos demais cidadãos e não apenas os seus próprios. Com efeito, o objetivo do véu da ignorância é neutralizar o "fato do pluralismo", colocando por trás de si as diversas doutrinas compreensivas razoáveis.

São dois os princípios de justiça – apropriados para garantir a liberdade e a igualdade – definidos pelas partes na posição original, que integram a justiça como imparcialidade, enquanto concepção política, ressaltando-se que o primeiro tem prioridade em relação ao segundo:[163] 1ª) *"Cada pessoa tem igual direito a um esquema plenamente adequado de direitos e liberdades básicas iguais que seja compatível com um esquema semelhante de liberdades para todos; e neste esquema, as liberdades políticas iguais, e somente estas liberdades, têm que ser garantidas por seu justo valor"*; 2ª) *"As desigualdades sociais e econômicas têm que satisfazer duas condições: primeira, devem se relacionar com postos e posições abertos para todos em condições de plena eqüidade e de igualdade de oportunidades; e segunda, devem redundar no maior benefício dos membros menos privilegiados da sociedade."* [164]Uma vez definidos estes princípios de justiça, Rawls pretende demonstrar que esta concepção política de justiça pode ser compartilhada, em uma sociedade democrática, por cidadãos, agora reais, livres e iguais, que estão separados por diferentes concepções sobre a vida digna. Em outras palavras, a justiça como imparcialidade pode permanecer incontroversa mesmo após ter sido retirado o véu da ignorância.

Para demonstrar esta possibilidade Rawls afirma que a justiça como imparcialidade admite três níveis de justificação. A justificação *pro tanto* – o primeiro nível – é obtida quando a sociedade está efetivamente regulada por princípios públicos de justiça. Rawls aqui está se remetendo à idéia intuitiva de sociedade bem ordenada, na qual cidadãos aceitam estes princípios e acreditam que os demais também o farão. A justificação plena – segundo nível – é realizada por um cidadão individual enquanto membro da sociedade civil, quando ele

---

[163] Ao discutirmos, mais adiante, a relação entre a autonomia privada e a autonomia pública, pretendemos analisar, mais detidamente, o conteúdo dos princípios de justiça e as implicações decorrentes da prioridade do primeiro princípio em relação ao segundo.

[164] Cf. John Rawls. *Liberalismo Político, op. cit.*, p. 31.

aceita a concepção pública de justiça e a associa à doutrina compreensiva que tem como verdadeira. O último nível de justificação – a justificação política – ocorre quando todos *"os membros razoáveis da sociedade política realizam uma justificação da concepção política compartilhada associando-a com suas várias visões compreensivas razoáveis"*.[165]

Ao discutir os níveis de justificação da concepção política de justiça, Rawls explicita mais claramente o segundo sentido que atribui ao termo "político". Como assinalamos anteriormente (ver nota 126), a expressão "político" é inicialmente empregada por oposição à "metafísico", e o objetivo de Rawls é atribuir ao primeiro termo um sentido de independência e neutralidade em relação às visões acerca da vida digna. O segundo sentido do termo "político" agora claramente se opõe à questão da "verdade" e se identifica com a idéia de "razoável". Em outras palavras, o predicado "verdadeiro" está exclusivamente associado às concepções individuais acerca do bem, enquanto que a concepção "política" de justiça não impõe qualquer exigência de "verdade", ainda que, pela sua qualidade de "razoável", possa se integrar, como uma parte coerente, às diferentes visões individuais sobre a vida digna.

Se observarmos os níveis de justificação da concepção política de justiça, veremos que ela encontra sua plena justificação quando cada cidadão, no seio da sociedade civil, consegue integrá-la, como parte coerente, à sua visão compreensiva acerca do bem. O passo seguinte, a justificação pública, ocorre quando se realiza aquilo que Rawls designa por *"consenso justaposto"*, que se dá quando os cidadãos razoáveis endossam e publicamente justificam a concepção política de justiça, associando-a às suas diversas visões razoáveis acerca da vida digna. Nas palavras de Rawls, *"apenas quando existe um consenso justaposto razoável pode uma concepção política de justiça ser publicamente, ainda que nunca finalmente, justificada"*.[166]

A justificação pública, no entanto, só se realiza uma vez obtida a justificação plena e esta, por sua vez, se processa quando os cidadãos integram a "razoabilidade" da concepção política de justiça à "veracidade" dos juízos morais de suas próprias concepções de

---

[165] Ver John Rawls, "Reply to Habermas", *in The Journal of Philosophy, op. cit.*, p. 143.
[166] Cf. John Rawls, "Reply to Habermas", *in The Journal of Philosophy, op. cit.*, p. 144.

mundo. Não há dúvidas, portanto, que um processo monológico de justificação é condição prévia para a realização da justificação pública, esta sim dialógica e, portanto, intersubjetiva. Com efeito, o consenso justaposto não significa a conformação de um ponto de vista moral constituído a partir da confrontação pública entre as diferentes visões compreensivas de mundo. Como assinala Rawls, "*os conteúdos expressos das doutrinas compreensivas não jogam nenhum papel normativo na justificação pública*".[167] O consenso público proposto por Rawls não envolve, portanto, um acordo político, na medida em que não se associa a um debate sobre a "veracidade" dos juízos morais das doutrinas compreensivas, mas significa apenas uma justaposição da "razoabilidade" das diferentes concepções acerca do bem. Como afirma Rawls, "*no consenso justaposto ... a aceitação da concepção política de justiça não é um compromisso entre aqueles que sustentam diferentes pontos de vista, mas se fundamenta na totalidade das razões especificadas dentro da doutrina compreensiva que cada cidadão professa*".[168] Sobre o caráter não político deste acordo, assim se manifesta Habermas: "*o político é privado de toda fonte de validade que lhe é própria. Graças à idéia inovadora do 'consenso justaposto', a justiça política guarda um laço interno com os componentes morais das visões de mundo, mas sob a condição de que este laço não seja inteligível senão para a moral das visões de mundo e permanece então* **publicamente inacessível.**"[169]

A concepção política de justiça, portanto, obtém sua validade moral de razões não públicas, de vez que a justificação plena independe de qualquer discussão intersubjetiva. O consenso justaposto seria, neste sentido, apenas um processo de observação mútua, através do qual cada cidadão leva em consideração os demais, reconhecendo que eles possuem doutrinas compreensivas razoáveis que subscrevem esta concepção política de justiça.[170] Nas palavras de Rawls, "*quando os cidadãos reconhecem que eles afirmam a mesma concepção*

---

[167] *Idem*, p. 144.

[168] Cf. John Rawls. *Liberalismo Político, op. cit.*, p. 169.

[169] Cf. Jürgen Habermas, "La morale des visions du monde. 'Raison' et 'verité' dans le libéralisme politique de Rawls", *in Débat sur la justice politique, op. cit.*, p. 159.

[170] Ver John Rawls, "Reply to Habermas", *in The Journal of Philosophy, op. cit.*, p. 143.

pública de justiça, eles obtêm um amplo e geral equilíbrio reflexivo. Este equilíbrio reflexivo é amplamente intersubjetivo, isto é, cada cidadão leva em consideração o raciocínio e os argumentos de todos os outros cidadãos".[171]

O consenso justaposto tem a principal finalidade de garantir estabilidade para a justiça como imparcialidade. É precisamente aqui que o liberalismo de Rawls se evidencia claramente. Dado o fato do pluralismo, apenas um ponto de vista político liberal pode garantir a estabilidade da justiça como imparcialidade, pois o apoio que ela necessita só pode ser obtido apelando-se para a razão dos cidadãos comprometidos com diferentes doutrinas compreensivas razoáveis, e não pela via de qualquer tipo de sanção ou outra forma de constrangimento.

Quando os cidadãos endossam a concepção política de justiça, através do consenso justaposto, este acordo mútuo modela a dimensão moral da cultura pública. Da estabilidade deste acordo decorre a sua legitimidade e esta, por sua vez, define um dever cívico que se impõe aos cidadãos em uma sociedade democrática liberal, na medida em que todos devem ser capazes de atuar segundo princípios aceitos por outros cidadãos razoáveis.[172] Quando atuam segundo este dever cívico, que também é moral, os cidadãos colocam em prática o ideal do *"uso público da razão"*. Segundo Rawls, *"a razão pública é a razão de cidadãos em pé de igualdade, que, como corpo político, exercem o poder político geral e coercitivo uns sobre os outros, ao colocar em vigor leis e ao emendar sua constituição."*[173]

Ressalte-se, entretanto, que este "uso público da razão" pressupõe um consenso justaposto já obtido. Neste sentido, e na medida em que o uso público da razão depende da prévia existência de um consenso justaposto *"que não se estabelece senão à luz de razões não-públicas"*,[174] não seria possível supor que o uso público da razão não encontrasse limites. Com efeito, da mesma forma como o consenso

---

[171] *Idem*, nota 16, p. 141.

[172] Rawls aqui se refere àquilo que designa como "razoável psicologia moral", segundo a qual os cidadãos sentem-se compelidos a respeitar instituições sociais justas quando têm a segurança de que os demais cidadãos agirão da mesma maneira. Ver *Liberalismo Político, op. cit.*, p. 98.

[173] *Idem*, p. 205.

[174] Cf. Jürgen Habermas, "La morale des visions du monde. 'Raison' et 'verité' dans le libéralisme politique de Rawls", *in Débat sur la justice politique, op. cit.*, p. 160.

justaposto não admite um debate intersubjetivo sobre a veracidade dos juízos morais que integram as concepções razoáveis sobre a vida digna, também a razão pública está limitada a um domínio específico: o das questões constitucionais essenciais e de justiça fundamental. Enquanto que estes temas exigem um uso público da razão, outras questões, sejam políticas – grande parte da legislação fiscal, muitas leis que regulam a propriedade privada, estatutos que controlam o meio ambiente etc. –, sejam "não-públicas" – referentes às igrejas, às universidades e às associações da sociedade civil, por exemplo – demandam apenas um uso não-público da razão. Como assinala Thomas McCarthy, Rawls *"parece comprometido com uma noção restrita de razão pública, que, para a obtenção de um acordo em uma sociedade pluralista, aparentemente restringe a força crítica da razão a assuntos públicos fundamentais"*.[175]

Ao restringir o uso público da razão a questões constitucionais essenciais e temas de justiça fundamental, Rawls pretende obter a mesma garantia de imparcialidade que assegurava a estabilidade e a legitimidade dos princípios de justiça e do consenso justaposto. Em outras palavras, se os princípios de justiça e o consenso justaposto foram estabelecidos independentemente das diferentes doutrinas compreensivas razoáveis, também a razão pública deve ser capaz de atuar apelando para valores exclusivamente políticos,[176] cujo peso faz com que prevaleçam sobre os demais valores com os quais poderiam entrar em conflito. Ou seja, os cidadãos, no exercício do poder político, estão impedidos de decidir sobre temas constitucionais essenciais e de justiça fundamental a partir dos valores que integram

---

[175] Cf. Thomas McCarthy, "Kantian Constructivism and Reconstructivism: Rawls and Habermas in Dialogue", *in Ethics*, no 105, outubro de 1994. Texto resumido obtido na Internet, **Home Page**: "Academic Dialogue on Applied Ethics".

[176] Rawls define os valores políticos como os valores superiores que *"regem o marco básico da vida social – o fundamento mesmo da nossa existência – e especificam os termos fundamentais da cooperação política e social"*. Dentre eles, menciona os valores da igual liberdade, da igualdade de oportunidades, da reciprocidade econômica, do mútuo respeito. Tais valores integram um domínio especial, o domínio do político, e constituem *"um ponto de vista não imposto"*. *"Deixa-se ao critério dos cidadãos individualmente (...) resolver como se relacionam (...) os valores do domínio político com outros valores de sua particular doutrina compreensiva. Porque sempre supomos que os cidadãos têm dois pontos de vista: um compreensivo, doutrinário e outro político."* Cf. John Rawls. *Liberalismo Político, op. cit.*, p. 141 e 142.

as suas concepções sobre a vida digna. Não é por outra razão que *"apenas uma concepção política de justiça, que todos os cidadãos possam razoavelmente subscrever, pode servir de fundamento para a razão pública e sua justificação"*.[177]

A dimensão monológica da concepção pública da justiça como imparcialidade se revela claramente em todas as suas etapas de construção. Na primeira fase deste processo, a posição original, as partes estão privadas da razão prática pelo véu da ignorância e os princípios de justiça são escolhidos a partir de um cálculo meramente racional. Quando ingressamos no mundo real, estes princípios de justiça são plenamente justificados por cidadãos privados que associam a razoabilidade da concepção política de justiça à veracidade dos juízos - morais que integram suas concepções individuais acerca do bem. A intersubjetividade do momento seguinte – o do consenso justaposto – se resume, na verdade, a um processo de observação mútua, através do qual os cidadãos percebem que compartilham da concepção política de justiça, na medida em que se estabelece uma convergência entre as suas visões de mundo razoáveis. Finalmente, o uso público da razão tampouco significa um amplo debate político acerca dos valores que integram as concepções individuais sobre a vida digna, mas se limita a valores "políticos" sobre os quais não pode haver, por sua própria natureza, divergência possível.

A concepção política de justiça proposta por Rawls não pode ser senão monológica e não-pública, precisamente porque estas são as características que sustentam a sua idéia de "razoabilidade". A justiça como imparcialidade não se sustenta mais, como na *Teoria da Justiça*, sobre as capacidades morais do indivíduo e, portanto, sobre uma razão prática universalmente obrigatória. Nas palavras de Habermas, *"a razão prática está de alguma forma esvaziada de seu conteúdo moral e associada a um predicado razoável que agora depende de verdades morais cuja justificação se opera em outro nível. A validade moral da concepção de justiça ... se baseia ... sobre a convergência satisfatória entre visões de mundo razoáveis cujos componentes morais se justapõem suficientemente"*.[178]

---

[177] Cf. John Rawls. *Liberalismo Político, op. cit.*, p. 140.

[178] Cf. Jürgen Habermas, "La morale des visions du monde. 'Raison' et 'verité' dans le libéralisme politique de Rawls", *in Débat sur la justice politique, op. cit.*, p. 155.

A crítica de Habermas à concepção política de justiça está vinculada precisamente à forma pela qual Rawls enfraquece a racionalidade prática como garantia da construção do ponto de vista imparcial. De acordo com Habermas, a imparcialidade requer uma neutralidade ética em relação às visões de mundo – e neste sentido não há divergências em relação à proposta de Rawls,[179] – mas isto não pode também significar uma exigência de neutralidade filosófica. Em - outras palavras, a construção do ponto de vista imparcial não pode restringir o debate sobre a verdade moral ao âmbito das doutrinas compreensivas acerca do bem, que se situam no espaço do privado. O equívoco de Rawls, segundo Habermas, é exatamente supor que uma concepção comum de justiça possa encontrar sua validade moral em razões que, por definição, se situam no espaço do não-público. É possível, de acordo com Habermas, construir um ponto de vista moral imparcial que transcenda as diversas visões de mundo, submetendo os enunciados morais a pretensões de validade pela via de um diálogo público.

b) Jürgen Habermas: Imparcialidade e Diálogo

Diferentemente de Rawls, cuja metodologia construtivista parte de uma concepção contrafática – a posição original – Habermas formula uma teoria reconstrutiva cujo objetivo é reconstruir a dimensão moral que se insere no âmbito das interações comunicativas, isto é, na intersubjetividade.

Habermas parte do pressuposto de que os sujeitos capazes de linguagem e ação estabelecem práticas argumentativas através das quais se asseguram de que, intersubjetivamente, compartilham de um contexto comum, de um *"mundo da vida"*. A eticidade concreta do mundo da vida é delimitada pela totalidade das interpretações que

---

[179] Sobre os paralelos entre as concepções de Rawls e Habermas acerca de um ponto de vista moral imparcial, ver Seyla Benhabid, "Diálogo Liberal versus una Teoría Crítica de la Legitimación Discursiva", *in El Liberalismo y la Vida Moral*, tradução de Horacio Pons, Ediciones Nueva Visión, Buenos Aires, 1993, e "Toward a Deliberative Model of Democratic Legitimacy", *in Democracy and Difference. Contesting the Boundaries of the Political*, Seyla Benhabid (ed.), Princeton, Princeton University Press, 1996.

são propostas pelos sujeitos capazes de linguagem e ação. Há, portanto, um saber *"compartilhado intersubjetivamente pela comunidade de comunicação"*.[180] Seriam, neste sentido, racionais os indivíduos que interpretam suas necessidades à luz dos padrões valorativos de sua própria cultura. Habermas, entretanto, amplia o conceito de racionalidade e designa como racionais os indivíduos que, frente aos seus - padrões valorativos, têm a capacidade de adotar uma atitude reflexiva e, portanto, crítica.[181] De outra parte, os valores culturais do mundo da vida não possuem qualquer pretensão de universalidade, na medida em que o seu reconhecimento intersubjetivo é capaz de revelar a sua "aceitação", mas não a sua "justificação". Daí a necessidade de ultrapassar o processo comunicativo inscrito no mundo da vida e ingressar, pela via desta racionalidade reflexiva e crítica, no território da "argumentação".

É no âmbito do processo argumentativo, do discurso, que as diversas afirmações dos sujeitos capazes de linguagem e ação podem ser problematizadas e submetidas a uma avaliação crítica. Todos os atos comunicativos[182] – teóricos, prático-morais ou estéticos – estão,

---

[180] Cf. Jürgen Habermas. *Teoria de la Accion Comunicativa*, Tomo I, tradução de Manuel Jiménez Redondo Madrid, Taurus Ediciones, 1987, p. 31.

[181] Habermas recorre aqui ao processo de auto-reflexão proposto pelo modelo psicanalítico, através do qual a atuação do terapeuta permite ao paciente adotar uma atitude reflexiva em relação às suas próprias manifestações expressivas. Adotando a perspectiva freudiana, Habermas acredita que os indivíduos têm a capacidade de se libertar de suas ilusões e fantasias, construídas a partir de suas próprias vivências: *"quem sistematicamente se engana sobre si mesmo está se comportando irracionalmente, mas quem é capaz de se deixar ilustrar sobre sua irracionalidade (...) dispõe da força de se comportar reflexivamente frente à sua própria subjetividade e penetrar as coações irracionais às quais podem estar sistematicamente submetidas suas manifestações cognitivas, suas manifestações prático-morais e suas manifestações prático-estéticas."* Cf Jürgen Habermas. *Teoria de la Accion Comunicativa*, tomo I, *op. cit.*, p. 41.

[182] Habermas parte do pressuposto de que todos os "atos de fala", ou seja, todos os atos de comunicação lingüística possuem três funções: descrever fatos, invocar normas e expressar sentimentos. Estes atos de fala implicam determinadas exigências – pretensões de validade – que se traduzem na "veracidade" dos fatos, na "correção" das normas e na "sinceridade" das auto-expressões. Ver, a respeito, Jürgen Habermas, *Teoria de la Accion Comunicativa*, Tomo I, *op. cit.*, p. 391 e segs.

no âmbito do discurso, submetidos a pretensões de validade – verdade, justiça ou autenticidade.[183] Estas pretensões de validade não pertencem a um mundo da vida específico, mas integram qualquer forma de vida, e, neste sentido, são incondicionais.[184] Quando pela via da reflexão e crítica os sujeitos rompem com a validade intuitiva de seus valores, o processo de interação comunicativa só pode ser alcançado através de um acordo ancorado nas razões apresentadas na discussão. Neste sentido, as afirmações decorrentes do discurso teórico impõem compromissos de fundamentação, enquanto que as relativas ao discurso prático exigem um compromisso de justificação: *"da mesma forma que a verdade dos enunciados assertivos, a justiça dos*

---

[183] Retomando a crítica weberiana da modernidade, Habermas se refere a um novo politeísmo: a dissociação das esferas de racionalidade. Dois modos de integração dos indivíduos aparecem no mundo moderno: o das instituições privadas e públicas, o mundo da vida, no seio do qual se desenvolve o agir comunicativo; e o de um conjunto sistêmico, constituído por dois subsistemas: econômico (mercado) e administrativo (poder). Na sociedade moderna, o mundo da vida tem sido colonizado por um processo de monetarização (mercado) e burocratização (poder). Em outras palavras, a sociedade se integra através de meios de controle independentes da linguagem. Ao mesmo tempo e como decorrência da autonomia destes subsistemas regidos por meios de controle (poder e dinheiro), ciência, moral e arte se separam do mundo da vida. Habermas acredita que é possível tornar a **dar unidade** a estes momentos *cognitivos-instrumentais, prático-morais* e *expressivos* através do processo argumentativo, que se organiza a partir da noção de agir comunicativo. O agir comunicativo reúne de forma singular os três momentos precedentes (*agir teleológico, agir normativo* e *agir instrumental*), colocando em cena as três pretensões de validade (*verdade, justiça* e *autenticidade*). Ver Jürgen Habermas. *Teoria de la Accion Comunicativa*, Tomo II, *op. cit.*, pág. 253 e segs. Ver, ainda, Jean-Marc Ferry. *Habermas. L'éthique de la Communication*, Paris, PUF, 1987, Capítulo VIII.

[184] A incondicionalidade das pretensões de validade é relativa ao fato de que em qualquer sociedade discursos teóricos e prático-morais se constituem na forma pela qual opiniões e ações são racionalmente fundamentadas. Como afirma Habermas, *"qualquer um que participe de uma prática argumentativa já deve ter aceito essas condições de conteúdo normativo. Pelo simples fato de terem passado a argumentar, os participantes estão necessitados a reconhecer este fato"*. E acrescenta que há um *"conjunto de condições sob as quais já nos encontramos desde sempre em nossa prática argumentativa, sem a possibilidade de nos esquivar em alternativas, a falta de alternativas significa que essas condições são de fato incontornáveis para nós"*. Cf. Jürgen Habermas. *Consciência Moral e Agir Comunicativo, op. cit.*, p. 161.

enunciados morais se explica em termos de pretensões a validade honradas através da discussão".[185]

A primeira conseqüência desta afirmação é que tal como as questões teóricas, as questões práticas também são objeto de conhecimento. Isto, no entanto, não significa dizer que verdades teóricas e verdades práticas sejam equivalentes, pois os enunciados dos discursos teóricos devem ser confirmados ou não, enquanto que as normas corretas do discurso moral devem merecer o reconhecimento de seus destinatários. Em outras palavras, ainda que os enunciados verdadeiros e as normas corretas imponham uma exigência de fundamentação e justificação – na medida em que não podem se basear em uma aceitação de fato – há uma diferença significativa na forma como se relacionam com as pretensões de validade. Os enunciados verdadeiros não possuem uma validade intrínseca: eles devem ser, através de um ato de fala, confirmados ou não. O mesmo não ocorre em relação às normas corretas: "*não concebemos a ordem normativa da sociedade como existindo independentemente de exigências de validade, como fazemos em relação à natureza. A realidade social é intrinsecamente ligada à validade de uma forma que a realidade natural não o é.*"[186]

A ordem moral, segundo Habermas, se estrutura precisamente quando uma norma perde o seu reconhecimento fático intersubjetivo e passa a exigir uma justificação. A racionalidade reflexiva e crítica dos sujeitos capazes de linguagem e ação está, desta forma, na origem dos conflitos normativos. O objetivo da ética discursiva habermasiana é explicar como é possível, frente a um conflito normativo, a obtenção de um acordo racionalmente motivado.

Para isso, a ética discursiva habermasiana recorre ao modelo de um amplo e irrestrito diálogo, no qual todos os participantes têm igual acesso e onde prevalece a força do melhor argumento. Este modelo, que Habermas designa como "*situação ideal de fala*", impõe uma série de condições apresentadas através de três exigências fundamentais: a não-limitação, ou seja, a ausência de impedimentos à participação; a não-violência, enquanto inexistência de coações

---

[185] Cf. Jürgen Habermas, "La morale des visions du monde. "Raison" et "verité" dans le libéralisme politique de Rawls", *in Débat sur la justice politique*, *op. cit.*, p. 181.
[186] Cf. Thomas McCarthy, "Pratical Discourse and the Relation Between Morality and Politics", *in Revue Internationale de Philosophie*, *op. cit.*, p. 468.

externas ou pressões internas; e a seriedade, na medida em que todos os participantes devem ter como objetivo a busca cooperativa de um acordo.

Se observarmos estas exigências impostas pela situação ideal de fala, não há dúvidas de que se trata de uma concepção contrafática, que, no entanto, tem uma função regulativa, na medida em que permite comparar acordos argumentativos empíricos com as condições ideais da comunicação racional. Importa esclarecer, por outro lado, que a situação ideal de fala não se constitui em um "ideal" de comunicação, "*ao qual a realidade empírica deveria se dirigir ou chegar a se constituir enquanto cópia fiel; não é tampouco um fenômeno empírico, nem é desejável que o seja*".[187] Com efeito, a situação ideal de fala simplesmente descreve a capacidade comunicativa dos sujeitos capazes de linguagem e ação.

O modelo da situação ideal de fala é o que permite a Habermas ingressar no território da imparcialidade e, portanto, do acordo racionalmente motivado que representa o interesse de todos os participantes do processo argumentativo. O "ponto de vista moral", portanto, depende da participação de todos e a reflexão moral transforma-se em um procedimento discursivo. Neste sentido, a ética discursiva apenas coloca em cena uma espécie de marco normativo a partir do qual, no âmbito do empírico, os sujeitos capazes de linguagem e ação podem estabelecer interações argumentativas. O procedimento do discurso prático, que submete a validade das ações, normas ou instituições ao acordo de todos os afetados, é a forma como se pode representar este marco normativo. Nas palavras de Thomas McCarthy, "*o discurso prático, segundo Habermas, é adequado como um ideal normativo para o discurso na esfera pública*".[188]

O procedimento discursivo prático institui um processo argumentativo livre de coerções e assegura, ao mesmo tempo, a igual participação de todos os sujeitos capazes de linguagem e ação. Com esta formulação, Habermas configura o projeto de construção de um espaço público, cuja lógica democrática assegura a reciprocidade e o respeito mútuo. A imparcialidade do ponto de vista moral se traduz,

---

[187] Cf. María Pia Lara. *La Democracia como Proyecto de Identidad Ética*, Editorial Anthropos, Barcelona, 1992, p. 52.

[188] Cf. Thomas McCarthy, "Pratical Discourse and the Relation Between Morality and Politics", *in Revue Internationale de Philosophie, op. cit.*, p. 474.

desta forma, *"no mais aberto procedimento de uma prática argumentativa cujas proposições demandam um uso público da razão"*.[189]

A exigência de imparcialidade imposta pela razão prática está, portanto, representada pelas regras de um procedimento discursivo que, enquanto processo de deliberação pública, não exclui nem as concepções individuais sobre a vida digna nem os valores de formas específicas de vida. O procedimento discursivo atua como uma espécie de autoridade epistêmica que é independente tanto dos cálculos individuais dos sujeitos quanto dos valores e tradições dos mundos plurais.

A ética discursiva habermasiana integra tanto as subjetividades das concepções individuais sobre a vida digna quanto a intra-subjetividade das identidades sociais em função do seu caráter rigorosamente procedimental. Ao contrário de Rawls, cuja teoria da justiça formula princípios substantivos,[190] Habermas designa como modesto o seu propósito. A dimensão formal da ética discursiva *"não indica orientações de conteúdo, mas um processo: o Discurso prático (...) não é um processo para a geração de normas justificadas, mas sim o exame da validade de normas propostas e consideradas hipoteticamente"*.[191]

Do procedimentalismo da ética discursiva decorre o seu caráter deontológico. O procedimento ético, como vimos, tem a função de solucionar os conflitos normativos estabelecendo um acordo racional acerca da validade das normas. É bem verdade que os indivíduos, no contexto de mundos da vida específicos, podem racionalmente deliberar sobre o seu sistema normativo. Esta deliberação racional, no entanto, estará delimitada pelas fronteiras de contextos históricos

---

[189] Cf. Jürgen Habermas, "Reconciliation Through the Public Use of Reason: Remarks on John Rawls's Political Liberalism", *in The Journal of Philosophy, op. cit.*, p. 118.

[190] Sobre o caráter substantivo dos princípios de justiça formulados por Rawls, assim se manifesta Habermas: *"no momento em que uma teoria normativa, como a teoria da justiça em Rawls, se estende ao domínio dos conteúdos, ela passa a valer tão-somente como uma contribuição, quiçá particularmente competente, para um Discurso prático, mas ela não pertence à fundamentação do ponto de vista moral que caracteriza os Discursos práticos em geral"*. Cf. Jürgen Habermas, *Consciência Moral e Agir Comunicativo, op. cit.*, p. 149.

[191] *Idem*, p. 126.

particulares e, neste sentido, os indivíduos estarão debatendo questões éticas ou valorativas relativas ao seu mundo cultural, que não são passíveis de moralização, uma vez que não são universalizáveis.

À ética teleológica – relativa a questões valorativas – Habermas opõe uma ética deontológica – referente a questões morais ou questões de justiça – representada por um formalismo procedimental assegurador da imparcialidade na resolução dos conflitos normativos, que se revela na busca de um acordo racional que possa expressar os interesses generalizáveis dos sujeitos capazes de linguagem e ação. Em outras palavras, *"é preciso, pois, distinguir com nitidez entre as 'questões valorativas' ou referentes à 'vida digna', que são apenas discutíveis 'dentro' do mundo da vida no qual surgem, e as 'questões morais' relativas à 'justiça' que podem ser decididas racionalmente baseando-se em sua capacidade de universalização dos interesses em questão"*.[192] Com efeito, o caráter universalista da ética deontológica habermasiana separa as questões valorativas das questões de justiça.

Não se pense, entretanto, que o acordo racional, que se configura pela via da universalização dos interesses de todos os sujeitos capazes de linguagem e ação, se traduz em um consenso abstrato inteiramente situado à margem dos processos históricos concretos. O objetivo de Habermas, ao contrário, é evitar a abstração do acordo racional, contextualizando as normas morais na eticidade concreta do mundo da vida.

Habermas sem dúvida reconhece que o discurso prático se defronta com os limites de uma racionalidade que não pode estar senão historicamente situada, ou seja, *"o poder da história se faz valer em face das pretensões da razão"*.[193] Isto significa que os valores culturais – que se inscrevem seja nas concepções individuais acerca da vida digna, seja nos mundos plurais das modernas sociedades complexas – configuram as identidades tanto de indivíduos quanto de grupos, na medida em que atravessam as práticas comunicativas cotidianas presentes no mundo da vida. Como afirma Habermas, *"quem coloca em questão as formas de vida nas quais sua própria identidade se formou tem que colocar em questão sua própria existência"*.[194] Não há, entretanto,

---

[192] Cf. José Rubio Carracedo. *Ética Constructivista y Autonomía Personal, op. cit.*, p. 99.
[193] Cf. Jürgen Habermas. *Consciência Moral e Agir Comunicativo, op. cit.*, p. 129.
[194] *Idem*, p. 212.

necessidade de dramatizar estes limites que a eticidade do mundo da vida coloca frente ao discurso prático. Ter a capacidade de refletir criticamente sobre a faticidade de instituições e normas presentes no mundo da vida certamente não se traduz no questionamento da própria existência.

Ressalte-se, de outra parte, que é a própria moralidade pós-convencional que caracteriza a sociedade moderna, que obriga à justificação das normas e instituições através de discursos práticos. Não é por outra razão que neste tipo de sociedade – onde não há visões religiosas ou metafísicas de mundo imunes à crítica – *"é preciso que a moralidade compense as perdas de eticidade concreta"*.[195] Com efeito, é através da contextualização das normas morais no mundo da vida que se pode compensar as perdas de eticidade em uma sociedade pós-convencional. Neste sentido, é necessário esclarecer que não estamos obrigados a escolher entre, *"de um lado, uma teoria ética universalista ... abstrata e, de outro, uma teoria concreta, mas inevitavelmente paroquial, que simplesmente subscreve algum conjunto de julgamentos morais específicos"*.[196]

O objetivo da ética discursiva habermasiana é, ao contrário, permitir que normas racionalmente justificadas possam ser aplicadas a situações concretas que, por sua vez, são interpretadas à luz de valores culturais específicos. Conseqüentemente, é preciso que se estabeleça uma mediação entre moralidade e eticidade. Como nas sociedades pós-convencionais as normas morais estão "descontextualizadas" e "desmotivadas" em relação ao mundo da vida, temos uma forma de vida que, portanto, vem ao encontro de uma moralidade universalista. Em outras palavras, a ética discursiva, universalista, requer uma certa correspondência com mundos culturais cujas instituições políticas e sociais já incorporam representações pós-convencionais da moralidade.[197] Os direitos fundamentais, que integram

---

[195] *Idem*, p. 213.

[196] Cf. William Outhwaite. *Habermas. A Critical Introduction*, Cambridge, Polity Press, 1996, p. 55.

[197] Sobre a necessária mediação entre moralidade e eticidade, assim se manifesta Habermas: *"as morais universalistas dependem de formas de vida que sejam, de sua parte, a tal ponto 'racionalizadas', que possibilitem a aplicação de discernimentos morais universais e propiciem motivações para a transformação dos discernimentos em agir moral. Apenas as formas de vida que vêm, neste sentido, 'ao encontro' de morais universalistas preenchem as condições necessárias para revogar as operações abstratas da*

as constituições de todas as sociedades democráticas contemporâneas, são, para Habermas, um bom exemplo de uma moralidade universalista. Como veremos mais adiante, os direitos fundamentais constituem, neste sentido, aspectos estruturais da "vida digna" que podem, no entanto, ser separados da concretude de formas de vida específicas, configurando princípios universais de qualquer processo de socialização comunicativa.

A ética discursiva, entretanto, não busca apenas recontextualizar as normas morais no âmbito do mundo da vida, como forma de compensar a perda de eticidade das sociedades democráticas contemporâneas. Ou, mais corretamente, a forma de compensação desta perda de eticidade significa a instauração de um processo democrático, reflexivo e crítico. Na medida em que a ética discursiva se constitui no mais amplo e aberto processo argumentativo, configurador de uma lógica democrática através da qual todas as proposições dos sujeitos capazes de linguagem e ação demandam um "uso público da razão", ela se torna não apenas um poderoso instrumento de crítica social como também conforma o espaço do conflito e do dissenso.

Como assinalamos anteriormente (ver nota 183), o principal efeito da perda de eticidade nas sociedades pós-convencionais é o fato de que o mundo da vida tem sido "colonizado" através de processos de "monetarização" e "burocratização". O dinheiro e o poder constituem meios de controle que são independentes da linguagem e geram, portanto, estruturas sociais isentas de conteúdo normativo ou prático-moral: "*o mundo da vida racionalizado possibilita o aparecimento e o aumento de subsistemas cujos imperativos autônomos atuam destrutivamente sobre este mesmo mundo da vida.*"[198]

Segundo Habermas, as sociedades contemporâneas são integradas pelo mundo da vida – constituído pela esfera da vida privada e pela esfera da opinião pública – espaço no qual a prática comunicativa elabora interpretações cognitivas, expectativas morais e manifestações expressivas, e por subsistemas – econômico e administrativo – regidos por meios de controle independentes da linguagem –

---

descontextualização e da desmotivação". Cf. Jürgen Habermas. *Consciência Moral e Agir Comunicativo, op. cit.*, p. 131 e 132.

[198] Cf. Jürgen Habermas. *Teoria de la Accion Comunicativa*, Tomo II, *op. cit.*, p. 263.

dinheiro e poder. Quando esses subsistemas, que se tornam autônomos no sentido de que se reificam para além das práticas argumentativas que pressupõem exigências de validade, penetram no âmbito do mundo da vida, o colonizam. Daí, *"as patologias do mundo da vida induzidas sistemicamente"*.[199] Os imperativos interpostos pela lógica do mercado e pela lógica burocrática possuem uma dinâmica própria e, por um lado, pelo seu caráter autônomo, carecem de justificação e, por outro, têm a capacidade de neutralizar os âmbitos de ação estruturados comunicativamente. Não é por outro motivo que ciência, moral e arte se separam do mundo da vida, de vez que *"toda a estrutura comunicativa do mundo da vida se encontra ameaçada por uma coisificação induzida sistemicamente"*.[200]

As restrições e distorções à comunicação engendradas pelos imperativos do mercado e do poder configuram, segundo Habermas, uma "violência estrutural", que não se manifesta como tal, mas que viola a rede intersubjetiva das práticas comunicativas cotidianas. A sociedade contemporânea, portanto, convive com a violência decorrente dos mecanismos da monetarização que regem a esfera da vida privada e com os imperativos da burocratização que invadem a esfera da opinião pública. Por trás deste processo de colonização do mundo da vida se encontram orientações valorativas e interesses específicos que de nenhum modo podem ser considerados constitutivos da identidade da comunidade em seu conjunto. Habermas não tem a pretensão de sugerir um modelo de ética discursiva que elimine a dominação e a violência decorrentes dos interesses que instrumentalizam as relações humanas, mas admite que apenas através de uma confrontação permanente no interior de um espaço público baseado na reciprocidade e no respeito mútuo é possível estabelecer normas e instituições através das quais a dominação possa ser enfrentada, limitada e discutida.

Neste sentido, a sociedade pós-convencional é, segundo Habermas, paradoxal. Da mesma forma como as relações humanas instrumentalizadas por meios de controle não-justificados decorrem da racionalização do mundo da vida, é esta mesma racionalização que exige a conformação de um processo democrático no qual o uso

---

[199] *Idem*, p. 280.
[200] *Idem*, p. 464.

público da razão justifica as proposições que se confrontam no interior do espaço público.

A ética discursiva habermasiana, ao fixar as regras de um amplo procedimento argumentativo que inclui todos os sujeitos capazes de linguagem e ação, mais do que assegurar a formação de um consenso, pretende fixar as regras através das quais se institui o dissenso.[201] Um amplo processo de argumentação supõe necessariamente o reconhecimento da figura do outro, enquanto diferente. E este reconhecimento acarreta o conflito inerente à própria admissão da alteridade. Paradoxalmente, é o confronto político que submete todos à experiência civilizatória de reconhecimento do outro como diferente. A ausência de conflito, levada ao limite, transita no espaço da não-política. O núcleo do discurso da guerra é o não-reconhecimento e aniquilamento do outro, após o que não há por que se falar em conflito. De outra parte, o discurso da política, como alternativa ao bélico, passa necessariamente pela admissão da figura do outro no seio do espaço público.

---

[201] Se observarmos as críticas mais freqüentes aos trabalhos de Habermas, seremos capazes de identificar um núcleo comum entre elas, que se traduz na idéia segundo a qual ele não leva em consideração adequadamente o caráter conflitivo da cultura moderna. Charles Larmore (*The Morals of Modernity*, *op. cit.*) afirma que Habermas tem um projeto tão harmônico para a sociedade contemporânea que é incompatível com a idéia de "desacordo razoável". José Rubio Carracedo, de sua parte, afirma que Habermas está excessivamente preocupado *"com os aspectos cooperativos que propiciam o consenso, sem oferecer espaço real e válido para o dissenso"* (*Ética Constructivista y Autonomía Personal*, *op. cit.*, p. 96). Nesta mesma direção aponta Georgia Warnke ("Communicative rationality and cultural values", *in The Cambridge Companion to Habermas*, *op. cit.*), ao assinalar que a ética discursiva habermasiana não concede lugar adequado ao tema da diferença e da alteridade. Este e outros autores citam, como confirmação desta avaliação crítica, os *Escritos sobre Moralidade e Eticidade*, *Consciência Moral e Agir Comunicativo e Discurso Filosófico da Modernidade* (todos citados). Com efeito, é possível, a partir destes textos, estabelecer o compromisso de Habermas com o tema do consenso, ainda que nas entrelinhas ele possa sugerir outro tipo de formulação crítica. De qualquer forma, da análise do conjunto da obra habermasiana, aí especialmente incluídos *Teoria da Ação Comunicativa 'Teoria de la Accion Comunicativa' e Faticidade e Validade 'Between Facts and Norms'* (ambos citados), este tipo de leitura não encontra qualquer amparo.

Um amplo e irrestrito processo democrático de argumentação pode incluir não apenas as concepções individuais sobre a vida digna como os valores culturais que configuram identidades sociais. Em uma sociedade pós-convencional, a lógica democrática pressupõe um uso público da razão que, dada a racionalidade reflexiva e crítica dos cidadãos, não se encontra limitado pelos valores de concepções individuais ou de mundos plurais. Em meio à heterogeneidade e à diferença, não há outra maneira de enfrentamento da violência e da dominação senão através de uma racionalidade prática, ancorada no mundo da vida, que, ao colocar em cena um amplo debate democrático, submete a um processo de justificação as normas e instituições das sociedades contemporâneas.

c) Michael Walzer: Contextualismo e Diálogo

A ética discursiva habermasiana, como vimos, define apenas as regras de um amplo e irrestrito processo argumentativo, sem indicar qualquer orientação relativa ao conteúdo das normas elaboradas pelos sujeitos capazes de linguagem e ação. Quando Rawls, por seu turno, propõe os seus princípios de justiça e configura aquilo que designa por concepção política de justiça, ele supõe que os cidadãos razoáveis podem integrá-los às suas concepções acerca do bem, sem que isso interfira ou altere a veracidade dos juízos morais de suas visões de mundo. Neste sentido, tanto a ética discursiva quanto a concepção política de justiça configuram uma perspectiva moral mínima. Na verdade, é precisamente o caráter mínimo desta moralidade o que assegura a possibilidade de construção da idéia de imparcialidade – ainda que Rawls e Habermas, como vimos, a elaborem de forma distinta – e, conseqüentemente, a universalidade de suas propostas.

Esta moralidade mínima de caráter universal também é compartilhada por Walzer, a despeito do seu compromisso com o particularismo: *"quero descrever e defender um certo tipo de universalismo"*.[202] Para tanto, Walzer parte do pressuposto de que existem dois tipos diferentes, ainda que inter-relacionados, de argumentos morais. O primeiro, que ele designa como *"denso"* (*thick*), é relativo aos valores das

---

[202] Cf. Michael Walzer. *Thick and Thin. Moral Argument at Home and Abroad*, *op. cit.*, Introdução, p. X.

pessoas que compartilham uma história e cultura comuns. O segundo, designado como *"delgado"* (*thin*), se refere a valores comuns compartilhados por qualquer ser humano, independentemente da cultura que professa. Com o objetivo de revelar a forma como estes dois tipos de argumentos morais se inter-relacionam, Walzer evoca a cena de uma grande manifestação em Praga, onde as pessoas trazem cartazes que clamam por "verdade" e "justiça". Segundo Walzer, qualquer cidadão norte-americano, por exemplo, que não tem nenhuma familiaridade com os valores culturais partilhados pelos manifestantes de Praga, não se sentiria desconfortável caso estivesse no meio do movimento. Afinal, *"a idéia de justiça ... aparece ... em cada sociedade humana"*.[203] Em outras palavras, é a existência de uma moralidade mínima universal que permite a participação na manifestação de Praga de pessoas que não reconhecem os valores culturais compartilhados pelos manifestantes. Entretanto, quando um cidadão norte-americano conduz, na manifestação de Praga, um cartaz que pede por "justiça", esta expressão, para ele, não significa uma proposição abstrata. Ao contrário, ele identifica nesta expressão um significado. Através dela ele evoca as suas próprias histórias e experiências de opressão e injustiça. E, neste sentido, quando ele participa da manifestação em Praga – ou em qualquer outro lugar – ele está na verdade participando de sua própria manifestação.

De acordo com Walzer, esta metáfora dualista revela a nossa realidade moral, na medida em que traduz *"o caráter necessário de qualquer sociedade humana: universal porque é humana, particular porque é uma sociedade (...) Sociedades são necessariamente particulares porque têm membros e memórias, membros 'com' memórias não apenas de si próprios, mas também de sua vida comum. A humanidade, ao contrário, tem membros, mas não memória, não tem história, nem cultura"*.[204]

Com efeito, ainda que reconheça a existência desta moralidade mínima comum à espécie humana, o particularismo de Walzer não lhe permite vê-la como uma moralidade independente, pois ela simplesmente revela a existência de uma justaposição de aspectos - comuns das moralidades "densas". Esta moralidade mínima seria uma espécie de "consenso justaposto", na medida em que representa a justaposição de regras e princípios que são compartilhados por diferentes culturas, em diferentes lugares. Entretanto, ao contrário

---

[203] *Idem*, p. 5.
[204] *Idem*, p. 8.

do consenso justaposto em Rawls, que legitima uma concepção de justiça, esta justaposição de princípios comuns não pode tomar o lugar de uma moralidade densa, na medida em que a eficácia social de tais princípios vai depender da forma como sejam interpretados no interior de sistemas culturais "densos".[205] Não se pense, de outra parte, que este mínimo precede o máximo, pois isto seria supor a existência de um ponto de partida imparcial a partir do qual as diferentes culturas morais se desenvolveriam. Segundo Walzer, a moralidade mínima não tem qualquer dimensão fundacional e, neste sentido, *"se nós não tivéssemos a nossa própria manifestação, nós não marcharíamos em Praga"*.[206]

A forma através da qual Rawls e Habermas constroem a idéia de imparcialidade que assegura uma moralidade mínima pressupõe, segundo Walzer, uma série de condições que, por sua própria natureza, já integra uma moralidade "densa". Nem a concepção política de justiça, nem a ética discursiva podem ser formuladas sem que determinados valores – indivíduos livres e iguais, ampla liberdade de pensamento e ação, prática da tolerância, garantia de respeito mútuo – estejam assegurados. De acordo com Walzer, estas exigências já integram uma forma específica de vida, pois os indivíduos que partilham destes valores *"não saltam da mente de filósofos (...), nem da cabeça de Zeus. São criaturas da história"*.[207]

Ao afirmar que o processo histórico conforma as individualidades, Walzer firma o seu compromisso com a marca definitória do comunitarismo. É Charles Taylor, no entanto, quem melhor descreve a maneira através da qual as identidades humanas se constituem no interior da história. Suas formulações a esse respeito são inteiramente compartilhadas por Walzer.

De acordo com Taylor, não se pode falar das identidades humanas senão a partir da idéia de reconhecimento ou da ausência dele. Falar da nossa identidade significa descobrir quem somos, quais são

---

[205] Ao mencionar princípios comuns à espécie humana, Walzer oferece como exemplo a existência de governos e a decorrente responsabilidade dos governantes em relação aos governados. Ressalta, entretanto, que esta idéia de responsabilidade, ainda que comum a todos, será interpretada, em diferentes momentos e em diferentes lugares, de forma radicalmente distinta. *Idem*, p. 15.

[206] *Idem*, p. 19.

[207] *Idem*, p. 12.

os nossos desejos, opiniões e aspirações. Ao mesmo tempo, sentimentos e ações não são estabelecidos internamente, de uma maneira autônoma, nem podem ser solitariamente interpretados. É precisamente por isso que *"a característica decisiva da vida humana é o seu caráter fundamentalmente dialógico"*.[208] Tal como Habermas, Taylor recorre à psicanálise para analisar o caráter dialógico da identidade humana. Neste sentido, pressupõe que quando os indivíduos expressam sentimentos e ações, o fazem por meio de práticas lingüísticas apreendidas através da sua interação com os demais. Isto não significa, entretanto, que uma vez apreendida a linguagem, os indivíduos passem a utilizá-la para seus próprios fins, desenvolvendo opiniões e atitudes através de um processo de reflexão solitária. Ao contrário, mesmo após dominada a linguagem, a figura do "outro" continua a ser decisiva, porque a identidade humana se constitui a partir de um diálogo com o "outro" que inclui não apenas as exigências que eles apresentam, como a luta do sujeito contra estas mesmas pretensões. Nas palavras de Taylor, *"mesmo depois de termos deixado para trás alguns destes outros – nossos pais, por exemplo – ... a conversa com eles permanecerá em nosso interior enquanto vivamos"*.[209]

Não é por outra razão que, ao passar do âmbito da identidade pessoal para a esfera da identidade social, Taylor estabelece uma estreita vinculação entre identidade e reconhecimento. Tanto quanto as identidades pessoais demandam um reconhecimento obtido pela via de um diálogo, as identidades sociais dependem de uma *"política ininterrupta de reconhecimento igualitário"*.[210] O reconhecimento igualitário das identidades sociais é, segundo Taylor, uma exigência contra a opressão, na medida em que a sua recusa conforma identidades - sociais que internalizam signos de inferioridade e humilhação.[211] Ao mesmo tempo, é o reconhecimento igualitário que assegura o espaço da diferença. Mais do que isso, é o princípio da igualdade universal que obriga ao reconhecimento das diferenças. Daí, como vimos, a

---

[208] Cf. Charles Taylor. *El Multiculturalismo y "la política del reconocimiento"*, tradução de Mónica Utrilla de Neira, México, Fondo de Cultura Económica, 1993, p. 52.

[209] *Idem*, p. 53.

[210] *Idem*, p. 58.

[211] No âmbito do pensamento comunitário, tanto a situação das mulheres como o caso de várias minorias raciais podem servir como exemplos de identidades sociais que, durante um longo período, introjetaram, face à ausência de reconhecimento, papéis subordinados.

afirmação de Walzer de que o reconhecimento é universal, enquanto que o reconhecido é particular.

Esta exigência universal de reconhecimento do particular revela a questão central em torno da qual Walzer propõe um entendimento do que é justiça: os valores culturais compartilhados por uma comunidade política. De fato, justiça é simplesmente aquilo que as pessoas assim definem em uma comunidade política particular. Neste sentido, tanto *"a justiça como a moralidade são criações culturais"*.[212] E mundos morais particulares nem podem ser inteiramente reconstruídos, como deseja Habermas, nem substituídos por princípios de justiça decorrentes de cálculos racionais, como supõe Rawls. Recorrendo à história e à antropologia, Walzer formula uma teoria da justiça segundo a qual diferentes bens sociais devem ser distribuídos por razões igualmente diferentes, através de procedimentos e agentes distintos.[213]

A teoria sobre a justiça tal como formulada por Walzer recorre a uma metodologia particularista. Ele atribui à inevitabilidade do particularismo histórico e social o fato de que há uma diversidade de entendimentos acerca dos bens sociais. É precisamente por isso que qualquer consideração acerca do caráter justo ou injusto de um processo distributivo não pode ser independente do significado que o bem social possui.[214] Nenhum bem social tem qualquer significação

---

[212] Cf. Joseph Carens. "Complex Justice, Culture and Politics", *in Pluralism, Justice and Equality* (David Miller e Michael Walzer eds.), Oxford, Oxford University Press, 1995, p. 61.

[213] Ver a respeito, Michael Walzer. *Las Esferas de la Justicia. Una defensa del pluralismo y la igualdad, op. cit.*, p. 19.

[214] Ao longo de *Las Esferas de la Justicia. Una defensa del pluralismo y la igualdad*, Walzer apresenta incontáveis exemplos acerca de como os indivíduos atribuem significações distintas aos bens sociais e como os distribuem em função destas mesmas significações. Dentre os vários exemplos apresentados, a distribuição da educação em comunidades judaicas medievais e entre os índios astecas é reveladora desta idéia. Entre os judeus das comunidades medievais, todos os meninos, ricos ou pobres, tinham acesso à educação, cuja função primordial era permitir que *todos* os homens adultos participassem das discussões acerca da doutrina religiosa, prática vedada às mulheres. Recursos comuns financiavam a educação dos meninos pobres. Já o processo educacional entre os astecas previa a convivência de duas escolas distintas. A primeira, a "casa dos jovens", era freqüentada pela maior parte dos meninos, que recebiam instruções sobre o manejo de armas, ofícios diversos e história. A segunda escola se destinava aos filhos da elite e ministrava um ensino mais amplo, rigoroso e intelectual, pois

"natural", uma vez que apenas através de um processo social – e não individual – de entendimento e interpretação, os bens adquirem, em uma comunidade política determinada, as suas significações.

Culturas diferentes elaboram significados diversos acerca de seus bens sociais e os distribuem através de distintos princípios e agentes. Podemos, segundo Walzer, designar como justa a sociedade que distribui os seus bens de acordo com estas significações compartilhadas. Nem mesmo a sociedade de castas hindu contradiz este argumento. O sistema de castas, ainda que caracterizado como um "mundo de fronteiras", produziu um conjunto de significações fortemente integrado. Uma doutrina religiosa que atribui ao mundo do divino a decisão sobre a condição social de cada um dos seus integrantes, sustenta um sistema que assegura a um certo grupo de pessoas, em função do seu sangue, o acesso a todos os bens sociais. Ainda que a desigualdade absoluta possa desagradar alguns – os significados sociais não precisam ser inteiramente harmônicos – *"desde que eles sejam genuinamente compartilhados, ... nós podemos afirmar que uma forte distribuição desigual de bens ... é justa"*.[215] Nas palavras de Walzer, *"em uma sociedade onde os significados sociais são integrados e hierárquicos, a justiça virá em auxílio da desigualdade"*.[216]

Neste sentido, parece oportuno perguntar quais são os critérios através dos quais é possível designar como injusta uma sociedade, sabendo, desde logo, que a justiça pode ser compatível com uma distribuição absolutamente desigual dos bens sociais. Walzer qualifica de injusta – ou tirânica – a sociedade na qual um grupo de indivíduos, pelo fato de que monopoliza um determinado bem, domina os diversos processos distributivos, violando os significados sociais dos bens e os seus princípios de distribuição.

Partindo do pressuposto de que qualquer sociedade humana é uma comunidade distributiva, Walzer afirma que na maior parte

---

dela provinham os sacerdotes da comunidade. Da mesma forma que as meninas das comunidades judaicas medievais, as jovens índias astecas – com exceção daquelas que seriam sacerdotisas – estavam excluídas do processo educacional. Ver, a respeito, Michael Walzer, *Las Esferas de la Justicia. Una defensa del pluralismo y la igualdad, op. cit.*, pp. 82 a 85 e 210 a 212.

[215] Cf. Stephen Mulhall & Adam Swift. *Liberals & Communitarians, op. cit.*, pp. 140-141.

[216] Cf. Michael Walzer. *Las Esferas de la Justicia. Una defensa del pluralismo y la igualdad, op. cit.*, p. 322.

delas existe um bem ou um conjunto de bens que é predominante, ou seja, que favorece, àqueles que o possuem, o acesso aos demais bens sociais da comunidade. Em uma sociedade capitalista, por exemplo, *"o capital é predominante e rapidamente conversível em prestígio e poder; em uma tecnocracia, o conhecimento técnico desempenha o mesmo papel"*.[217] Ressalte-se, entretanto, que um bem predominante é distinto de um bem monopolizado, pois, segundo Walzer, o monopólio ocorre quando um grupo de pessoas se apropria eficazmente de um bem,[218] enquanto o bem predominante "tiraniza" todos os outros. Nas palavras de Walzer, o *"predomínio descreve uma forma de utilização dos bens sociais que não é limitada por seus significados intrínsecos ou que configura tais significados em face de sua própria imagem. O monopólio representa um meio de possuir e controlar os bens sociais a fim de explorar seu predomínio"*.[219]

Uma vez estabelecida esta distinção, Walzer assegura que é o predomínio – e não o monopólio, ao menos primordialmente – que deve ser restringido e reduzido, quando se pretende falar de justiça. Muitos, ao contrário, acreditam na possibilidade de neutralizar o predomínio através da destruição do monopólio. Isto, segundo Walzer, não é possível, na medida em que um *"regime de igualdade simples"* não é viável, dada a sua instabilidade. Por regime de igualdade simples, Walzer designa uma espécie de "situação inicial", na qual todos os

---

[217] *Idem*, pp. 24-25.

[218] Ao descrever o monopólio, Walzer associa o tema da ideologia à pretensão de monopolizar um bem predominante. A aristocracia, por exemplo, conforma um princípio – o governo dos melhores – e procura monopolizar a riqueza herdada e a reputação familiar. Aqueles que procuram monopolizar a graça divina configuram o princípio da supremacia de Deus. Com efeito, a ideologia, como Walzer a aborda, não parece estar vinculada a um processo de ocultação das relações de violência, na medida em que não significa necessariamente a formulação de princípios falsos que encobririam a dominação. Tais princípios podem ser – e na maior parte das vezes são – compartilhados no âmbito da comunidade na qual são formulados. Isto não significa, no entanto, que não sejam – quase sempre são – corroídos. Nas palavras de Walzer, *"um grupo ganha e depois outro; se constroem coalizões e a supremacia é instavelmente compartilhada. Não há vitória final, nem poderia haver. Mas isto não é afirmar que as exigências dos diversos grupos sejam falsas em função da força, nem que os princípios que invocam não possuem valor como critérios distributivos; geralmente, os princípios são de todo justos dentro dos limites de uma esfera particular. As ideologias são facilmente corrompidas, mas sua corrupção não é o mais interessante nelas"*. Cf. Michael Walzer, *Las Esferas de la Justicia*, *op. cit.*, p. 25.

[219] *Idem*, p. 24.

seus integrantes estão em condições de igualdade, como, por exemplo, uma sociedade onde todos possuem a mesma quantidade de dinheiro e na qual todos os bens estão à venda. Segundo Walzer, ao final de uma semana, o dinheiro estaria desigualmente distribuído, pois alguns o teriam gasto, enquanto que outros provavelmente o teriam poupado ou investido. O mesmo ocorreria em um fictício sistema feudal no qual todos fossem igualmente honrados com um título de nobreza. Após um curto período, a destreza, a força, a bondade ou a sabedoria estariam estabelecendo distinções entre estes mesmos senhores.

Com efeito, falar de justiça não significa falar de igualdade simples. A instabilidade de uma sociedade de iguais é conseqüência da diferença que existe entre os indivíduos. A justiça não se volta contra a diferença, mas contra a submissão e a subordinação. Segundo Walzer, a luta por uma política igualitária não decorre da diferença entre ricos e pobres, mas da *"possibilidade de que os ricos lhe imponham a pobreza, de que determinem seu comportamento submisso"*.[220] Em uma palavra, falar de justiça é falar da ausência de dominação. E como esta só se viabiliza através de um conjunto específico de bens sociais, Walzer recorre ao que designa por *"igualdade complexa"*, forma de garantir a diferença e ao mesmo tempo controlar a dominação e a subordinação.

A igualdade complexa configura uma concepção de justiça que procura erradicar a dominação através de um processo distributivo que respeita os significados dos bens sociais e é, neste sentido, autônomo. Esta concepção de justiça admite uma variedade de monopólios locais, mas é incompatível com a idéia de que um bem predominante seja "conversível", isto é, favoreça o acesso aos demais bens sociais.

A concepção de justiça formulada por Walzer parte do pressuposto de que há várias categorias de bens que constituem esferas específicas com seus próprios princípios internos de distribuição. Neste sentido, poder político, honra, dinheiro, educação e saúde são bens distintos que devem ser distribuídos através de seus próprios critérios, socialmente definidos. Em cada uma das esferas específicas algumas pessoas serão capazes de obter uma maior quantidade de bens do que outras. Na esfera da política, por exemplo, a capacidade

---

[220] *Idem*, p. 10.

de persuasão determinará a quantidade de poder político que alguém pode obter, da mesma forma como a capacidade e o esforço intelectual atuam na esfera da educação, e o talento na esfera da fama. A justiça, com efeito, não é incompatível com esta variedade de monopólios locais. A injustiça aparece quando um bem social predominante viola a autonomia destas esferas e rompe com a significação do processo distributivo.

Se observarmos as sociedades capitalistas contemporâneas, podemos verificar que o dinheiro é o bem social predominante. Quando educação, assistência médica ou poder político, por exemplo, são comprados pelo dinheiro, a autonomia das esferas se rompe e, como conseqüência, são violados os significados destes bens - sociais e dos seus critérios de distribuição. Em resumo, *"a forma de obter justiça é patrulhar, cuidadosamente, as barreiras entre os bens, impedindo conversões entre bens cujos significados, e portanto princípios de justa distribuição, são distintos"*.[221]

As sociedades democráticas contemporâneas, e a sociedade norte-americana em particular, criaram determinados valores aos quais não se pode atribuir nenhum preço. Segundo Walzer, por mais controvertidos que possam ser, é possível, empiricamente, identificar certos "intercâmbios obstruídos". Em outras palavras, as sociedades democráticas definem aquilo que o dinheiro não pode comprar: pessoas, cargos políticos, sentenças criminais, educação fundamental, proteção policial etc. Estes "intercâmbios obstruídos", no caso da sociedade norte-americana, não incluem uma digna assistência à saúde para todos, e é o dinheiro que assegura cuidados médicos de bom nível. Segundo Walzer, o povo americano partilha da idéia de que a assistência médica é um bem muito importante para que seja distribuído de acordo com a capacidade de pagamento das pessoas que dele necessitam. Há, neste caso, uma violação do significado social do bem e dos seus critérios de distribuição.

Ao discutir o tema da assistência médica nos Estados Unidos, o "compromisso comunitário" de Walzer se revela claramente: *"não vejo razão alguma para respeitar a liberdade de mercado do médico"*,[222] pois a saúde não é mercadoria. Esta liberdade e o processo de compra e venda da saúde dela decorrente só podem ser assegurados uma vez

---

[221] Cf. Stephen Mulhall & Adam Swift. *Liberals & Communitarians, op. cit.*, p. 149.
[222] Cf. Michael Walzer. *Las Esferas de la Justicia, op. cit.*, p. 100.

garantidas as previsões de assistência médica fixadas pela comunidade através de decisões democráticas.

A análise sobre a distribuição da assistência médica na sociedade norte-americana traduz com precisão a maneira através da qual Walzer trata o tema da justiça. Segundo David Miller, ele focaliza, ao mesmo tempo, duas dimensões distintas: de um lado, as práticas e instituições médicas e, de outro, as crenças sobre estas mesmas práticas e instituições. E ele o faz porque *"olhar apenas as práticas ... seria santificar o status quo e negar seu papel crítico, o que está muito longe da intenção de Walzer"*. De outra parte, é possível fazer uma boa interpretação das crenças, *"descartando opiniões aberrantes em favor daquelas que são habituais"*.[223]

A maior parte das críticas contra a teoria da igualdade complexa se volta exatamente para esta relação entre práticas e crenças. Joshua Cohen, por exemplo, afirma que a estratégia de Walzer de tomar a teoria da igualdade complexa como perspectiva crítica capaz de revelar a incompatibilidade entre a distribuição efetiva e os valores da comunidade é equivocada. Afinal, em todos os exemplos históricos assinalados por Walzer, *"os valores de uma comunidade política são identificados através de suas práticas ... As práticas existentes servem de elemento de prova – de fato, como a única prova – para dar conta da consciência coletiva"*.[224] Amy Gutman, de sua parte, não vê como Walzer pode ser capaz de descobrir o significado social real de um bem, de vez que *"os significados sociais de alguns bens são múltiplos e estes significados múltiplos algumas vezes entram em conflito"*.[225]

A réplica de Walzer associa a produção dos significados sociais e sua interpretação ao tema da cidadania democrática. As instituições e práticas sociais são configuradas não por um sistema de valores coerentes, mas por um processo conflitivo que culmina com a deliberação democrática de indivíduos e grupos. Este processo, com efeito, é sempre parcial e incompleto. Walzer supõe que no interior das esferas os indivíduos e grupos, através de um processo deliberativo, definem, ainda que parcialmente, os significados dos bens e os

---

[223] Cf. David Miller. *Pluralism, Justice and Equality*, Introdução (David Miller e Michael Walzer eds.), *op. cit.*, p. 7.

[224] Cf. Joshua Cohen, *"El Comunitarismo y el Punto de Vista Universalista"*, *op. cit.*, pp. 78-79.

[225] Cf. Amy Gutman, *"Justice across the Spheres"*, *in Pluralism, Justice and Equality*, *op. cit.*, p. 99.

mecanismos apropriados para sua distribuição, ao mesmo tempo em que lutam para manter a integridade desta esfera contra qualquer tipo de intervenção externa. Conseqüentemente, é possível, por exemplo, imaginar professores de uma universidade lutando contra uma decisão externa que decide admitir como alunos apenas os membros de um determinado partido político. Nas palavras de Walzer, "*cidadãos são pessoas que não podem ser excluídos deste processo de argumentação, não apenas sobre os limites das esferas, mas também sobre o significado dos bens distribuídos*".[226]

Com efeito, a igualdade complexa supõe, em uma sociedade democrática, não apenas uma pluralidade de bens sociais e de "esferas de justiça" por eles constituídas, mas também cidadãos ativos que, protegendo as fronteiras e a autonomia das esferas nas quais atuam, impedem que o predomínio sobre bens se traduza em dominação sobre pessoas. De outra parte, como os significados dos bens e dos critérios de distribuição são configurados pelos homens e mulheres de uma comunidade política, através de um processo deliberativo democrático, tanto eles, quanto os filósofos que os interpretam, não podem tomá-los senão como parciais e incompletos. Não há, portanto, critério a partir do qual se possa avaliar a "verdade" destes significados sociais, porque não existe um ponto de vista imparcial do qual se possa partir. Qualquer moralidade mínima decorre, como assinalamos, dos significados sociais que integram moralidades densas.

Como vimos anteriormente, a inexistência deste ponto de vista moral mínimo afasta Walzer tanto de Rawls quanto de Habermas. De outra parte, ainda que Walzer e Habermas – ao contrário de Rawls – concordem quanto à impossibilidade de definir princípios substantivos de justiça – incompatível com a concepção de democracia deliberativa por ambos adotada – são distintos, nestes autores, os contornos deste processo de deliberação democrática. Enquanto Walzer ancora a deliberação pública sobre um *ethos* comunitariamente compartilhado, Habermas configura a democracia deliberativa como a institucionalização de procedimentos necessários a um debate público que não encontra restrições. Se, mais uma vez, incluirmos Rawls neste debate, veremos que a sua concepção sobre o debate público o circunscreve ao espaço das questões constitucionais e de

---

[226] Cf. Michael Walzer. "Response", *in Pluralism, Justice and Equality, op. cit.*, p. 287.

justiça fundamental. Temos, com efeito, três concepções distintas acerca do processo de deliberação pública: a proposta rawlsoniana de um "uso público da razão" limitado ao âmbito dos valores políticos; uma deliberação democrática limitada a um mundo específico de significações sociais, tal como formulada por Walzer; e, finalmente, a proposta de Habermas acerca de uma ética democrática cujo uso público da razão não encontra limites de qualquer espécie. Por trás destas divergências, o que está em questão é não apenas a autonomia daqueles que participam destes processos deliberativos, mas também a complexa relação entre liberdade e igualdade. Isto nos conduz ao nosso último tema.

3. A Lógica Liberal da Liberdade e a Lógica Democrática da Igualdade

Ainda que possam divergir acerca do formato e dos limites do processo de deliberação pública, liberais, comunitários e deliberativos estão comprometidos, como assinalamos, com a defesa de uma sociedade democrática liberal. A discordância entre eles, neste sentido, não se traduz em propostas diferenciadas de regimes políticos, mas sim em um debate *no interior* da própria democracia liberal acerca de suas prioridades. Em outras palavras, o debate se volta para a forma como se articulam as duas dimensões de um regime político liberal, ou seja, a lógica liberal da liberdade – os direitos humanos – e a lógica democrática da igualdade – a soberania popular.

Com efeito, ainda que liberdade e igualdade se constituam nos princípios de qualquer sociedade democrática liberal, podem ser distintas as formas de interpretação e hierarquização destes mesmos princípios. E a prioridade conferida à liberdade ou à igualdade vai depender da concepção de pluralismo que se venha a adotar.

Quando os liberais associam o pluralismo às diversas concepções individuais acerca da vida digna, optam claramente por conferir prioridade aos direitos fundamentais em detrimento da soberania popular. Seja em Rawls, seja em Larmore, o Estado, em uma sociedade democrática liberal, deve ser neutro em relação às diversas concepções individuais acerca do bem. É o "fato" do pluralismo – ou a existência do desacordo razoável – que impede a interferência do

Estado em relação às visões substantivas dos indivíduos. A prioridade dos direitos fundamentais é o que assegura a configuração de um Estado neutro, isto é, sem compromissos culturais que possam ir além da liberdade individual e do bem-estar dos cidadãos.

Apenas um espaço de deliberação pública restrito pode ser compatível com a concepção de pluralismo adotada pelos liberais. Por um lado, as concepções individuais sobre o bem não se confrontam no âmbito do espaço público. De outra parte, o domínio do político é integrado por valores – igual liberdade, respeito mútuo, igualdade de oportunidades – sobre os quais não há divergência possível. Quando Rawls limita o "uso público da razão" à esfera da política, ele restringe o debate público aos valores que, por sua própria natureza, constituem *"um ponto de vista não imposto"*. Neste sentido, a autonomia privada dos cidadãos está inteiramente garantida, uma vez que suas visões substantivas estão protegidas do processo deliberativo público, e este, por sua vez, está limitado a um consenso entre cidadãos razoáveis acerca de valores políticos incontestáveis.[227]

A preocupação dos liberais em assegurar a autonomia privada decorre necessariamente de uma concepção de pluralismo que é fortemente individualista. A defesa deste individualismo e, portanto, da prioridade da autonomia privada, é evidente, em Rawls, ao caracterizar a autonomia das partes na posição original. Ainda que os cidadãos tenham autonomia plena – não apenas a capacidade de ter uma concepção de bem (racionalidade), mas também um sentido de justiça (razoabilidade) – as partes, na posição original, são autônomas apenas no sentido de que atuam racionalmente em função de suas concepções de bem. Os cidadãos, plenamente autônomos, têm como representantes partes que carecem desta autonomia, mas que, ainda assim, fixam princípios de justiça aceitos por todos.

Não é por outra razão que a concepção política de justiça formulada por Rawls estabelece a prioridade do primeiro princípio de justiça em relação ao segundo. Afinal, representantes que agem apenas

---

[227] A concepção de pluralismo em Rawls – que assegura a incontestabilidade das concepções individuais acerca do bem – o obriga a justificar o espaço da política através de um argumento circular, na medida em que *"o liberalismo político pode estabelecer um consenso entre pessoas razoáveis que por definição são pessoas que aceitam os princípios do liberalismo político"*. Cf. Chantal Mouffe, "Democracy, Power and the Political", *in Democracy and Difference. Contesting the Boundaries of the Political*, (Seyla Benhabib ed.), Princeton, Princeton University Press, 1996, p. 250.

racionalmente não podem senão assegurar a prioridade da liberdade individual, isto é, dos velhos direitos subjetivos liberais – primeiro princípio de justiça –, ainda que fixem um limite que deve ser imposto aos cidadãos para garantir uma justa distribuição de bens – segundo princípio de justiça. Em outras palavras, a prioridade do primeiro princípio significa que a liberdade individual deve estar assegurada antes que se possa invocar o segundo princípio de justiça.

Se a prioridade da liberdade individual é, desde o início, assegurada na posição original, ao final do processo desenhado por Rawls é a restrição ao uso público da razão que vai garantir esta mesma prioridade. Com efeito, como a concepção política de justiça não autoriza os cidadãos nem a discutir suas concepções acerca da vida digna, nem a ultrapassar os limites fixados pelos "valores políticos" – questões constitucionais e temas de justiça fundamental não podem ser discutidos a partir dos valores que integram a subjetividade das visões individuais de mundo –, o processo democrático estará sempre restringido pelos direitos e liberdades individuais. A soberania popular e a legislação democrática dela decorrente estão, portanto, limitadas pelo espaço dos direitos individuais.

Para os comunitários, ao contrário, a soberania popular, enquanto participação ativa dos cidadãos nos assuntos públicos, tem prioridade frente aos direitos individuais. Ao invés de privilegiar a autonomia privada, os comunitários optam pela defesa da autonomia pública, ancorada nas ideias de atuação e participação. E mais uma vez é a concepção de pluralismo que vai configurar este compromisso. Se o pluralismo liberal assegura a autonomia privada e os direitos individuais, como garantia da subjetividade das concepções individuais sobre o bem, o pluralismo comunitário defende a autonomia pública e a soberania popular, compatíveis com a existência de diversos centros de influência social e poder político. De outra forma, se para os liberais a neutralidade do Estado decorre do "fato" do pluralismo, é o próprio pluralismo, enquanto diversidade de identidades sociais, que impede o Estado de tratar igualmente cidadãos com valores culturais distintos.

Ressalte-se, entretanto, que a prioridade conferida pelos comunitários à soberania popular não se traduz em qualquer postura contrária aos direitos individuais. Segundo eles, o grande equívoco dos liberais é supor que estes direitos são necessidades comuns compartilhadas por todos os indivíduos. Em outras palavras, os direitos fundamentais – direito à saúde, à educação, liberdade religiosa, de associação, devido processo legal etc. – não são necessidades universais, isto é, não são *"interesses que todos compartilham independentemente da ... raça, religião ou sexo"*.[228] Segundo Taylor, o liberalismo é inteiramente cego às diferenças, pois supõe que se constitui em um campo que pode ser compartilhado por diferentes culturas. A controvérsia relativa à publicação do livro *Versos Satânicos*, de Salman Rushdie, evidencia, de acordo com Taylor, esta dificuldade, pois a principal corrente do Islã *"não admite sequer falar sobre a separação entre a política e a religião da forma como esperamos que aconteça na sociedade liberal ocidental"*.[229] De qualquer forma, tanto Taylor quanto Walzer reconhecem a necessidade de que os indivíduos tenham os seus direitos básicos protegidos em qualquer sociedade democrática liberal. Defendem apenas que, além destes direitos, impõe-se o reconhecimento das necessidades particulares destes mesmos indivíduos enquanto membros de grupos culturais específicos.

Charles Taylor faz referência a dois tipos distintos de liberalismo. O liberalismo 1, aquele defendido por Rawls, que está comprometido com os direitos individuais e permanece neutro em relação à diversidade de identidades sociais, culturais ou religiosas. O liberalismo 2, pelo qual opta, *"permite um Estado comprometido com a sobrevivência e o florescimento de uma nação, cultura ou religião em particular, ou de um (limitado) conjunto de nações, culturas e religiões, na medida em que os direitos básicos dos cidadãos que têm diferentes compromissos ... estejam garantidos"*.[230]

Walzer, por sua parte, também caminha nesta direção ao afirmar que o liberalismo 2 é não apenas mais democrático, como melhor viabiliza o princípio da igualdade. Afinal, a igualdade não é garantida,

---

[228] Cf. Amy Gutmann. "Introducción", *in El Multiculturalismo y la política del reconocimiento* (Charles Taylor), *op. cit.*, p. 15.

[229] Cf. Charles Taylor. *El Multiculturalismo y la política del reconocimiento, op. cit.*, p. 92.

[230] Cf. Michael Walzer, "Comentario", *in El Multiculturalismo y la política del reconocimiento* (Charles Taylor), *op. cit.*, p. 139. Ao defender ações estatais que visam garantir a sobrevivência e o desenvolvimento de culturas específicas, Taylor utiliza como exemplo a Emenda Meech, que reconhecia a cidade de Quebec, no Canadá, como "sociedade distinta" e indicava que o Poder Judiciário deveria interpretar a Constituição canadense e sua Carta de Direitos levando em conta este reconhecimento. Com base na Emenda Meech, várias leis foram promulgadas, dentre elas aquela que proibia que filhos de franco-canadenses e imigrantes fossem enviados para escolas de língua inglesa.

segundo ele, pela neutralidade política em relação às diversas concepções de bem, porque, por vezes, exige que as instituições públicas fomentem valores culturais particulares, desde que, certamente, estejam assegurados os direitos básicos de todos os cidadãos. De outra parte, o liberalismo 2 configura uma concepção mais democrática, de vez que permite aos cidadãos optar, pela via de um consenso democrático, pela neutralidade estatal e, assim, pelo liberalismo 1. Esta possibilidade que o cidadão tem de optar pelo tipo de liberalismo que deseja constituir traduz precisamente o compromisso comunitário com a idéia de liberdade cidadã, a do participante ativo dos assuntos públicos.

Taylor e Walzer defendem, assim, um consenso ético comunitário que ao invés de um *eu* isolado, orientado pela subjetividade de sua própria visão de mundo, busca a constituição de um *nós*, animado por um sentimento de destino compartilhado. E o fato de compartilhar tem valor por si mesmo. Como os indivíduos vivem em ambientes culturais, a sua identidade é inseparável do sentimento de pertencimento a uma comunidade. De outra parte, o consenso ético, fundado na idéia de valores compartilhados, mas também de participação, oferece um marco para que as instituições que garantem a liberdade dos indivíduos não os torne alheios ao espaço público, na medida em que sua liberdade se constrói na comunidade política e a ela diz respeito.

Da defesa deste consenso ético decorre a crítica comunitária à prioridade conferida pelos liberais aos direitos individuais, pois nem o direito nem a justiça podem ser anteriores a determinadas concepções de bem socialmente constituídas.[231] Em *Esferas de Justiça*, Walzer afirma que a linguagem dos direitos individuais – associação voluntária, pluralismo, tolerância, privacidade, liberdade de expressão – é simplesmente inescapável, não porque, como defende Rawls, o direito tenha prioridade em relação ao bem, mas sim porque as sociedades democráticas contemporâneas, enquanto comunidades que partilham determinados valores, estão em grande medida capturadas

---

[231] Como assinala Carlos Thiebaut, para Taylor há "*sempre uma concepção de bem subjacente à qualquer concepção formal da ética (seja essa concepção a justiça, a dignidade do sujeito moral ou sua autonomia, ou a simetria dos participantes no discurso prático)*". Cf. Carlos Thiebaut. *Los Límites de la Comunidad*, Madrid, Centro de Estudios Constitucionales, 1992, p. 69.

por esse vocabulário.[232] Com efeito, há, segundo Walzer, uma concepção de bem nas sociedade democráticas contemporâneas segundo a qual a previsão constitucional dos direitos fundamentais é um valor compartilhado por todos.

A defesa da prioridade do bem sobre o direito, no entanto, não significa, segundo Walzer, que determinados compromissos comunitários possam justificar a violação de direitos humanos fundamentais. Ainda que a soberania popular tenha prioridade em relação aos direitos individuais, há um limite para a sua atuação. Walzer, como vimos, reconhece a existência de uma moralidade mínima de caráter universal. Esta moralidade mínima, apesar de não ter nenhuma dimensão fundacional, representa a justaposição de regras e princípios que são compartilhados por diferentes culturas e, neste sentido, permite que as várias identidades humanas, ainda que distintas, reconheçam valores comuns. No entanto, esta moralidade mínima tem uma outra função. Ela fixa os limites que a soberania popular não pode ultrapassar. Neste sentido, *"o minimalismo moral tem uma função crítica"*.[233] Ninguém deve esperar, no entanto, que através de uma moralidade mínima se possa estabelecer alguma espécie de crítica universal – *"o empreendimento crítico é necessariamente realizado a partir de moralidades densas"* – ,[234] mas é ela que assegura a não violação dos direitos humanos fundamentais.[235]

---

[232] Segundo Walzer, nas democracias contemporâneas, os direitos liberais têm ainda a função de assegurar a descriminalização da apostasia ou a possibilidade de "saída". Afinal, não se espera que os indivíduos tenham de romper com seus vínculos comunitários, mas se não há outra coisa a fazer, é desejável que os direitos liberais estejam disponíveis para permitir que isso possa ser feito. O relativismo de Walzer, nesse ponto, o aproxima dos liberais, de vez que ele admite que os indivíduos não estão obrigados a sustentar seus comprometimentos comunitários e as formas de socialização que eles implicam, podendo, desta maneira, submetê-los à revisão.

[233] Cf. Michael Walzer. *Thick and Thin. Moral Argument at Home and Abroad, op. cit.*, p. 13.

[234] *Idem*, p. 11.

[235] Ao publicar *Thick and Thin. Moral Argument at Home and Abroad*, em 1994, Walzer esclarece que o seu objetivo é realizar, em função das críticas, algumas revisões em seus argumentos sobre a justiça. Com efeito, ao admitir a existência de uma moralidade mínima de caráter universal, Walzer parece concordar com algumas das críticas feitas aos seus trabalhos anteriores. Ao defender, em *Esferas de Justiça*, a prioridade dos valores comunitários sobre os direitos individuais, Walzer desagradou a muitos. As críticas assinalavam basicamente que os seus

De qualquer forma, e ainda que limitada pela moralidade mínima, é através da soberania popular, segundo os comunitários, que as distintas identidades sociais e culturais conduzem os seus diversos processos criativos, expressando opiniões, desenvolvendo formas de vida específicas, através de linguagens, esquemas conceituais e instituições próprias. Ao mesmo tempo, a soberania popular faz da política um elemento constitutivo do processo social, pois é através da política que os integrantes de uma comunidade específica configuram, com vontade e consciência, as suas redes de reconhecimento recíproco. A prioridade da soberania popular sobre os direitos individuais, portanto, se traduz na prioridade da auto-realização ética sobre a autodeterminação moral.

A auto-realização ética está, portanto, associada à concepção comunitária de pluralismo enquanto diversidade de identidades - sociais e culturais, tanto quanto a autodeterminação moral se vincula ao pluralismo liberal das distintas concepções individuais sobre a vida digna. Ao configurar uma concepção de pluralismo que inclui tanto as subjetividades das visões acerca do bem, quanto as intra--subjetividades das diversas identidades culturais, Habermas não precisa estabelecer nenhuma ordenação hierárquica entre auto-realização ética e autodeterminação moral ou, em outras palavras, entre soberania popular e direitos humanos. Mais do que isso, Habermas procura estabelecer uma conexão entre as liberdades subjetivas privadas, defendidas pelos liberais, e a efetiva participação cidadã nos assuntos públicos, tão cara aos comunitários.

O objetivo inicial de Habermas é demonstrar que a autonomia privada e a autonomia pública pressupõem-se mutuamente. E, para tanto, procede a uma releitura dos direitos subjetivos que são, quase sempre, definidos como direitos negativos que protegem o mundo das ações individuais de intervenções indevidas. Segundo Habermas, os direitos subjetivos, *"ao nível conceitual, não se referem de modo imediato*

---

argumentos sobre a justiça não apenas não ofereciam qualquer perspectiva crítica que pudesse questionar a distribuição dos bens sociais em certas culturas, como poderiam até mesmo justificar determinadas práticas de violação de direitos fun damentais, como a da mutilação dos órgãos sexuais das mulheres islâmicas, sob o argumento de que elas não têm direito ao prazer sexual, segundo os valores compartilhados em certas comunidades muçulmanas. Ao formular a idéia de uma moralidade mínima universal inviolável, Walzer parece ter concordado com seus críticos.

a indivíduos atomizados e desunidos que se confrontam. Ao contrário, enquanto elementos da ordem jurídica, pressupõem a colaboração entre os sujeitos que mutuamente se reconhecem como co-associados livres e iguais perante o direito ... Esse reconhecimento mútuo é constitutivo de uma ordem jurídica da qual direitos acionáveis são derivados. Neste sentido, os direitos subjetivos surgem conjuntamente com o direito objetivo".[236] Em outras palavras, a autonomia privada e a autonomia pública pressupõem-se mutuamente porque os indivíduos inteiramente autônomos se constituem, ao mesmo tempo, em autores e destinatários do direito: " *não pode existir direito para todos sem liberdades subjetivas acionáveis que garantem a autonomia privada de sujeitos jurídicos individuais; e não há direito legítimo sem legislação democrática elaborada conjuntamente por cidadãos, que, como livres e iguais, participam deste processo*".[237]

Da ideia de que os destinatários são simultaneamente os autores do direito decorre, para Habermas, a conexão interna entre direitos humanos e soberania popular. Em um mundo "desencantado", a consciência normativa requer igualmente a autodeterminação moral e a auto-realização ética. O equívoco do debate entre liberais e comunitários, segundo Habermas, pode ser traduzido através da relação de oposição e competição que estabelecem entre direitos humanos e soberania popular. Para os liberais, os direitos humanos são apenas limites à vontade política do legislador, enquanto que para os comunitários eles só possuem caráter vinculante enquanto valores de uma tradição cultural compartilhada.

É exatamente o estabelecimento desta conexão interna entre direitos humanos e soberania popular que autoriza Habermas a se posicionar frontalmente contra um aspecto da argumentação comunitária, especialmente aquela elaborada por Taylor, que permite, sob certas condições, garantias de *status* que limitam os direitos humanos em favor da sobrevivência de formas de vida culturais ameaçadas (ver nota 230). Taylor parte do pressuposto de que em determinadas situações pode haver uma relação de oposição entre o direito de - iguais liberdades subjetivas e a proteção das identidades coletivas. Ora, se partirmos do enlace interno estabelecido por Habermas entre

---

[236] Cf. Jürgen Habermas. *Between Facts and Norms. Contributions to a Discourse. Theory of Law and Democracy, op. cit.*, pp. 88-89.

[237] Cf. Jürgen Habermas, "Reconciliation Through the Public Use of Reason: Remarks on John Rawls's Political Liberalism", *in The Journal of Philosophy, op. cit.*, p. 130.

autonomia privada e autonomia pública, percebemos que os cidadãos não podem nem mesmo chegar a gozar de certas liberdades subjetivas se eles mesmos, no exercício da soberania popular, não definem quais as normas e interesses que devem ser reconhecidos. E, em sociedades plurais, serão estabelecidas normas que irão assegurar um igual tratamento para grupos homogêneos, tanto quanto um tratamento diferenciado para grupos diversos. Nas sociedades democráticas contemporâneas, é da conexão interna entre direitos humanos e soberania popular que decorrem as normas que levam em conta tanto a desigualdade das condições sociais de vida, quanto as diferenças culturais.[238]

Segundo Habermas, é por interpretar equivocadamente o universalismo dos direitos humanos como abstração das diferenças que Taylor opta pelo liberalismo 2. A coexistência igualitária de diversos grupos em sociedades multiculturais não deve ser assegurada, de acordo com Habermas, por direitos coletivos que excedam os limites dos direitos fundamentais, cuja referência são os cidadãos individuais. Contestando Taylor ao afirmar que não se pode aplicar às culturas o mesmo tratamento dispensado pela ecologia à preservação das espécies, Habermas afirma que mundos culturais sobrevivem apenas quando os indivíduos que os compartilham, ainda que obrigados a confrontarem-se com culturas distintas, optam por regenerar a força de suas identidades culturais. Neste sentido, nem os legados culturais podem ser impostos, nem protegidos de avaliações críticas. Nas sociedades contemporâneas, a relação com o estranho é inevitável.

Parece não haver dúvidas de que o intercâmbio com o estranho atravessa não apenas os argumentos de Taylor e Walzer relativos à proteção de culturas ameaçadas, quanto a constatação de Habermas de que, nas sociedades democráticas plurais, é não apenas inevitável, como desejável, o confronto entre tradições culturais. Ainda que a esse respeito as posições destes autores sejam distintas, é possível estabelecer uma analogia entre a idéia de sociedade multicultural, tal como Taylor e Walzer a configuram, e a idéia de sociedade pós-con-

---

[238] Ver, a respeito, Jürgen Habermas, "Struggles for Recognition in the Democratic Constitutional State", tradução de Shierry Weber Nicholsen, *in Multiculturalism*, Amy Gutman (ed.), Princeton, Princeton University Press, 1994.

vencional, formulada por Habermas. Em ambas, o mundo do estranho é dominante. Se a heterogeneidade e a diferença decorrem, nas sociedades multiculturais, da diversidade das identidades sociais e culturais, na sociedade pós-convencional, elas são o resultado do fim das visões de mundo religiosas ou metafísicas imunes à crítica. A idéia de convivência entre estranhos também é a forma através da qual os liberais descrevem a complexidade das sociedades contemporâneas. Neste caso, são as diversas concepções individuais acerca do bem que conformam a heterogeneidade.

As distintas concepções de pluralismo e os argumentos acerca da justiça decorrem precisamente da maneira como liberais, comunitários e deliberativos lidam com a heterogeneidade e a diferença. O pluralismo liberal associa a conformação de uma sociedade justa à garantia da autonomia privada do cidadão. Daí o caráter inviolável da subjetividade das concepções individuais acerca da vida digna. Nas sociedades democráticas, a justiça, para os comunitários, está vinculada a uma concepção de pluralismo que assegura a autonomia pública e, portanto, a intra-subjetividade das diversas identidades sociais e culturais. Habermas, por sua parte, configura uma concepção de pluralismo segundo a qual tanto a subjetividade das concepções individuais sobre o bem, quanto a intra-subjetividade dos valores culturais que conformam as identidades sociais, podem ser submetidas a um amplo debate público, que fixará normas cujos destinatários serão os seus próprios autores. Daí a conexão interna entre autonomia privada e autonomia pública.

De qualquer forma, todos reconhecem que não é possível falar de justiça, nas sociedades democráticas contemporâneas, sem, ao mesmo tempo, enfrentar o tema do direito. Afinal, Rawls não espera que o caráter "razoável" dos indivíduos seja suficiente para manter a estabilidade social em um mundo caracterizado pela complexidade e pela diferença. Tampouco Taylor e Walzer esperam que a tolerância possa assegurar o equilíbrio entre grupos com poder, interesses e valores não apenas distintos, como incompatíveis. Habermas, por sua parte, igualmente reconhece que, embora no nível da fundamentação a razão prática possa alcançar um ponto de vista moral, no nível da aplicação é preciso "compensar" as limitações do discurso moral. Em outras palavras, todos estes autores reconhecem que, em face da debilidade seja da razoabilidade dos indivíduos, seja da tolerância ou da razão prática, ao direito, enquanto ordenamento jurídico dotado de poder coercitivo e sanção, é reservada a tarefa de garantir a estabilidade social, administrando os conflitos e definindo as regras do processo democrático.

Por terem adotado compromissos teórico-metodológicos distintos, liberais, comunitários e deliberativos conformaram perspectivas diferenciadas – por vezes nem tanto – acerca das relações entre ética e justiça. Como veremos a seguir, estes mesmos compromissos irão configurar propostas diversas sobre o Direito e a Constituição, a constitucionalização de direitos fundamentais e a atuação do Poder Judiciário. Alguns destes autores enfrentam estes temas em profundidade – Habermas mais do que Rawls –, enquanto que outros optam por uma análise menos minuciosa – Walzer e Taylor –, deixando para autores que com eles compartilham a defesa da autonomia pública a tarefa de aprofundar este debate.

3

O Direito entre o universalismo e o comunitarismo

A crítica do direito, da norma, das *disciplinas* foi certamente uma das marcas fundamentais da filosofia política nos anos 60 e 70. O direito era visto como uma das formas de exercício da violência, na medida em que não representava senão a instauração de um campo de relações de força no qual se manifestava a efetiva supremacia do mais forte. Com Foucault, a crítica do direito formulada pelo marxismo ganhava uma nova leitura. Se para Marx era uma ilusão qualquer esperança de emancipação do homem pela via do Estado de Direito, a perspectiva foucaultiana do direito enquanto força também era reveladora do triunfo do dominante sobre o dominado. Neste sentido, ao invés de falar na *força do direito*, os anos 60 e 70 parecem significar a "morte do direito".

No entanto, a partir dos anos 80, ao enfrentar, como vimos no capítulo anterior, o tema da justiça distributiva, a filosofia política conforma um movimento que se denomina *retorno ao direito*.[239] Este movimento parece estar intimamente vinculado, por um lado, à derrocada da grande utopia igualitarista e, por outro lado, ao reconhecimento de que em sociedades democráticas o pluralismo é não apenas inevitável, como desejado. Conseqüentemente, o *retorno ao direito* é a via através da qual se evita a violência, dada a inexorabilidade do pluralismo e do conflito nas democracias contemporâneas. Mas de onde

---

[239] Como assinalamos, é Pierre Bouretz, no livro *La Force du Droit* (*op. cit.*), quem se refere a este movimemto de *retorno ao direito*.

provém a *força do direito* nas sociedades atuais? Em direção a qual concepção de direito se deve retornar?

Quando Weber identifica a modernidade com um processo de *desencantamento* do mundo, ele observa que o direito rompe com qualquer espécie de transcendência. Liberado dos preconceitos, das tradições e das visões míticas do mundo, o indivíduo se torna capaz de dar a si mesmo o seu próprio direito. Esta é a essência do direito moderno: a submissão de todos a normas impessoais significa não mais estar sujeito ao arbítrio e à violência. Mas de onde provém a força legitimadora deste direito? Como ele pode prescindir da garantia metassocial de validade jurídica anteriormente representada pelo direito sacro? No âmbito da modernidade, são dois os caminhos que se pode trilhar. O primeiro pressupõe que o direito possui uma força legitimadora baseada em uma racionalidade autônoma, a ele imanente e desprovida de moralidade. Neste sentido, ou não há momento de incondicionalidade e temos, portanto, um direito puramente instrumental ou, na melhor das hipóteses, este momento de incondicionalidade é encontrado na própria forma do direito positivo. A segunda via parece nos remeter de volta ao passado, para, como os antigos, submeter as normas humanas a uma espécie de transcendência. À pura instrumentalidade ou legitimidade auto-referida opõe-se uma heteronomia do direito que assegura às suas regras um fundamento enquanto alternativa à perda de sentido engendrada pelo *desencantamento* do mundo.

É exatamente no âmbito desta segunda via, que busca dar um sentido ao direito para além de um positivismo cuja marca fundamental é um ceticismo ético associado à idéia do *desencantamento* do mundo, que podemos compreender como liberais, comunitários e crítico-deliberativos *retornam ao direito* nestes últimos anos. Em uma palavra, este movimento pressupõe uma necessária e intrínseca ligação entre a ética e o direito. Mas como se processa esta ligação? Como vimos, uma ética universalista é, segundo Rawls, o fundamento da ordem jurídica que inevitavelmente incorpora princípios de justiça. Para Walzer, as comunidades históricas possuem uma variedade de esferas de justiça nas quais o direito se fundamenta. Habermas, por sua parte, acredita que a institucionalização de procedimentos jurídicos permeáveis a discursos morais é a forma através da qual a legalidade engendra sua própria legitimidade. Com efeito, liberais, comunitários e crítico-deliberativos buscam dar um fundamento à ordem jurídica, resgatando o sentido do direito em uma sociedade que cada dia mais se juridifica.

Este crescente processo de normatização jurídica das diversas esferas da vida social conheceu, no âmbito da modernidade, diversas fases de desenvolvimento: dos direitos subjetivos clássicos na luta contra o absolutismo monárquico aos direitos sociais do Estado Providência, passando pelos direitos subjetivos públicos do Estado burguês de direito e pelos direitos de igual participação do Estado democrático.[240] O que o movimento de *retorno ao direito*, integrado por liberais, comunitários e crítico-deliberativos pretende é exatamente encontrar um fundamento ético para a crescente juridificação das relações sociais, que hoje envolve não apenas o mundo econômico, mas também aquilo que Habermas designa por *mundo da vida*. É, portanto, contra a racionalidade sistêmico-instrumental do positivismo jurídico que o movimento de *retorno ao direito* se constitui.

O compromisso positivista com esta racionalidade sistêmico-instrumental é o alvo, por vezes declarado, por vezes apenas pressentido, dos autores que integram o movimento de *retorno ao direito*. Afinal, a configuração de um sistema jurídico em que a legitimidade do direito está desvinculada de qualquer base de validade suprapositiva é a representação contemporânea do processo weberiano de *desencantamento* do mundo, que aqui se traduz em um positivismo jurídico desconectado de toda e qualquer fundamentação de natureza ética.

Mas se o direito não é apenas um sistema auto-referente de regras jurídicas, de onde ele tira sua força? Liberais, comunitários e crítico-deliberativos, em luta contra um positivismo jurídico desprovido de fundamento ético-moral, configuram respostas distintas a esta questão, ainda que por vezes compartilhem ideias comuns. Neste processo, elegem dois temas centrais – a Constituição (com seu sistema de direitos) e a Interpretação Constitucional – e a partir deles definem qual é a estrutura normativa mais adequada para as democracias contemporâneas.

---

[240] A esse propósito, ver Marcelo Neves, "Entre Subintegração e Sobreintegração: A Cidadania Inexistente", *in DADOS – Revista de Ciências Sociais*, Rio de Janeiro, vol. 37, nº 2, 1994.

1. A Constituição e o Sistema de Direitos Constitucionais

Como vimos no capítulo anterior, liberais, comunitários e crítico-deliberativos partilham a ideia de que o pluralismo é a marca fundamental das sociedades democráticas contemporâneas. Mais do que isso, reconhecem a existência de uma conexão intrínseca entre pluralismo e democracia, pois em um mundo *desencantado* a democracia requer o respeito pela heterogeneidade e pela diferença. A tolerância, com efeito, é, para todos, uma exigência democrática.

O pluralismo, no entanto, possui, como também assinalamos, -várias dimensões. Enquanto Rawls o associa à multiplicidade de concepções individuais sobre o bem, Walzer opta por vinculá-lo à diversidade das identidades sociais, ao passo que a concepção proposta por Habermas inclui as duas dimensões anteriores. Neste sentido, se há uma estreita conexão entre pluralismo e democracia, as várias dimensões do pluralismo irão conformar concepções diversas acerca do processo democrático.

Quando os liberais decidem conferir prioridade às visões individuais de mundo, não têm outra alternativa senão tomar as chamadas "liberdades dos modernos"[241] – liberdade de consciência, liberdade de expressão, liberdade religiosa, direitos individuais em geral – enquanto restrições ou limites ao processo democrático. Em outras palavras, como a autonomia privada tem prioridade em relação à autonomia pública, *"ao processo democrático cumpre a tarefa de programar o Estado no interesse da sociedade, entendendo-se o Estado como o aparato de administração pública e a sociedade como o sistema ... de relações entre pessoas privadas"*.[242] Os comunitários, por seu turno, ao voltarem sua atenção para os mundos plurais que integram as democracias contemporâneas, invertem a perspectiva liberal na medida em que dão primazia à autonomia pública. Aqui, as "liberdades dos antigos" – os direitos políticos de participação – são elementos constitutivos do processo democrático. A regra da maioria é substituída pela idéia de política

---

[241] Foi Benjamin Constant, em 1819, quem se referiu à distinção entre as *liberdades dos antigos* e as *liberdades dos modernos*. Ver Benjamin Constant. *Liberty of the Ancients Compared with that of the Moderns (Political Writings)*, tradução de Biancamaria Fontana, Cambridge, Cambridge University Press, 1988.

[242] Cf. Jürgen Habermas. "Três Modelos Normativos de Democracia", traduzido do espanhol por Gabriel Cohn e Álvaro de Vita, *in Lua Nova, Revista de Cultura e Política*, no 36, 1995, p. 39.

deliberativa que conforma uma vontade comum através de um entendimento ético. Finalmente, quanto à concepção procedimental de política deliberativa, tal como formulada por Habermas, tanto os interesses privados de indivíduos isolados, como a vontade coletiva dos cidadãos unidos, são contemplados por uma teoria da democracia estruturada em termos de institucionalização das regras do discurso e das formas da argumentação.

As "liberdades dos modernos", prioritárias para os liberais, são, na verdade, liberdades negativas no sentido de que entraves não devem ser interpostos ao seu pleno exercício. Usando a expressão adotada por Dworkin, estes direitos subjetivos são "trunfos" contra possíveis decisões de maiorias eventuais que procurem restringir as liberdades individuais. As "liberdades dos antigos", prioritárias para os comunitários, são, por sua vez, liberdades positivas que asseguram a capacidade coletiva de tomar decisões políticas e de controlá-las. São estes direitos políticos de participação, atribuídos aos cidadãos enquanto sujeitos politicamente responsáveis, que asseguram a experiência de autogoverno.

O compromisso com o processo de auto-realização dos sujeitos, assegurado pelas "liberdades dos modernos", leva os liberais a conferir um lugar central à dimensão normativa das democracias contemporâneas – constitucionalização dos direitos fundamentais, separação de poderes, administração pública submetida à lei. De outra parte, o compromisso com a autodeterminação cidadã, garantida pelas "liberdades dos antigos", conduz os comunitários a defenderem mais o processo de participação política em uma prática comum, do que uma estrutura normativa que impeça coações externas à liberdade individual. Ao ingressar neste debate, Habermas acredita na possibilidade de conciliar as liberdades dos modernos com as liberdades dos antigos, de vez que, segundo ele, nas sociedades democráticas contemporâneas deve ser concedido um lugar central ao processo político de formação da vontade comum, mas sem que isto signifique abrir mão da sua estruturação em termos de Estado de Direito: *"a teoria do discurso entende os direitos fundamentais e os princípios do Estado de Direito como uma resposta conseqüente à questão de como institucionalizar os exigentes pressupostos comunicativos do processo democrático. A teoria do discurso não faz a realização de uma política deliberativa depender de uma cidadania coletivamente capaz de ação, mas sim da institucionalização dos correspondentes procedimentos e pressupostos comunicativos. Essa teoria já não opera com o conceito de um todo social centrado no Estado, que pudéssemos representar como um sujeito em grande escala com ação voltada para metas. Ela tampouco localiza esse todo em um sistema de normas constitucionais que regulem o equilíbrio de poder e o compromisso de interesses de modo inconsciente e mais ou menos automático."*[243]

Ainda que a opção – ou a ausência dela – pelos direitos subjetivos ou pelas liberdades positivas possa separar liberais, comunitários e crítico-deliberativos, eles partilham a ideia de que nas democracias contemporâneas todos os cidadãos são livres e iguais. Para Rawls, porque são livres e iguais os cidadãos têm o direito de buscar a realização de sua concepção razoável de bem, sem que interferências externas impeçam este movimento. Walzer, por sua vez, afirma que homens e mulheres, enquanto integrantes de uma comunidade de livres e iguais, têm o direito de conformar o mundo no qual querem conjuntamente viver. Habermas, de sua parte, vê os cidadãos como livres e iguais na medida em que são os autores do sistema jurídico cujas normas a eles próprios se destinam. Ressalte-se, no entanto, que a despeito das divergências, é precisamente porque compartilham – ainda que por razões distintas – a ideia segundo a qual todos os cidadãos são livres e iguais, que liberais, comunitários e crítico-deliberativos defendem, para as democracias contemporâneas, não apenas a existência de uma Constituição, como também a constitucionalização dos direitos fundamentais. No entanto, e como veremos a seguir, isto não significa que a Constituição e seu sistema de direitos tenham o mesmo significado ou cumpram o mesmo papel. Ao contrário, também aqui as diferenças são significativas.

a) A Proposta Liberal: Constituição-Garantia e Liberdades Negativas

Em seu sentido liberal, a ideia de liberdade significa a capacidade que cada cidadão possui de ter a sua concepção razoável acerca da vida digna e de procurar realizar os objetivos por ela fixados, sem interferências impeditivas externas. É precisamente isto o que Rawls tem em mente, ao fixar a prioridade do primeiro princípio de justiça – *"Cada pessoa tem igual direito a um esquema plenamente adequado de direitos e liberdades básicas iguais que seja compatível com um esquema semelhante de*

---

[243] *Idem*, p. 47.

direitos e liberdades para todos; e neste esquema, as liberdades políticas iguais, e somente estas liberdades, têm que ser garantidas por seu justo valor" – sobre o segundo – *"As desigualdades sociais e econômicas têm que satisfazer duas condições: primeira, devem se relacionar com postos e posições abertos para todos em condições de plena eqüidade e de igualdade de oportunidades; e segunda, devem redundar no maior benefício dos membros menos privilegiados da sociedade."*[244] Com efeito, os direitos e liberdades básicas, assegurados pelo primeiro princípio, cumprem o papel fundamental de garantir ao cidadão a possibilidade de realizar os fins configurados pela concepção de bem que adotou para si. Entretanto, como Rawls reconhece que a carência de meios materiais – ignorância, pobreza – impede os indivíduos de exercerem seus direitos e desfrutarem as oportunidades abertas para todos, com vistas à realização de seus projetos pessoais, o segundo princípio de justiça – que trata *"de assegurar uma distribuição eqüitativa (não necessariamente igual) de recursos escassos"*[245] – vem assegurar uma distribuição de bens primários[246] que permita aos indivíduos a realização dos seus projetos de vida. Ressalte-se que a carência material pode afetar a utilidade que os direitos e liberdades básicas possam ter para os indivíduos – daí a necessidade do segundo princípio de

---

[244] Cf. John Rawls. *Liberalismo Político, op. cit.*, p. 31.

[245] Cf. Álvaro de Vita. *Justiça Liberal. Argumentos liberais contra o neoliberalismo*, Rio de Janeiro, Paz e Terra, 1993, p. 48.

[246] Rawls enumera cinco classes de bens primários: os direitos e liberdades básicas; a liberdade de ir-e-vir e de escolha de ocupação; os poderes e as prerrogativas dos cargos e postos de responsabilidade; renda e riqueza; e as bases sociais do auto-respeito. Ver *Liberalismo Político, op. cit.*, pp. 285-286. Os direitos e liberdades básicas, portanto, integram os bens primários. Quando as partes, na posição original, formulam o primeiro princípio de justiça e lhe conferem prioridade, asseguram uma igual distribuição entre todos os cidadãos destes direitos e liberdades básicas. Rawls aqui equipara direitos e liberdades a bens. Como assinala Habermas, por fazer esta equiparação, Rawls adota um conceito de justiça que é próprio de uma ética do bem – mais próxima dos comunitários – e não de uma teoria dos direitos, como a que pretende construir. Nas palavras de Habermas, direitos não podem ser equiparados a bens porque *"bens são ... o que é bom para nós. ... Direitos podem ser "usufruídos" apenas por serem "exercitados". Eles não podem ser assimilados a bens distribuíveis sem perder o seu sentido deontológico (...) direitos, em primeira instância, regulam relações entre atores: eles não podem ser "possuídos" como coisas"*. Cf. Jürgen Habermas, "Reconciliation Through the Public Use of Reason: Remarks on John Rawls's Political Liberalism", *in The Journal of Philosophy, op. cit.*, p. 114.

justiça,[247] – mas a prioridade do primeiro princípio assegura uma igual distribuição para todos destes direitos e liberdades básicas: "*na justiça como imparcialidade as liberdades básicas em pé de igualdade são as mesmas para cada cidadão e não se formula a pergunta de como compensar uma menor liberdade. Mas o valor ou a utilidade da liberdade não é igual para todos.*"[248]

Ao enumerar os direitos e as liberdades básicas que devem ser igualmente distribuídos, Rawls não apresenta uma relação exaustiva e precisa. Refere-se às liberdades políticas[249] (liberdade de consciência, liberdade de expressão e liberdade de associação), ao direito de ir-e-vir, ao direito de ter propriedades pessoais,[250] ao direito de dedicar-se a uma ocupação e "*aos demais direitos e liberdades que o império da*

---

[247] O segundo princípio de justiça estabelece duas condições a partir das quais as desigualdades sociais podem ser aceitas: a primeira está associada a cargos abertos para todos em igualdade de condições; a segunda é o que Rawls denomina *princípio da diferença*, segundo o qual as desigualdades sociais podem ser admitidas desde que beneficiem os membros em pior situação social. Não há dúvidas de que o objetivo de Rawls, ao formular este princípio, foi o de buscar neutralizar os efeitos das desigualdades sociais e não aboli-las. Com efeito, Rawls admite como um "*fato natural*" as desigualdades sociais decorrentes seja da posição social de nascimento seja dos distintos talentos e capacidades individuais. No entanto, se este *fato natural* não é injusto por si mesmo, podem ser injustas as formas pelas quais as instituições sociais lidam com ele. Daí a necessidade do princípio da diferença que assegura o bem-estar dos cidadãos a despeito das desigualdades naturais que possam diferenciá-los. Ver a respeito Álvaro de Vitta, "A Tarefa Prática da Filosofia em John Rawls", *in Lua Nova, Revista de Cultura e Política*, n<u>o</u> 25, 1992.

[248] Cf. John Rawls. *Liberalismo Político, op. cit.*, p. 301.

[249] Dentre os direitos e liberdades básicas, a liberdade política, segundo Rawls, tem um papel fundamental não "*porque a vida política e a participação de cada um no autogoverno democrático sejam consideradas o bem primordial para os cidadãos plenamente autônomos*", mas porque "*é essencial para estabelecer uma justa legislação e também para assegurar que o processo político especificado na Constituição esteja aberto para todos com base em uma igualdade aproximada*". Cf. John Rawls. *Liberalismo Político, op. cit.*, p. 304. De acordo com Rawls, é por assegurar o justo valor da liberdade política e associá-la ao segundo princípio de justiça, que a justiça como imparcialidade não pode ser acusada de tomar os direitos e liberdades básicas como algo puramente formal.

[250] De acordo com Rawls, "*entre as liberdades básicas está o direito de ter e conservar o uso exclusivo de suas propriedades pessoais*". Cf. John Rawls, *Liberalismo Político*,

lei ampara".[251] Como assinala Dworkin, ao comentar a intenção de Rawls, estes direitos e liberdades básicas pressupõem uma sociedade democrática com certo grau de desenvolvimento econômico e - incluem as liberdades políticas, o direito de ter alguma propriedade, o direito ao devido processo legal, enfim *"o que se poderia denominar liberdades liberais convencionais"*.[252]

São estes direitos e liberdades básicas que, no âmbito de uma sociedade bem ordenada, asseguram, segundo Rawls, o respeito de cada cidadão por si mesmo, na medida em que viabilizam a realização de sua concepção individual sobre a vida digna. Ao mesmo tempo, como estes direitos e liberdades básicas são a todos garantidos, revelam o respeito mútuo que existe entre os cidadãos. Neste sentido, os direitos e liberdades básicas permitem o desenvolvimento das duas capacidades morais que caracterizam o cidadão em uma sociedade bem ordenada, ou seja, a capacidade de ter um sentido de justiça e a capacidade de ter uma concepção de bem.

De outra parte, estes direitos e liberdades básicas devem formar um sistema coerente. Na hipótese de conflito entre elas, *"uma liberdade básica pode ser limitada ou negada apenas em favor de uma ou mais liberdades básicas diferentes e nunca por razões de bem público ou valores perfeccionistas"*.[253] É precisamente por isso que os direitos e liberdades básicas possuem, para Rawls, um caráter inalienável,[254] de vez que nenhuma ação política coletiva, ainda que majoritária, pode violar este sistema coerente de direitos e liberdades. Como assinala Rawls, *"a prioridade das liberdades básicas implica que elas não podem ser negadas de forma justa a ninguém, nem a nenhum grupo de pessoas, nem a todos os cidadãos em geral,*

---

op. cit., p. 277. No entanto, deve-se acrescentar que tanto a extensão quanto os limites deste direito de propriedade devem ser previstos na legislação infraconstitucional, levando-se em consideração as circunstâncias e tradições históricas da sociedade em questão.

[251] *Idem*, p. 308.

[252] Cf. Ronald Dworkin. *Los Hombres Detrás de las Ideas. Filosofía y Política – Diálogo con Ronald Dworkin, op. cit.*, p. 260.

[253] Cf. John Rawls. *Liberalismo Político, op. cit.*, pp. 274-275.

[254] Ressalte-se, no entanto, que Rawls não considera imprópria a decisão individual de abrir mão, por uma questão religiosa, por exemplo, de um direito ou liberdade básica.

baseando-se no fundamento de que isto é o desejo ou a preferência de uma abru-madora maioria política comprovada, por mais forte e durável que seja."[255] É a própria concepção de cidadão, como indivíduo livre e igual, que subordina sua conduta à prioridade que os direitos e liberdades bási-cas possuem.

Segundo Rawls, é do caráter inalienável dos direitos e liberda-des básicas que decorre o papel da Constituição em uma sociedade bem ordenada. A Constituição, segundo ele, conforma um procedi-mento político justo que fixa as restrições pelas quais os direitos e liberdades básicas são não apenas assegurados como têm garantida a sua prioridade. Esta, segundo Rawls, é a concepção de Constituição mais compatível com a cultura política das sociedades democráticas contemporâneas e não está fundada, em primeira instância, nos prin-cípios de justiça formulados pelas partes na posição original, ainda que esteja de acordo com a concepção política de justiça. Senão veja-mos.

Quando as partes, na posição original, formulam o primeiro princípio de justiça, além de assegurar direitos e liberdades básicas para todos, garantem um justo valor para as liberdades políticas. Este primeiro princípio de justiça deve, segundo Rawls, ser aplicado na etapa seguinte, ou seja, a dos delegados que, em uma convenção, vão elaborar o texto constitucional mais apropriado para regular a vida de cidadãos livres e iguais em uma sociedade bem ordenada. O resul-tado disso é que a Constituição, enquanto procedimento político justo, irá necessariamente prever as restrições constitucionais contra a violação não apenas das liberdades políticas, mas também dos direitos e liberdades básicas relativos à capacidade do indivíduo de ter e de buscar realizar a sua concepção acerca da vida digna. Nas palavras de Rawls, *"estas restrições são simplesmente o resultado da aplicação do primeiro princípio de justiça na etapa da convenção constitucional."*[256] No entanto, se o primeiro princípio de justiça assegura o justo valor da liberdade política, porque a ação política de cidadãos unidos, com base nesta mesma liberdade política a eles assegurada, não poderia impor restrições aos demais direitos e liberdades básicas? Isto, segundo Rawls, é impossível pela razão de que estas restrições não decorrem apenas da incorporação do primeiro princípio de justiça à convenção constitucional, mas também do fato de que não pode

---

[255] Cf. John Rawls. *Liberalismo Político, op. cit.*, p. 334.
[256] *Idem*, p. 310.

haver cooperação social baseada no mútuo respeito entre cidadãos livres e iguais se os direitos e liberdades básicas não estiverem imunes a qualquer tipo de violação. É precisamente por isso que a concepção de Constituição-garantia, enquanto procedimento assegurador dos direitos e liberdades básicas, é compatível com a justiça como imparcialidade.

Ressalte-se, de outra parte, que se esta concepção de Constituição-garantia é compatível com a justiça como imparcialidade, ela não incorpora, no entanto, o segundo princípio de justiça. De acordo com Rawls, é a própria história constitucional das sociedades democráticas que revela a ausência da necessidade de constitucionalização dos princípios distributivos que regulam as desigualdades econômicas e sociais.[257] Com efeito, a Constituição deve fundamentalmente assegurar os direitos e liberdades básicas e, como decorrência disto, configurar ainda a instituição da revisão judicial (*judicial review*), enquanto garantia de que a legislação infra-constitucional será com ela compatível. Todo o resto "*se deixa nas mãos da etapa legislativa*".[258]

Parece não haver dúvidas de que a constitucionalização dos direitos e liberdades básicas assegura um "*âmbito de liberdade negativa*",[259] necessário, segundo Rawls, para o desenvolvimento das capacidades morais dos cidadãos em uma sociedade bem ordenada. Estas

---

[257] De resto, como o segundo princípio de justiça está associado a liberdades que, ainda que importantes, não são consideradas básicas – e podem, neste sentido, ser restringidas –, não há necessidade de sua previsão constitucional. Como exemplo de que o segundo princípio de justiça pode restringir liberdades consideradas não básicas, Rawls trata das restrições à publicidade relativa à oportunidade de emprego. Na medida em que o segundo princípio de justiça exige que as desigualdades estejam vinculadas a cargos abertos para todos em condições de igualdade, todos os anúncios de emprego estão proibidos de veicular expressões consideradas discriminatórias, sejam relativas à etnia, sexo ou raça. Ver, a respeito, John Rawls, *Liberalismo Político*, *op. cit.*, pp. 332 e segs.

[258] Cf. John Rawls. *Liberalismo Político, op. cit.*, p. 312.

[259] Cf. Álvaro de Vitta, "A Tarefa Prática da Filosofia em John Rawls", *in Lua Nova, Revista de Cultura e Política, op. cit.*, p. 23. Charles Larmore, ainda mais claramente do que Rawls, afirma que a idéia de liberdade negativa integra a idéia liberal de bem comum. O direito, segundo Larmore, não limita a liberdade, mas sim a torna possível, na medida em que garante o espaço para o desacordo razoável acerca da vida digna. Tal como Rawls, Larmore

capacidades morais dos cidadãos – ter um sentido de justiça e uma concepção de bem – estão, desta forma, tanto na origem dos princípios de justiça formulados na posição original, como na fundamentação da constitucionalização dos direitos e liberdades básicas. É por este motivo que todo o ordenamento jurídico infraconstitucional elaborado nas etapas legislativas posteriores deve ser configurado de acordo com os dois princípios de justiça e com a própria Constituição. Rawls, neste sentido, enfrenta o ceticismo moral do positivismo jurídico não apenas formulando uma concepção de justiça, mas ancorando a Constituição e todo o ordenamento jurídico em princípios de justiça que, por sua vez, respondem às capacidades morais de cidadãos livres e iguais.

Ao lado de Rawls no que diz respeito à admissão de que o conjunto das idéias liberais possui uma moral constitutiva própria, é Dworkin, no entanto, quem melhor enfrenta o positivismo jurídico e o seu ceticismo moral, propondo uma concepção de *"direito como integridade"*, necessária para aquilo que designa por *"leitura moral da Constituição"*.[260] Como afirma Paul Ricoeur, *"a teoria positivista do direito é o alvo permanente de Dworkin"*.[261]

Dworkin, tal como os positivistas, reconhece inicialmente que o direito tem um caráter instrumental na medida em que *"sua finalidade é fornecer uma justificação para o uso da força contra cidadãos individuais ou grupos"*.[262] No entanto, o direito não se restringe a um conjunto de normas cuja função primordial é o estabelecimento de um procedimento imparcial de regulação de comportamentos e resolução de conflitos. Além deste caráter instrumental, o direito possui uma dimensão moral substantiva que se revela na existência de princípios que, ao lado das normas, o integram. Estes princípios, caracterizados como exigências da moralidade política, são representados pelos

---

acredita que a neutralidade liberal acerca das concepções de bem se configura na constitucionalização dos direitos básicos e das garantias do cidadão. Ver, a respeito, Charles Larmore, *The Morals of Modernity*, *op. cit.*, pp. 121 a 127.

[260] A expressão "leitura moral da Constituição" integra o subtítulo do último trabalho de Dworkin, publicado em 1996 – *Freedoms Law. The Moral Reading of the American Constitution*, Cambridge, Harvard University Press.

[261] Cf. Paul Ricoeur. *Le Juste*, Paris, Ed. Seuil, 1995, pág. 166.

[262] Cf. Ronald Dworkin. *Laws Empire*, Cambridge, Harvard University Press, 1986, p. 109.

seguintes ideais: uma estrutura política justa, que distribui corretamente o poder político; uma justa distribuição de recursos e oportunidades e, finalmente, um processo eqüitativo de fixação das normas que os estabelecem (*procedural due process*).[263] Entretanto, do fato de que o direito é integrado não apenas por normas, mas também por princípios, não decorre que se trate apenas de uma espécie de catálogo de regras e princípios aplicáveis a determinados domínios. O direito, segundo Dworkin, é, na verdade, mais do que isso. O direito, com efeito, é *interpretação* e *integração*.

Ao procurar ultrapassar a mera dimensão instrumental do direito, incluindo no seu âmbito os princípios decorrentes da moralidade política, Dworkin formula a idéia segundo a qual o direito é uma atitude interpretativa. E este processo hermenêutico, por sua vez, se fundamenta na concepção de "*integridade*". De acordo com Dworkin, a "integridade" é um ideal político segundo o qual o Estado ou a comunidade devem atuar enquanto agentes morais, no sentido de que suas ações precisam ser compatíveis com um conjunto de princípios, "*mesmo quando seus cidadãos estão divididos a respeito do que os princípios corretos de justiça e imparcialidade realmente são*".[264]

É precisamente neste ponto que se evidencia o compromisso de Dworkin com o liberalismo, pois, a despeito do desacordo razoável que separa os indivíduos – para usar a expressão de Larmore –, o ideal político da integridade assegura o respeito e o cumprimento dos princípios morais. As decisões públicas tomadas pelo Estado ou pela comunidade, enquanto agentes morais, sejam relativas à produção legislativa (*legislation*), sejam referentes às decisões judiciais (*adjudication*), devem ser justificadas pelos princípios exigidos pela moralidade política. Neste sentido, desta necessidade – de que tanto as normas quanto as decisões judiciais sejam coerentes com os princípios morais – decorre a idéia de direito como interpretação, agora traduzido por Dworkin na concepção de direito como integridade.

O direito como integridade encontra sua legitimidade na idéia de reciprocidade. Afinal, ainda que separados por projetos, interesses ou convicções – e a despeito de que nem mesmo os princípios de justiça e imparcialidade possuem um sentido unívoco – os indivíduos que integram as democracias contemporâneas partilham, segundo

---

[263] Ver, a respeito, *Laws Empire*, *op. cit.*, pp. 164 a 167.
[264] Cf. Ronald Dworkin. *Laws Empire*, *op. cit.*, pp. 166.

Dworkin, uma compreensão de justiça segundo a qual todos os cidadãos devem ser tratados com igual respeito. Com efeito, o direito como integridade assegura a cada cidadão o seu lugar (*princípio da participação*), o seu interesse na vida coletiva (*princípio da implicação*), tanto quanto a sua autonomia em relação à comunidade (*princípio da autonomia*).[265]

A idéia de reciprocidade, que legitima o direito como integridade, atravessa os três princípios formulados por Dworkin. Segundo o princípio da participação, cada pessoa deve ter um lugar *"que lhe permita influenciar o conteúdo da decisão política"*. Ainda que o talento ou a fortuna possam diferenciar os indivíduos, *"o papel de cada um deve ser ajustado ao fato de que ele é um membro igual aos outros"*.[266] O princípio da igual implicação exige a reciprocidade na medida em que um indivíduo é membro de uma comunidade quando são considerados tanto os efeitos da ação coletiva sobre os seus interesses pessoais quanto os efeitos de suas ações sobre os interesses dos demais membros.[267] Finalmente, *"se os cidadãos de uma comunidade integrada devem ser encorajados a considerar o julgamento ético e moral como sua responsabilidade"*,[268] este julgamento é sempre individual e não coletivo. Em outras palavras, convicções morais e políticas são pessoais e nenhum governo ou comunidade pode constranger ou procurar moldar as concepções individuais acerca do bem.

O direito como integridade, portanto, não apenas incorpora como se fundamenta em princípios que são exigências da moralidade política. Ao contrário de Rawls, Dworkin não elabora qualquer esquema contratual hipotético do qual direitos e deveres são derivados, ainda que, tal como Rawls, recorra a uma interpretação construtivista da cultura política das democracias contemporâneas. A partir

---

[265] Ver, a respeito, Ronald Dworkin, "Deux conceptions de la démocratie", *in L'Europe au Soir du Siècle. Identité et Démocratie* (org. Jacques Lenoble), Paris, Ed. Esprit, 1992.

[266] Cf. Ronald Dworkin, "Deux conceptions de la démocratie", *in L'Europe au Soir du Siècle. Identité et Démocratie, op. cit.*, p. 130.

[267] Dworkin cita como exemplo o fato de que se os alemães que se opuseram a Hitler tiveram de suportar uma parcela de culpa pelo genocídio judeu, seria um absurdo supor que o mesmo sentimento fosse partilhado pelos judeus alemães. Ver, a respeito, Ronald Dworkin, "Deux conceptions de la démocratie", *in L'Europe au Soir du Siécle. Identité et Démocratie, op. cit.*

[268] *Idem*, p. 133.

deste processo interpretativo, Dworkin formula o modelo da *"comunidade de princípios"*, enquanto plano de representação, segundo o qual *"as pessoas são membros de uma genuína comunidade política apenas quando os seus destinos estão fortemente entrelaçados: elas aceitam que são governadas por princípios comuns e não por regras forjadas em um compromisso político"*.[269] A exigência de que o Estado ou a comunidade atuem enquanto agentes morais, respeitando os princípios nos âmbitos legislativo e judicial, é resultado de que os direitos e garantias dos indivíduos decorrem do fato histórico de que a comunidade adotou este esquema de princípios. Que não se pense, no entanto, que ao descrever o Estado como agente moral que atua segundo um esquema de princípios, Dworkin esteja, de alguma maneira, formulando uma concepção de justiça fundada no relativismo ético e, neste sentido, comprometido com os ideais do pensamento "comunitário". Ao contrário, ainda que agente moral, o Estado liberal *"deve ser independente de qualquer concepção acerca da vida digna"*.[270]

Importa ressaltar que este compromisso com a neutralidade – e, portanto, com a pretensão à universalidade que o paradigma de justiça deve ter –, não se traduz, segundo Dworkin, em uma separação absoluta entre o justo e o bem. O liberalismo, ao contrário, não pode ser uma política da esquizofrenia ética e moral que pede aos indivíduos que, ao atuarem politicamente, coloquem entre parênteses as suas próprias convicções morais. Contra isto que define como *"estratégia de descontinuidade"* – adotada por Rawls –, Dworkin opõe uma *"estratégia de continuidade"*, que vincula a ética e a política, configurando um tipo de liberalismo – *"igualitário"* –, fundado em uma concepção de bem segundo a qual todos os indivíduos têm um igual valor moral.[271] A estratégia da continuidade distancia Dworkin de uma "concepção política" de liberalismo e o vincula a uma teoria compreensiva segundo a qual a moral constitutiva do liberalismo *"é uma teoria da igualdade que requer a neutralidade do governo em relação às concepções acerca da vida digna"*.[272] Em outras palavras, o governo atua

---

[269] Cf. Ronald Dworkin. *Laws Empire, op. cit.*, p. 211.

[270] Cf. Ronald Dworkin. *A Matter of Principle*, Cambridge, Harvard University Press, 1985, p. 191.

[271] Ver, a respeito, Ronald Dworkin. *Ética Privada e Igualitarismo Político*, tradução de Antoni Domènech, Barcelona, Ed. Paidós, 1993, p. 59 e segs.

[272] Cf. Ronald Dworkin. *A Matter of Principle, op. cit.*, p. 203.

"corretamente" quando trata igualmente os membros de uma comunidade política.

O liberalismo de Dworkin funda-se, portanto, na idéia de que uma verdadeira comunidade política deve tratar os seus integrantes como cidadãos que possuem um igual *status* político e moral. Esta igualdade, que pressupõe os indivíduos como agentes morais independentes, exige que direitos fundamentais lhes sejam atribuídos, para que tenham a oportunidade de influenciar a vida política, realizar os seus projetos pessoais e assumir as responsabilidades pelas decisões que sua autonomia lhes assegura. Estes direitos fundamentais, enquanto direitos morais, devem estar garantidos pela Constituição, através do seu sistema de direitos fundamentais, pois *"tratar cidadãos com igual respeito significa respeitar as liberdades individuais que são indispensáveis para aqueles fins, aí incluídas, mas não a elas limitadas, as liberdades especificadas na Constituição"*.[273] Ressalte-se, ainda, que a Constituição e sua carta de direitos, da mesma forma que a concepção de direito como integridade, é formada por normas, mas também por princípios. Daí a necessidade de uma *"leitura moral da Constituição"*.[274] É precisamente porque a Constituição e o sistema de direitos fundamentais incorporam princípios morais, que as normas infraconstitucionais e as decisões judiciais devem ser compatíveis com o que Dworkin agora designa como *"Constituição como integração"*. Esta concepção de Constituição se refere *"aos princípios morais abstratos e os incorpora como referência e limite ao poder governamental"*.[275]

Segundo Dworkin, é da concepção de Constituição como integração – enquanto garantia da indisponibilidade dos direitos e liberdades fundamentais – que decorre, por um lado, a justificação do instituto da revisão judicial (*judicial review*), que autoriza os juízes a não reconhecer como válidas as normas incompatíveis com os princípios morais inscritos na Constituição. Por outro lado, esta idéia de Constituição se encontra na origem da concepção de "democracia constitucional", tal como formulada por Dworkin.

---

[273] Cf. Ronald Dworkin. *Freedoms Law. The Moral Reading of the American Constitution, op. cit.*, p. 8.

[274] As considerações de Dworkin sobre a *"leitura moral da Constituição"* serão objeto de consideração na segunda parte deste capítulo.

[275] Cf. Ronald Dworkin. *Freedoms Law. The Moral Reading of the American Constitution, op. cit.*, p. 7.

Ao configurar a concepção de democracia constitucional, Dworkin elege, desde logo, os seus adversários. Identificando nos comunitários os defensores do que designa por "democracia majoritária" – segundo a qual *"as normas que o processo democrático institui ... são aquelas que a maioria dos cidadãos aprova"* –[276]Dworkin a eles opõe a concepção de democracia constitucional, pela qual *"as decisões coletivas são tomadas pelas instituições públicas, cujas práticas, estrutura e composição consideram todos os membros da comunidade como indivíduos com direito a igual respeito e consideração"*.[277]

Dworkin admite que os comunitários reconhecem que os direitos morais individuais devem ser respeitados pela maioria política. No entanto, eles nunca deixam de afirmar o quão injusto é impedir a maioria política de definir o seu próprio destino. O compromisso dos comunitários com as "liberdades dos antigos", ou seja, com *"este tipo de liberdade que estadistas, revolucionários, terroristas e humanitários têm em mente quando insistem que a liberdade deve incluir o direito ... do povo de governar a si mesmo"*, revela, segundo Dworkin, *"a mais potente e perigosa idéia política do nosso tempo: a autodeterminação"*.[278]

Ao optar pelas "liberdades dos modernos", Dworkin afirma que os direitos e liberdades fundamentais são indisponíveis e o respeito pela Constituição é uma das formas pela qual esta indisponibilidade é assegurada. Isto não significa, no entanto, que Dworkin desconheça a força da ação coletiva ou recuse liminarmente a idéia de que o povo, em uma sociedade democrática, governa a si mesmo. Opondo-se ao direito à auto-determinação, Dworkin afirma que o equívoco dos comunitários é associar a democracia à regra da maioria, que se traduz em uma *"ação coletiva estatística"* – em que uma maioria de cidadãos individuais, através do voto, toma decisões políticas – e não em uma *"ação coletiva comunal"*, que pressupõe uma entidade

---

[276] *Idem*, p. 18.

[277] *Idem*, p. 19.

[278] *Idem*, pp. 21-22. A idéia de autodeterminação pode, segundo Dworkin, fortalecer o sentimento das pessoas que querem ser governadas por grupos com os quais se identificam, não porque pertencem todos a uma mesma comunidade, mas por questões relativas à religião, raça ou identificação lingüística. E quando isto não acontece, *"eles olham a comunidade política que não satisfaz esta demanda como uma tirania, não importando o quão justa e satisfatória ela possa ser"*. Cf. Ronald Dworkin. *Freedoms Law. The Moral Reading of the American Constitution, op. cit.*, p. 21.

distinta da maioria, isto é, o conjunto da cidadania coletivamente entendida. A ação coletiva estatística subjuga, segundo Dworkin, a vontade dos demais membros da comunidade e, neste sentido, os direitos de participação política, isto é, as "liberdades dos antigos" devem estar subordinadas a uma concepção de democracia constitucional que toma os membros da comunidade como agentes morais autônomos que devem ser tratados com igual respeito e consideração.

A democracia constitucional, própria de uma comunidade de princípios, configura uma Constituição que "*toma os direitos seriamente*",[279] na medida em que, segundo Dworkin, resguarda as liberdades e direitos fundamentais de qualquer revisão proveniente de um processo político deliberativo. As liberdades positivas – os direitos de participação política – são, de alguma forma, transferidos por Dworkin, através da concepção de ação coletiva comunal, para o conjunto dos cidadãos como um todo. A indisponibilidade dos direitos fundamentais decorre, neste sentido, do seguinte argumento: a comunidade deve respeitar os direitos dos seus membros sob pena de eles não se verem enquanto tais; e, nesta hipótese, eles não estão democraticamente governando a si mesmos quando respeitam as normas estabelecidas pela comunidade. Para Dworkin, os direitos fundamentais são, portanto, uma exigência democrática.

O liberalismo de Dworkin, de forma muito mais acentuada que o de Rawls, admite, como vimos, a importância que a vida ética da comunidade pode ter para o indivíduo que, em seu âmbito, busca realizar os seus projetos pessoais de vida. É precisamente neste sentido que Dworkin se refere ao "*republicanismo cívico liberal*",[280] quando discute as obrigações que o indivíduo possui em relação à sua própria comunidade. Entretanto, como ele também afirma que os acordos políticos não são capazes de dar conta de todas as dimensões éticas da vida individual, o princípio da autonomia moral exige que direitos fundamentais indisponíveis sejam atribuídos aos cidadãos. Daí a afirmação de Pierre Bouretz de que "*a problemática de Dworkin vincula-se à idéia de uma humanidade portadora de direitos pré-políticos*", e configura "*uma estrutura que corresponde a um direito natural moderno*".[281]

---

[279] Cf. Ronald Dworkin. *Laws Empire, op. cit.*, p. 369.

[280] *Idem*, p. 176 e segs.

[281] Cf. Pierre Bouretz. *La Force du Droit, op. cit.*, p. 68.

Ressalte-se, finalmente, que Dworkin está correto quando afirma que os comunitários nada têm a opor aos direitos e liberdades fundamentais, nem à sua inclusão nas Constituições contemporâneas. Com efeito, a crítica comunitária ao liberalismo não nega a importância, especialmente para as sociedades democráticas atuais, dos direitos e liberdades básicas. Os comunitários, no entanto, recusam a ideia de que estes direitos, tal como proposto por Dworkin, possam ter uma existência independente da vida ética comunitária – de vez que não são pré-políticos –, ou possam ser identificados com um conjunto de liberdades negativas que assegura a autonomia moral individual. Senão vejamos.

b) A Proposta Comunitária: Constituição-Projeto e Liberdades Positivas

Os direitos fundamentais são universais ou esta exigência de universalidade viola o particularismo dos diferentes processos históricos? Em um de seus mais importantes trabalhos,[282] Michael Walzer procura responder esta questão formulando uma distinção entre dois tipos de universalismos: o *"universalismo da lei englobante"* e o *"universalismo reiterativo"*. O primeiro tipo configura e define os indivíduos em função de direitos fundamentais a eles atribuídos; o segundo tipo admite o valor universal destes direitos – à liberdade, à igualdade, à autonomia –, mas afirma que são apenas formulações abstratas caso a criatividade humana, historicamente situada, não os interprete de forma particular e específica. E apenas a autodeterminação pode assegurar esta ação hermenêutica.

Walzer recorre à ideia de que os povos compartilham de um único Deus "englobante", que tem compromissos com o bem-estar de todos. Este Deus universal, entretanto, "reitera" suas bênçãos das mais distintas maneiras. Em outras palavras, os povos têm autonomia e criatividade para interpretar diferentemente os compromissos divinos. Tanto quanto Deus, a ideia de justiça também é universal, mas as suas formas de realização estão vinculadas à autodeterminação dos homens que configuram mundos morais particulares. É precisamente por isso que a justiça, segundo Walzer, se fundamenta no

---

poder de agir e este, por sua vez, pressupõe uma concepção de indivíduos autônomos, *"porque se nós valorizamos a autonomia, nós queremos que cada homem e cada mulher vivam suas próprias vidas, pois se todas as vidas fossem envelopadas em um único dispositivo de leis englobantes, a idéia de 'aquilo que nos é próprio' não teria nenhum sentido"*.[283]

Contemporaneamente, a tese formulada por Dworkin de que os homens devem ser tratados com igual respeito e consideração é, segundo Walzer, uma das melhores traduções desta ideia de lei englobante. Walzer assinala que ainda que as regras e princípios que protegem os direitos fundamentais sejam globais, os seus conteúdos não são estabelecidos por uma espécie de razão universal, mas por razões particulares que determinam inclusive os significados múltiplos que a própria idéia de respeito pode ter: reconhecimento, honra, *status* etc. Ao mesmo tempo, não há como supor que as razões particulares irão configurar o conteúdo ou o significado destes direitos fundamentais sem pressupor uma idéia de cidadania ativa fortemente engajada nesta ação hermenêutica.[284]

---

[283] Cf. Michael Walzer, "Le Deux Universalismes", *in Esprit, op. cit.*, p. 123.

[284] Como vimos no capítulo anterior, Walzer reconhece que a fragmentação é a característica fundamental da sociedade democrática contemporânea e que tem sido limitada a vontade dos indivíduos de dedicarem tempo e energia à política. No entanto, é possível, segundo Walzer, afirmar que *"no quadro dos partidos e dos movimentos sociais que têm lutado pela expansão da cidadania democrática (movimentos de trabalhadores, feministas, a luta pelos direitos civis nos EUA e seus equivalentes em outros países, o movimento ecologista), qualquer coisa do sentimento da comunidade tem conseguido sobreviver; estes movimentos têm sem dúvida suscitado um sentimento de solidariedade, um ativismo e um engajamento quotidiano de um grande número de homens e mulheres"*. Ainda que fragmentada, *"a sociedade civil hoje é igualmente um domínio de cooperação, onde os cidadãos trabalham em conjunto em vista do interesse comum (...) É possível fazer da cidadania uma experiência mais concreta e mais realista; ela permite ampliar a vida pública e a responsabilidade cívica"*. Cf. Michael Walzer, "Communauté, citoyenneté et jouissance des droits", tradução de Jean-Claude Monod, *in Esprit*, Paris, nº 230/231, março/abril de 1997, pp. 130-131. É importante salientar que nem todos os representantes do pensamento "comunitário" compartilham do otimismo de Walzer. Michael Sandel, em seu mais recente livro, afirma que *"a despeito da expansão dos direitos nas décadas recentes, os americanos sentem-se frustrados por estarem perdendo o controle das forças que governam suas vidas"* ... *"Os discursos políticos estão preocupados com escândalos (...), com confissões em programas de entrevistas (...) Não se pode dizer que a filosofia pública do liberalismo contemporâneo é inteiramente responsável por estas tendências. Mas sua visão do discurso político também restringe as*

Neste sentido, os direitos fundamentais que integram as Constituições das sociedades democráticas contemporâneas não são, como deseja Dworkin, direitos pré-políticos, nem, como afirma Rawls, resultado da capacidade moral dos indivíduos. Para Walzer, se as sociedades democráticas estão capturadas pela linguagem dos direitos – privacidade, associação voluntária, liberdade de expressão –, isto é consequência do fato de que eles traduzem valores por elas compartilhados: "*a linguagem dos direitos humanos não é outra coisa senão nossa maneira particular de falar de certos valores humanos geralmente aceitos*".[285] No entanto, ainda que as democracias contemporâneas partilhem a linguagem dos direitos, isto não significa que Walzer defenda a prioridade do direito sobre o bem. Se para os liberais o desacordo razoável exige a neutralidade estatal, o Estado, segundo Walzer, em uma sociedade liberal, deve apoiar aqueles grupos que mais intensamente defendam os valores compartilhados por uma sociedade liberal.[286] Neste sentido, a previsão constitucional dos direitos fundamentais expressa mais a vontade e a auto-determinação da comunidade do que o reconhecimento do que os indivíduos naturalmente são. Quando a Constituição reconhece que os cidadãos têm o direito de reunirem-se pacificamente, isto traduz, na verdade, uma vontade: a de que ocorram reuniões pacíficas de cidadãos. Com efeito, a Constituição, nesta perspectiva, define um projeto e não apenas um procedimento neutro que assegura direitos e liberdades.

Tanto quanto Walzer, Taylor acredita que os direitos fundamentais constitucionalmente assegurados traduzem mais a vontade e a autodeterminação da comunidade do que um espaço de independência individual em relação à autoridade estatal ou aos demais indivíduos. Em outras palavras, o sistema de direitos constitucionais assegura as liberdades positivas enquanto capacidade de determinação e controle de uma existência conjunta.

---

energias morais da vida democrática". Cf. Michael Sandel. *Democracys Discontent. America in Search of a Public Philosophy*, Cambridge, Harvard University Press, 1996, p. 323.

[285] Cf. Michael Walzer, "Conversacion con Michael Walzer" (Chantal Mouffe entrevista Michael Walzer), *in Leviatán, Revista de Hechos e Ideas, op. cit.*, p. 58.

[286] Ver, a respeito, Michael Walzer, "La Crítica Comunitarista del Liberalismo", *in Agora, Cuadernos de Estudios Políticos, op. cit.*, e "La Justice dans les Institutions", *in Esprit*, n̲o̲ 180, março/abril de 1992.

Segundo Taylor, atribuir direitos fundamentais aos indivíduos significa necessariamente afirmar o valor de certas capacidades humanas, como, por exemplo, o direito de escolher sua própria forma de vida ou o direito de expressar convicções religiosas ou políticas. Ao mesmo tempo, atribuir direitos reconhecendo capacidades significa ainda admitir que estas capacidades devem ser desenvolvidas e isto não pode ser feito senão em uma sociedade cujas práticas culturais assegurem esta possibilidade. O sentimento de pertencimento a uma comunidade é, portanto, anterior, segundo Taylor, ao processo de atribuição de direitos. A identidade de indivíduos autônomos, portadores de direitos, não pode ser adquirida espontaneamente; ela é fruto de *"práticas comuns, de formas de reconhecimento ... na vida comum, da maneira de deliberar conjuntamente ... e de uma certa forma de reconhecimento da individualidade e do valor da autonomia ... Em outros termos, o agente moral livre autônomo não pode obter e manter sua identidade senão em um certo tipo de cultura"*.[287]

Nesta perspectiva, a Constituição – com seu sistema de direitos – significa, na verdade, uma matriz, um projeto social integrado por um conjunto de práticas comuns que determinam a identidade dos indivíduos autônomos que, por sua vez, têm a obrigação *"de restaurar ou de sustentar a sociedade na qual esta identidade é possível"*.[288] A Constituição, enquanto projeto, revela, neste sentido, um sentimento compartilhado, uma identidade e uma história comuns, um compromisso com certos ideais.

Ao traduzir os direitos fundamentais como liberdades positivas – enquanto participação ativa da cidadania no processo de deliberação pública –, Taylor recorre ao que designa como "identificação patriótica", ou seja, o sentimento de pertencimento a uma comunidade de valores compartilhados. Segundo ele, *"o patriotismo republicano continua sendo uma força na sociedade moderna"*.[289] Quando os cidadãos americanos foram tomados pela indignação por ocasião do escândalo *Watergate*, foi este patriotismo republicano, segundo Taylor, o responsável pelo processo de mobilização popular: *"o que os cidadãos*

---

[287] Cf. Charles Taylor. *La Liberté des Modernes*, tradução de Philippe de Lara, Paris, PUF, 1997, pp. 247-248.
[288] Cf. Charles Taylor. *La Liberté des Modernes, op. cit.*, p. 253.
[289] Cf. Charles Taylor, "Propósitos Cruzados: el debate liberal-comunitario", *in El Liberalismo y la Vida Moral*, Nancy Rosenblum (org.), tradução de Horacio Pons, Ediciones Nueva Visión, Buenos Aires, 1993, p. 191.

ultrajados consideravam que havia sido violado era precisamente uma regra de justiça, uma concepção liberal do império da lei. Foi com isto que se identificaram e em cuja defesa, como seu bem comum, se levantaram".[290]

Este patriotismo republicano, tal como concebido por Taylor, pode ser equiparado à idéia de cidadania ativa que, em Walzer, define e interpreta, com vontade e consciência, o conteúdo dos direitos fundamentais. Com efeito, o patriotismo republicano, ao traduzir os valores comuns compartilhados, pressupõe uma cidadania que recupera, atualiza e assegura os direitos fundamentais, tanto quanto influencia o processo político decisório. Não há dúvidas, portanto, que Walzer e Taylor, ao conferirem prioridade às liberdades positivas que asseguram uma cidadania ativa ou um patriotismo republicano, atribuem à autonomia pública a tarefa de configurar e interpretar a Constituição enquanto projeto que traduz uma vontade coletiva. São os trabalhos de Bruce Ackerman, no entanto, que melhor revelam o compromisso com este *"constitucionalismo patriótico"*.[291]

Ressalte-se, inicialmente, que na origem deste "constitucionalismo patriótico" se encontra a idéia central em torno da qual Ackerman configura a Constituição enquanto *"um ato profundo de autodeterminação política"*:[292] os direitos fundamentais do cidadão não são direitos substantivos, mas procedimentais. Com efeito, ao contrário de Rawls e Dworkin, segundo os quais os direitos básicos têm um conteúdo substantivo – igualdade ou igual respeito e consideração –, para Ackerman todos os indivíduos têm o direito básico de participar de um processo político deliberativo no qual determinam o conteúdo substantivo dos demais direitos fundamentais, da mesma forma como definem os seus destinatários primordiais: *"o primeiro, e mais fundamental, é o direito de cada indivíduo ao reconhecimento dialógico como um cidadão em uma conversação política em desenvolvimento"*.[293] É o diálogo social que define o conteúdo substantivo dos direitos fundamentais.

---

[290] *Idem*, p. 192.

[291] Bruce Ackerman utiliza a expressão *"constitucionalismo patriótico"* em *El Futuro de la Revolución Liberal*, tradução de Jorge Malem, Barcelona, Editorial Ariel, 1995, p. 68.

[292] Cf. Bruce Ackerman. *El Futuro de la Revolución Liberal*, *op. cit.*, p. 54.

[293] Cf. Bruce Ackerman. *La Justicia Social en el Estado Liberal*, tradução de Carlos Rosenkrantz, Madrid, Centro de Estudios Constitucionales, 1993, p. 206. Ainda que tivesse, nos anos 70, publicado pelo menos dois trabalhos *(Economic Foudations of Property Law* – 1975 e *Private Property and the Constitution*

Ao associar os direitos fundamentais ao processo argumentativo público, Ackerman se volta contra as teorias contratualistas que derivam os direitos básicos dos indivíduos de um contrato hipotético. Configurar o contrato como o vínculo central que une os indivíduos é transformar, segundo Ackerman, a cidadania em algo que pode ser adquirido subitamente, sem qualquer vinculação com a cultura política compartilhada em uma comunidade.[294] Se, ao contrário, é o diálogo o laço central que une a todos, a cidadania não pode estar senão enraizada nas idéias fundamentais da própria comunidade política. É precisamente por isso que *"os direitos só adquirem realidade após as pessoas se confrontarem com o fato da escassez e começarem a argumentar acerca de suas conseqüências normativas"*.[295]

– 1977), foi com a publicação de *Social Justice in the Liberal State*, em 1980, que Ackerman obtém projeção e reconhecimento no âmbito da teoria política norte-americana. Neste texto, Ackerman assume a defesa do liberalismo, especialmente no que diz respeito à exigência da neutralidade estatal em relação às concepções individuais acerca do bem. Durante os anos 80 e 90, Ackerman publica *Reconstructing American Law* (1984), *We the People. Foundations* (1991) e *The Future of Liberal Revolution* (1992), textos vinculados ao debate constitucional, nos quais se define mais como republicano do que liberal. Ainda que tenha estabelecido, em *Social Justice in the Liberal State*, um compromisso com a defesa de um amplo processo de argumentação pública – fundamento dos seus trabalhos posteriores –, é nestes últimos textos que Ackerman se compromete definitivamente com a defesa dos ideais democráticos. Como assinala Carlos F. Rosenkrantz, *"estranhamente, em seus últimos escritos constitucionais, Ackerman se apresenta primeiro como um democrata e, após, como um liberal"*. Cf. Carlos F. Rosenkrantz, "Introduccion a la edicion en castellano", *in La Justicia Social en el Estado Liberal, op. cit.*, nota 13 da p. 18.

[294] Ackerman compartilha com Walzer e Taylor a idéia de que a identidade individual não é constituída senão por referência à comunidade social na qual se insere. O equívoco dos contratualistas, segundo Ackerman, é supor a existência de individualidades que atuam, em um espaço pré-político, como seres independentes. Em suas palavras, *"esta imagem requer que ignoremos os fatos mais fundamentais de nossa própria individualidade. Não se pode ocultar o fato de que até o indivíduo mais obtuso não adquire um sentido de individualidade por si mesmo. Seu sentido de si mesmo (...) é inexplicável sem uma referência aos critérios da cultura (...) na qual foi socializado"*. Cf. Bruce Ackerman. *La Justicia Social en el Estado Liberal, op. cit.*, p. 386.

[295] *Idem*, p. 37.

O direito de participar do debate público, enquanto direito fundamental, está na origem daquilo que Ackerman define como constitucionalismo patriótico. Segundo ele, em alguns momentos da história, as comunidades políticas, através de uma consciente ação coletiva de mobilização popular, podem renovar e redefinir a sua identidade política comum. E o fazem, muitas das vezes, alterando ou criando uma Constituição, que se traduz em *"um potente símbolo político de identidade nacional, e não apenas um fetiche legalista"*.[296] Observando tanto os processos revolucionários ocorridos no Leste Europeu após 1989, como as significativas mudanças políticas verificadas nos Estados Unidos por ocasião do *New Deal* e do movimento pelos direitos civis, Ackerman ressalta a necessidade de que esta cidadania mobilizada afirme, através de mudanças constitucionais ou da criação de novas Constituições, a sua identidade política renovada. Se estes momentos históricos são o resultado de um esforço coletivo que repudia certas características do passado, *"então uma Constituição oferece (...) uma possibilidade para definir afirmativamente os princípios que separam a nova era do velho regime"*.[297] Há, portanto, uma conexão intrínseca entre "revolução" e "Constituição".

Esta conexão entre processo de mobilização política e mudança constitucional é o tema central de um dos mais importantes trabalhos de Ackerman: *We the People*.[298] Ao propor, neste texto, um modelo de "democracia dualista", Ackerman estabelece uma distinção entre, por um lado, as políticas rotineiras cujas decisões cabem aos representantes do povo ou à burocracia estatal e, por outro lado, as "transformações no sistema", cuja responsabilidade é exclusiva do povo – *we the people* – como tal. Tanto quanto a democracia, a Constituição também é dualista, ou seja, ela *"procura distinguir duas diferentes decisões que podem ser tomadas em uma democracia. A primeira é a decisão do povo. A segunda, a dos governantes"*.[299]

---

[296] Cf. Bruce Ackerman. *El Futuro de la Revolución Liberal, op. cit.*, p. 54.

[297] *Idem*, p. 75.

[298] *We the People. Foundations*. Cambridge, Harvard University Press, 1991.

[299] Cf. Bruce Ackerman. *We the People. Foundations, op. cit.*, p. 6. Ressalte-se que em *We the People* as considerações de Ackerman sobre a democracia e a Constituição dualistas referem-se à história americana. No entanto, em outros textos – especialmente em *O Futuro da Revolução Liberal* – observamos que as considerações de Ackerman são cosmopolitas o suficiente para que ele as utilize ao se referir a contextos históricos distintos. De resto, a história

Ackerman acredita que a concepção de democracia dualista é compatível com o fato de que a virtude cívica dos cidadãos não é suficiente para mantê-los cotidianamente comprometidos com um processo de deliberação pública. No entanto, isto não significa que os cidadãos são apenas ou primordialmente sujeitos portadores de direitos. A própria história do constitucionalismo norte-americano comprova, segundo Ackerman, que a autodeterminação do povo, em certos momentos, é capaz de romper com o passado, alterar o presente e determinar os rumos do futuro.

Ao interpretar a história do constitucionalismo norte-americano, Ackerman identifica três momentos nos quais o povo realizou "transformações no sistema", conformando e redefinindo a sua própria identidade política: na Convenção de Filadélfia de 1787, quando se configura a Constituição Americana;[300] no "reencontro" de 1865-1870, quando, após a guerra civil, são estabelecidas Emendas Constitucionais (*Civil War Amendments*); e, finalmente, por ocasião do *New Deal*, em 1930. Os fundadores federalistas, em 1787, rompem com o passado na medida em que não ratificam os procedimentos fixados pelos Artigos da Confederação (*Articles of Confederation*) que exigiam a unanimidade da Confederação para alterações constitucionais. As emendas da Reconstrução tampouco teriam sido ratificadas se os republicanos tivessem levado em consideração o princípio disposto no Artigo V da Constituição. Da mesma forma, as transformações resultantes do *New Deal* não teriam

---

americana é quase sempre o pano de fundo das discussões entre liberais e comunitários.

[300] É importante observar que Ackerman reconhece que a Convenção de Filadélfia não significou de forma alguma um processo de mobilização popular. Ao contrário, foi inteiramente controlada e monopolizada por uma "oligarquia branca", sem que a maior parte da população americana tivesse sido ali representada. No entanto, este momento fundacional é importante, segundo ele, porque esta oligarquia branca criou uma Constituição cuja linguagem e instituições não foram repudiadas pelas gerações de mulheres e negros que, nos séculos XIX e XX, lutaram por uma cidadania plena. A despeito de sua origem elitista, o potencial desta tradição constitucional foi utilizado tanto durante o *New Deal*, quanto por ocasião do movimento pelos direitos civis. Ver, a respeito, Bruce Ackerman *We the People. Foundations, op. cit.*, pp. 315-316.

sido possíveis se a Suprema Corte não tivesse repudiado o seu compromisso com os princípios do *laissez-faire*.[301] Nesta perspectiva, Ackerman pretende demonstrar que, a despeito da longa sobrevivência da Constituição, não é possível, como supõe a maioria, interpretar a história constitucional americana a partir de uma ideia de continuidade. Ao contrário, estes momentos históricos revelam rupturas, revoluções, no sentido de que as regras fundamentais da prática política sofreram transformações substanciais. Todos estes momentos históricos decisivos – e outros, segundo Ackerman, certamente virão – demonstram que o povo, quando assim deseja, é capaz de discutir e deliberar sobre temas constitucionais que irão alterar de maneira significativa a comunidade que habitam.

Com esta interpretação da história constitucional americana, Ackerman busca revelar que tanto a democracia como a Constituição são dualistas, pois asseguram a autonomia privada dos indivíduos nos momentos em que não há mobilização política da comunidade em seu conjunto – e, neste sentido, protegem os seus direitos –, mas também garantem a plena autonomia pública dos cidadãos quando eles decidem alterar e redefinir a sua própria identidade política. E, neste último caso, não há limites ao processo de autodeterminação da comunidade política.

---

[301] Segundo Ackerman, a Convenção de Filadélfia, em 1787, viola os Artigos da Confederação que exigiam um consenso unânime dos treze estados americanos para que uma nova emenda constitucional fosse instituída. A Constituição Americana opta por permitir a instituição de emendas constitucionais desde que aprovadas por dois terços dos estados da federação. As emendas da Reconstrução (a décima ter ceira, que estabelece o fim da escravidão; a décima quarta, que estende os direitos de cidadania aos negros e a décima quinta, que assegura o direito de voto aos cidadãos americanos, aí incluídos os negros) são instituídas através de um processo que desafia o princípio fixado no artigo V da Constituição Americana, ou seja, a exigência de que as emendas constitucionais deveriam obter o apoio tanto do governo nacional, como dos estados da federação. Finalmente, as transformações decorrentes do *New Deal* foram possíveis na medida em que a Suprema Corte rompe com a defesa de um capitalismo livre de intervenções governamentais e passa a deixar de considerar inconstitucional a legislação que fixa limites à liberdade contratual. Ver, a respeito, Bruce Ackerman, *We the People. Foundations*, *op. cit.*, Cap. II.

As concepções de democracia e Constituição dualistas afastam Ackerman de liberais como Rawls[302] e Dworkin. Como ele próprio admite, estes e outros liberais atribuem à Constituição a tarefa primordial de proteger os direitos fundamentais contra eventuais decisões majoritárias. Ackerman designa estes autores como *rights foundationalists*, para os quais a soberania popular deve ser limitada por um compromisso inalienável com os direitos fundamentais. Estes liberais estabelecem, segundo Ackerman, uma espécie de "trincheira" em torno das declarações de direitos, precisamente porque, segundo suas concepções, a autonomia privada assegurada pelos direitos fundamentais não pode ser violada pela deliberação popular decorrente da autonomia pública.[303]

Ao assumir uma posição inteiramente contrária àquela proposta pelos *rights foundationalists*, Ackerman afirma que "*a Constituição dualista é, em primeiro lugar, democrática; e, em segundo lugar, protetora de direitos*".[304] Referindo-se aos trabalhos de Rawls e Dworkin, Ackerman assinala que eles "*revertem esta prioridade: a Constituição, para eles, protege direitos em primeiro lugar; apenas após assegurá-los autoriza o povo a exercitar sua vontade sobre outras questões*". E acrescenta: "*é o povo a fonte dos direitos; e a Constituição não soletra os direitos que o povo deve aceitar*".[305]

Imaginar que as declarações de direitos são inalteráveis é, segundo Ackerman, supor que é possível escapar das dificuldades, dos conflitos e dos limites fixados pelo processo histórico. Isto não significa, entretanto, que a vontade republicana, ao redefinir a sua identidade política em determinados momentos, seja capaz – ou realmente queira – negar o seu próprio passado. Afinal, estes momentos históricos decisivos não ocorrem em mundos desabitados, sem cultura

---

[302] É interessante observar que Rawls reconhece explicitamente que os três momentos assinalados por Ackerman são os períodos mais inovadores da história constitucional americana. Ver, a respeito, John Rawls, "Reply to Habermas" *in The Journal of Philosophy, op. cit.*, nota 41 da p. 158. Entretanto, Rawls afirma que não compartilha com Ackerman a concepção de democracia dualista, tal como ele a define, pois prefere fazer da Declaração de Direitos uma espécie de "trincheira". Ver, a respeito, John Rawls. *Liberalismo Político, op. cit.*, nota 25 da p. 226.

[303] Sobre esta crítica de Ackerman a Rawls, ver Bruce Ackerman, "Political Liberalisms", *in The Journal of Philosophy*, vol. XCI, nº 7, julho de 1994.

[304] Cf. Bruce Ackerman. *We the People. Foundations, op. cit.*, p. 13.

[305] *Idem*, p. 15.

ou tradições. Ao contrário, é através de uma inevitável conversa com o passado que o presente adquire a sua própria voz. De acordo com Ackerman, é precisamente por isso que não se pode, como querem os liberais, falar "da" Constituição ou "da" declaração de direitos, como se ambas fixassem, de forma definitiva, os mais elevados - padrões morais da comunidade política. Há, apenas, o espírito "desta" Constituição e "desta" declaração de direitos, que devem não somente assegurar procedimentos justos de resolução de conflitos, mas fundamentalmente garantir a possibilidade de que o futuro esteja aberto às decisões políticas dos movimentos populares.[306]

O sistema de direitos fundamentais constitucionalmente assegurados permite, segundo Ackerman, que os indivíduos tentem alcançar os objetivos fixados por suas próprias concepções acerca da vida digna. Neste sentido, é o seu compromisso com o ideário liberal que o leva a reconhecer que a diversidade das visões individuais acerca do bem *"simboliza a fecundidade da liberdade humana"*.[307] No entanto, a despeito do direito do cidadão privado de configurar o seu próprio destino, *"comparada com a cidadania pública, a vida privada representa um plano inferior da existência"*.[308]

Ressalte-se, por outro lado, que a importância atribuída por Ackerman à cidadania pública não transforma as sociedades democráticas contemporâneas em uma espécie de *polis* grega, cujos cidadãos dedicam-se prioritariamente ao interesse público e ao bem comum. Com efeito, o modelo da *polis* é incompatível com o pluralismo das concepções individuais acerca da vida digna. No entanto, ao observar a sociedade americana, Ackerman afirma que os seus cidadãos dedicam-se aos seus interesses privados, mas também integram sindicatos, igrejas e organizações voluntárias: *"a América continua a ser uma república democrática ... pelo envolvimento contínuo de milhões de americanos na vida da nação."*

Com esta argumentação, Ackerman pretende demonstrar que se não é possível falar de uma perfeita cidadania pública – a da *polis* grega –, tampouco é possível falar de uma perfeita cidadania privada.

---

[306] Ver, a respeito, Bruce Ackerman. *We the People. Foundations, op. cit.*, Capítulo IX "Normal Politics".

[307] Cf. Bruce Ackerman. *We the People. Foundations, op. cit.*, p. 312.

[308] *Idem*, p. 232.

De resto – e fundamentalmente –, em determinados momentos históricos os cidadãos são capazes de, reinterpretando o seu próprio passado, redefinirem-se enquanto povo. Quando uma comunidade altera o conjunto dos valores que compartilha, pode criar uma nova Constituição, modificar o seu direito constitucional ou instituir novas interpretações da Constituição em vigor. Esta capacidade de autodeterminação da comunidade está precisamente na origem do "constitucionalismo patriótico", que se traduz, segundo Ackerman, na disposição republicana da comunidade de, em momentos decisivos, alterar legitimamente os seus compromissos políticos e normativos.

Ressalte-se, ainda, que esta concepção de "constitucionalismo patriótico" proposta por Ackerman é não apenas compatível com a ideia de democracia dualista, como revela o seu duplo compromisso com o liberalismo e com o republicanismo. Afinal, enquanto liberal, Ackerman celebra a diversidade das concepções individuais acerca da vida digna como expressão da liberdade humana. Ao mesmo tempo, como republicano, defende a participação política da comunidade, que, através de um processo de autodeterminação, atua conjuntamente a partir de determinados compromissos valorativos que definem a sua identidade política. A concepção de democracia dualista garante que os indivíduos possam cotidianamente buscar a realização de seus projetos pessoais de vida, mas, ao mesmo tempo, assegura a possibilidade de que, em momentos históricos decisivos, o conjunto dos cidadãos, alterando os significados dos valores que compartilham, delibere acerca do seu próprio destino.

Se o "constitucionalismo patriótico" em Ackerman supõe que o conjunto dos cidadãos redefine a sua identidade política quando modifica o sistema de valores que compartilha, é precisamente por recusar a possibilidade de que os cidadãos das democracias contemporâneas possam compartilhar um sistema de valores que Habermas configura a sua concepção de "patriotismo constitucional". Como veremos a seguir, o "patriotismo constitucional" proposto por Habermas – ao contrário do "constitucionalismo patriótico" formulado por Ackerman – supõe a inexistência de valores comuns compartilhados que possam forjar uma sólida identidade política nas sociedades democráticas contemporâneas.

c) A Proposta Habermasiana: Patriotismo Constitucional, Direitos Humanos e Soberania Popular

Habermas, como vimos, toma o pluralismo – tanto o da diversidade das concepções individuais sobre o bem, como o da multiplicidade das identidades sociais – como uma das marcas definitórias das democracias contemporâneas. A identidade pós-convencional é fruto, portanto, da inexistência de visões éticas, religiosas ou tradicionais de mundo que possam configurar um sistema de valores compartilhados capaz de estabelecer um consenso básico entre os cidadãos. O pluralismo social, o pluralismo cultural e o pluralismo dos projetos pessoais de vida transformam a modernidade em um mundo *desencantado* onde os indivíduos relacionam-se entre si enquanto estranhos. Daí a pergunta formulada por Habermas: "*como distintos mundos da vida inteiramente pluralizados e desencantados podem ser socialmente integrados se contemporaneamente cresce o risco do dissenso nas esferas da ação comunicativa tornadas independentes das autoridades sagradas e libertas das instituições arcaicas?*"[309] Respondendo a sua própria indagação, Habermas afirma que em face da inexistência de garantias metassociais, os cidadãos devem chegar a um entendimento acerca de como devem regulamentar normativamente as suas relações. Em outras palavras, "*o direito fornece a estrutura normativa que regula a interação entre cidadãos que se relacionam como estranhos*".[310]

Nesta perspectiva, se os indivíduos não compartilham valores comuns, isto significa que a integração normativa de sociedades fortemente diferenciadas não pode obter legitimidade? Ou, a despeito de um mundo *desencantado*, é possível legitimar o direito moderno? Segundo Habermas, a integração normativa das democracias contemporâneas possui um duplo fundamento: a força resultante de um acordo racionalmente motivado e a ameaça de sanções. Em outras palavras, a ordem jurídica, simultaneamente, baseia-se na faticidade

---

[309]   -Cf. Jürgen Habermas. *Between Facts and Norms. Contributions to a Discourse Theory of Law and Democracy, op. cit.*, p. 26.

[310]   -Cf. Michel Rosenfeld, "Law as Discourse: Bridging the Gap Between Democracy and Rights", *in Harvard Law Review*, vol. 108, 1995, p. 1165.

e na validade,[311] isto é, na dimensão coercitiva de um direito legalmente instituído e na legitimidade resultante de um entendimento conjuntamente negociado. Como assinala Habermas, *"a validade do direito é constituída por dois componentes: o componente racional da exigência de legitimidade está associado com o componente empírico da vigência do direito"*.[312] Neste sentido, em uma sociedade pós-convencional, para o indivíduo que atua estrategicamente, isto é, orientado por interesses pessoais, a norma constitui uma espécie de barreira faticamente instituída, cuja violação acarreta sanções calculáveis. De outra parte, para o indivíduo que adota uma atitude "performativa", ou seja, uma ação orientada para o entendimento, a sua vontade se vincula livremente à norma, no sentido de que a sua aquiescência independe do temor da sanção.

Entretanto, se no que diz respeito às normas isoladas é possível tolerar as ações estratégicas dos atores políticos, no que se refere ao ordenamento jurídico – que precisa ser legitimado como um todo –, é necessário que haja, pelo menos, *"a expectativa de que os destinatários atuam por razões que são independentes da ameaça da sanção estatal"*.[313] Com esta argumentação, Habermas pretende demonstrar que em relação às atitudes orientadas por interesses pessoais a ameaça da sanção vem substituir as antigas garantias metassociais do sagrado ou do tradicional. Ao mesmo tempo, como não se pode supor que os sistemas jurídicos contemporâneos se ancoram apenas em sanções

---

[311] -Segundo Habermas, existe, no âmbito do direito moderno, uma relação de tensão entre a validade e a faticidade das normas jurídicas instituídas, isto é, entre *"a força vinculante das convicções racionalmente fundadas e a coerção imposta por sanções externas"*. Cf. Jürgen Habermas. *Between Facts and Norms. Contributions to a Discourse Theory of Law and Democracy*, op. cit., p. 26. Ressalte-se que o modelo reconstrutivo habermasiano recorre com freqüência a relações de tensão, em vários níveis de análise, estabelecendo processos comparativos entre a realidade social existente e as exigências da razão comunicativa. Se retomarmos um dos temas analisados no capítulo anterior, a relação entre moralidade e eticidade, é possível, também aqui, observar uma relação de tensão entre a imparcialidade do ponto de vista moral (moralidade) e os valores inscritos em mundos da vida concretos (eticidade).

[312] -Cf. Jürgen Habermas. *Autonomy and Solidarity*, tradução de Peter Dews, Londres, Verso, 1992, p. 253.

[313] -Cf. Jürgen Habermas, *Between Facts and Norms. Contributions to a Discourse Theory of Law and Democracy*, op. cit., p. 31.

externas, de vez que não podem prescindir de convicções acerca da legitimidade do direito, o objetivo de Habermas é encontrar a resposta para uma *"pergunta chave, ou seja, qual a fonte de legitimidade tanto do direito contemporâneo como das sanções legais com as quais ele conta"*.[314]

Com a sua teoria discursiva do direito, Habermas busca revelar que, diferentemente das leis morais – que por si só preenchem a condição de assegurar o livre-arbítrio de cada um com a liberdade de todos –, o direito positivo e o seu potencial coercitivo precisam obter legitimidade através de um procedimento legislativo democrático. Com efeito, como a positividade do direito não pode significar uma espécie de faticidade arbitrária, apenas os procedimentos democráticos de elaboração legislativa são capazes de justificar a idéia de que as normas que integram o direito positivo são passíveis de uma aceitação racional: *"o procedimento democrático para a produção do direito constitui a única fonte pós-metafísica de legitimidade"*.[315] Ao basear a legitimidade do direito nos procedimentos democráticos de elaboração legislativa, Habermas revela o seu compromisso com o processo político deliberativo, no qual o debate argumentativo assegura a formação da vontade de cidadãos plenamente autônomos, capazes de auto-realização e de autodeterminação. Neste sentido, há, de acordo com Habermas, uma relação interna, conceitual, entre direito e democracia, que se traduz na conexão intrínseca entre direitos humanos e soberania popular.

Com efeito, se a ordem jurídica das sociedades contemporâneas assegura iguais liberdades subjetivas para todos os cidadãos e se o faz através de um procedimento legislativo democrático do qual todos participam, estas mesmas liberdades subjetivas, de acordo com Habermas, estão intimamente conectadas com direitos de cidadania oriundos da plena autonomia política dos indivíduos. Em outras palavras, *"o direito coercitivo ... apenas pode conservar a sua força socialmente integradora em virtude do fato de que os destinatários individuais das normas jurídicas podem ao mesmo tempo reconhecer a si próprios ... como os autores*

---

[314]   -Cf. Michel Rosenfeld, "Law as Discourse: Bridging the Gap Between Democracy and Rights", *in Harvard Law Review, op. cit.*, p. 1165.
[315]   -Cf. Jürgen Habermas, "Postscript", *in Between Facts and Norms. Contributions to a Discourse Theory of Law and Democracy, op. cit.*, p. 448.

racionais dessas normas".[316] Tal como vimos no capítulo anterior, esta ligação intrínseca proposta por Habermas entre liberdades subjetivas e direitos de participação política – que se encontra na origem da legitimidade do direito positivo – traduz-se, precisamente, na conexão interna entre direitos humanos e soberania popular. Neste sentido, se uma sociedade democrática é uma comunidade de cidadãos livres e iguais, o ordenamento jurídico, segundo Habermas, não pode ser um mero distribuidor de liberdades de ação de tipo privado. A distribuição dos direitos subjetivos só pode ser igualitária se os cidadãos – enquanto legisladores – estabelecem um consenso acerca dos *"critérios conforme os quais o igual vai receber um tratamento igual, enquanto que o desigual um tratamento desigual"*. Nesta perspectiva, *"a autonomia pública de cidadãos que dão a si mesmos suas próprias leis em processos democráticos de formação da opinião e da vontade tem a mesma origem que a autonomia privada dos sujeitos jurídicos que estão submetidos a essas leis"*.[317]

A relação interna, co-original, entre direitos humanos e soberania popular revela, por outro lado, o objetivo de Habermas de se posicionar, em face do debate entre liberais e comunitários, em uma espécie de posição intermediária que estabelece compromissos com ambos os grupos. A idéia fundamental de Habermas é que a conexão interna entre autonomia privada e autonomia pública não pode ser estabelecida caso os cidadãos não reconheçam a existência de um sistema de direitos quando pretendem legitimamente regular as suas relações através do direito positivo. Este sistema de direitos é, segundo ele, integrado por cinco categorias distintas:[318] os direitos a iguais liberdades subjetivas; os direitos que resultam do *status* de membro de uma associação voluntária; os direitos a igual proteção legal; os

---

[316]   -A esse respeito, Habermas ainda acrescenta que *"a positividade do direito expressa a vontade legítima que deve a sua existência à autolegislação pressupostamente racional de cidadãos politicamente autônomos"*. Cf. Jürgen Habermas. *Between Facts and Norms. Contributions to a Discourse Theory of Law and Democracy*, *op. cit.*, p. 33.

[317]   -Cf. Jürgen Habermas. *Más Allá del Estado Nacional*, tradução de Manuel Jiménez Redondo, Madrid, Editorial Trotta, 1997, p. 100. Este livro, publicado na Alemanha em 1995 com o título *Die Normalität einer Berliner Republik* (*Sobre a Normalidade de uma República Berlinense*), é provavelmente o mais recente trabalho de Habermas publicado fora da Alemanha.

[318]   -Ver, a respeito, Jürgen Habermas. *Between Facts and Norms. Contributions to a Discourse Theory of Law and Democracy*, *op. cit.*, pp. 122-123.

direitos políticos de participação; e os direitos de bem-estar e segurança sociais que tornam possível a utilização dos demais direitos. De acordo com Habermas, *"não há direito legítimo sem estes direitos"*.[319] Ao mesmo tempo – e contrariamente aos liberais – estes direitos não são direitos moralmente fundados promulgados por um legislador político enquanto direito positivo. O sistema de direitos, na verdade, transforma os indivíduos morais em "autores e sujeitos de direito", em "pessoas legais", que, nesta condição, participam do processo de produção legislativa democrática: *"sem esta garantia de autonomia privada, o direito positivo não pode existir como um todo. Conseqüentemente, sem os clássicos direitos de liberdade que asseguram a autonomia privada das pessoas legais, não existe um* medium *para legalmente institucionalizar aquelas condições através das quais os cidadãos podem fazer uso de sua autonomia cívica"*.[320]

É precisamente por estabelecer esta conexão interna entre direitos humanos e soberania popular que Habermas designa como um *"curto-circuito"*[321] a idéia comunitária de que em determinadas ocasiões – opressão de minorias culturais, por exemplo – é necessário restringir direitos individuais em favor de direitos coletivos. Segundo Habermas, uma vez estabelecida uma intrínseca relação entre direito e democracia, não há como supor que o sistema de direitos deixará de considerar seriamente as diferenças culturais existentes em comunidades específicas. De resto, como os sujeitos de direitos se individualizam através de um processo de socialização, *"se levamos em conta a natureza intersubjetiva dos sujeitos de direito, então devem também existir direitos concernentes ao caráter de membro de uma cultura ... dos quais podem resultar importantes subvenções, atenção pública, garantias etc."*[322]

O sistema de direitos, que se encontra na raiz da relação co-original entre a autonomia privada e a autonomia pública, é, no âmbito de comunidades particulares, inscrito no interior das Constituições e obtém, assim, uma conformação concreta. De qualquer forma, quando as Constituições das democracias contemporâneas configuram um sistema de direitos fundamentais, este processo

---

[319] *Idem*, p. 125.

[320] -Cf. Jürgen Habermas. "Postscript", *in Between Facts and Norms. Contributions to a Discourse Theory of Law and Democracy, op. cit.*, p. 455.

[321] -Ver, a respeito, Jürgen Habermas. *Más Allá del Estado Nacional, op. cit.*, p. 103.

[322] -Cf. Jürgen Habermas. *Más Allá del Estado Nacional, op. cit.*, pp. 103-104.

é uma espécie de leitura contextual que depende de um mesmo sistema de direitos.[323] Ao derivar os direitos constitucionalmente assegurados de um sistema de direitos sem o qual os cidadãos não podem ser os autores do seu próprio ordenamento jurídico, Habermas pretende demonstrar que os direitos humanos não podem ser considerados apenas uma expressão valorativa de um sistema cultural específico. Ainda que tenham surgido, enquanto idéia normativa, em um mundo particular de cultura – a Europa –, isto não significa que os direitos humanos não possam ser vistos como o resultado de um processo reflexivo a partir do qual os indivíduos podem tomar uma certa distância em relação às suas próprias tradições[324] e aprender "*a entender o próximo a partir de sua própria perspectiva*".[325] Com efeito, os direitos humanos possuem uma pretensão de universalidade que é incompatível com a idéia de valores enquanto bens preferidos.

Neste sentido, quando os direitos humanos são constitucionalmente assegurados, segundo um procedimento democrático deliberativo, tornam-se normas legítimas de caráter obrigatório e não podem ser vistos, como desejam os comunitários, enquanto valores que, ao contrário das normas, estabelecem relações de preferência. Como assinala Habermas, os direitos fundamentais são "*princípios deontológicos do direito ... Qualquer um que pretenda ver a Constituição como uma ordem concreta de valores engana-se quanto ao seu caráter especificamente jurídico; como normas legais, os direitos fundamentais são constituídos, da mesma*

---

[323]   -Ver, a respeito, Jürgen Habermas. *Between Facts and Norms. Contributions to a Discourse Theory of Law and Democracy*, op. cit., p. 128.

[324]   -Habermas recusa com veemência a idéia de que a pretensão de universalidade dos direitos humanos está associada a um certo eurocentrismo que seria intolerante em relação aos valores culturais dele distintos. Os direitos humanos, segundo Haber mas, enquanto idéia moral, podem ser por todos compartilhados a partir de experiências comuns de violação da integridade e de ausência de reconhecimento. De resto, "*se a situação das mulheres islâmicas mudasse da mesma forma como mudou no Ocidente, porque estas mulheres quiseram se emancipar, que há de mal nisso?*". Cf. Jürgen Habermas. *Más Allá del Estado Nacional*, op. cit., pág. 109.

[325]   -Cf. Jürgen Habermas. *Between Facts and Norms. Contributions to a Discourse Theory of Law and Democracy*, op. cit., p. 108.

forma como as normas morais, segundo o modelo das normas de ação obrigatórias e não de acordo com o modelo dos bens preferidos".[326]

Ressalte-se, por outro lado, que ao recusar uma concepção comunitária de Constituição enquanto ordem concreta de valores, isto não significa que Habermas opte por uma proposta liberal de Constituição como ordenamento-garantia assegurador de um âmbito de liberdades negativas. Segundo ele, a Constituição, ao configurar um conjunto de direitos fundamentais, contextualiza princípios universalistas e, assim, transforma-se na única base comum a todos os cidadãos. Em outras palavras, em mundos pós-convencionais, onde os indivíduos não integram sólidas comunidades étnicas ou culturais, são as Constituições que, incorporando um sistema de direitos, podem conformar uma "*nação de cidadãos*".[327] É a partir desta argumentação que Habermas formula a concepção de patriotismo constitucional enquanto modalidade pós-convencional de conformação de uma identidade coletiva.

A despeito da multiplicidade das identidades sociais, dos grupos étnicos e das concepções individuais acerca da vida digna, isto é, apesar do pluralismo que caracteriza as sociedades contemporâneas,

---

[326]   -*Idem*, p. 256. Segundo Habermas, são várias as diferenças entre normas e valores. Em primeiro lugar, enquanto que as normas são obrigatórias – sentido deontológico das normas – os valores traduzem preferências compartilhadas – sentido teleológico dos valores. As normas possuem uma pretensão de validade binária, no sentido de que, em face de sentenças normativas, a posição adotada restringe-se a um "sim" ou a um "não", enquanto que, no âmbito dos valores, é possível concordar parcialmente com as sentenças avaliativas. De outra parte, se as normas não podem se contradizer reciprocamente, na medida em que formam um sistema, valores distintos podem competir entre si por prioridade. Finalmente, as normas pretendem definir o que é igualmente bom para todos, ao passo que a atratividade dos valores está vinculada ao que é bom para alguns. Ver, a respeito, Jürgen Habermas. *Between Facts and Norms. Contributions to a Discourse Theory of Law and Democracy*, op. cit., p. 253 e segs.

[327]   -Ver, a respeito, Jürgen Habermas. *Más Allá del Estado Nacional*, op. cit., pp. 112-114, "O Estado-nação europeu frente aos desafios da globalização", tradução de Antonio Sérgio Rocha, *in Novos Estudos CEBRAP*, no 43, novembro de 1995, "Citizenship and National Identity", *in Between Facts and Norms. Contributions to a Discourse Theory of Law and Democracy*, op. cit., Appendix II, e "Struggles for Recognition in the Democratic Constitutional State", *in Multiculturalism*, op. cit.

ainda precisamos, segundo Habermas, *"tentar salvar a herança republi-cana"*.[328] Se, no passado, o nacionalismo estava na origem da cidadania democrática – de vez que a autoconsciência nacional foi capaz de transformar, pela via da participação política, súditos particulares em cidadãos plenamente autônomos – nas sociedades contemporâneas, a ausência de uma homogeneidade cultural inviabiliza a antiga conexão entre nacionalismo e republicanismo. Em um mundo pluralizado, a herança republicana apenas pode ser mantida caso a cidadania democrática se transforme em uma força de integração social. Em outras palavras, como já não é possível, face a um mundo *desencantado*, recorrer à experiência de uma história e de uma identidade compartilhadas, o patriotismo constitucional vem substituir o nacionalismo.

O patriotismo constitucional, tal como concebido por Habermas, difere, portanto, da forma como aparece no âmbito do pensamento "comunitário". Segundo Taylor, por exemplo, *"o patriotismo é uma identificação comum com uma comunidade histórica fundada em certos valores ... Uma sociedade livre requer patriotismo, de acordo com a tese republicana. Mas ele deve ser de um tipo cujos valores centrais incluam a liberdade"*.[329] Como a concepção de moralidade pós-convencional em Habermas é incompatível com a idéia de que as democracias contemporâneas podem se organizar em torno de valores centrais, o patriotismo constitucional deve se ancorar em uma concepção de cidadania democrática capaz de *"gerar solidariedade entre estranhos"*.[330]

A "nação de cultura" é, nesta perspectiva, substituída por uma "nação de cidadãos" e a identidade coletiva se configura agora através da força integradora da cidadania democrática. Entretanto, se há, segundo Habermas, uma conexão entre a identidade cultural do nacionalismo e a participação cidadã, como é possível, uma vez esgarçados os laços culturais, assegurar as liberdades republicanas e a cidadania democrática? De acordo com Habermas, existe apenas

---

[328]   -Cf. Jürgen Habermas, "O Estado-nação europeu frente aos desafios da globalização", *in Novos Estudos CEBRAP*, *op. cit.*, p. 100.
[329]   -Cf. Charles Taylor, "Propósitos Cruzados: el debate liberal-comunitario", *in El Liberalismo y la Vida Moral*, *op. cit.*, p. 194.
[330]   -Cf. Jürgen Habermas, "O Estado-nação europeu frente aos desafios da globalização", *in Novos Estudos CEBRAP*, *op. cit.*, p. 97.

uma relação histórica,[331] contingente entre nacionalismo e republicanismo e não uma relação conceitual. É precisamente por isso que é possível, no âmbito de sociedades pluralistas, cortar os laços entre identidade nacional e liberdades republicanas, garantindo, ao mesmo tempo, a participação cidadã. Com o fim da consciência nacional convencional, o Estado-Nação é substituído por um Estado Democrático de Direito que conforma uma nação de cidadãos *"que encontra a sua identidade não em comunidades étnicas e culturais, mas na prática de cidadãos que ativamente exercitam seus direitos de participação e comunicação".*[332]

É precisamente porque a cidadania política perdeu o sentido de pertencimento a uma comunidade cultural, que a herança republicana apenas pode ser salva se os cidadãos, a partir de seus contextos nacionais, identificarem o Estado Democrático de Direito como o resultado de sua própria atuação histórica. Se a nação já não é uma herança cultural adquirida, ela pode se transformar em uma associação de cidadãos livres e iguais que, por sua vontade e consciência, conformam um Estado constitucional.

A teoria discursiva do direito, como vimos, revela a conexão interna entre a autonomia privada e a autonomia pública, reconstruindo um sistema de direitos que está na origem da associação voluntária de cidadãos que legitimamente elaboram o seu direito positivo. Com a teoria discursiva do Estado Democrático de Direito,[333] Habermas pretende reconstruir a relação interna entre

---

[331]   -Recordando que, na Europa, os Estados-Nação tiveram origem em processos históricos distintos, pois ou desenvolveram-se no interior de Estados territoriais existentes (França e Inglaterra) ou a formação do Estado foi proveniente de cultura e história comuns (Itália e Alemanha), Habermas afirma que a *"a autoconsciência nacional do povo proporcionou o contexto cultural que facilitou a ativação política dos cidadãos"*. Quanto aos Estados Unidos, que não dispunham de uma cultura fortemente homogênea, a atuação republicana, segundo Habermas, se baseou em uma religião cívica compartilhada. Ver, a respeito, Jürgen Habermas, "O Estado-nação europeu frente aos desafios da globalização", *in Novos Estudos CEBRAP, op. cit.*, p. 91 e segs.

[332]   -Cf. Jürgen Habermas, "Citizenship and National Identity", *in Between Facts and Norms. Contributions to a Discourse Theory of Law and Democracy, op. cit.*, Appendix II, p. 495.

[333]   -Ressalte-se, entretanto, que as teorias discursivas do direito e do Estado Democrático de Direito – tanto quanto a ética discursiva habermasiana – são, na verdade, representações contrafáticas através das quais é

direito e poder político. Afinal, uma associação voluntária de cidadãos livres e iguais, ao instituir um Estado constitucional, transforma-se em uma comunidade jurídica dotada de uma instância central com autoridade para atuar em nome de todos. Ressalte-se, entretanto, que o poder estatal, necessário na medida em que organiza, executa e sanciona os direitos constitucionalmente assegurados, não é, segundo Habermas, uma espécie de suplemento, mas, ao contrário, uma decorrência do próprio sistema de direitos: *"o poder político não é externamente justaposto ao direito, mas é pressuposto e se estabelece na forma do direito"*.[334] Mais do que isso, o Estado Democrático de Direito conforma o poder político não apenas revestindo-o de uma forma jurídica, mas vinculando-o a um direito legitimamente promulgado.

De outra parte, o Estado Democrático de Direito, ao institucionalizar as práticas de autodeterminação cidadã, assegura, ao mesmo tempo, a idéia republicana de "democracia radical", segundo a qual os debates argumentativos que se processam no âmbito da sociedade civil – na "periferia"[335] – podem influenciar as deliberações e decisões tomadas no "centro", isto é, pelo sistema político enquanto poder administrativo. E o direito, segundo Habermas, é o meio através do qual o poder administrativo é programado e controlado pelo poder comunicativo dos cidadãos. Com efeito, se o direito é o resultado de um entendimento entre os cidadãos sobre a forma como devem legitimamente regular as suas relações, o sistema administrativo – regido por um código de poder – deve, em um Estado Democrático de Direito, estar vinculado *"ao*

---

possível calcular a distância que separa estas reconstruções teóricas das práticas jurídicas e políticas existentes. Neste sentido, a idéia de que a legitimidade do direito positivo e a conformação do Estado constitucional são provenientes de procedimentos genuinamente democráticos, que forjam acordos racionalmente motivados entre todos os atores políticos, desempenha um papel crítico em relação às práticas jurídicas e políticas historicamente situadas.

[334] -Cf. Jürgen Habermas. *Between Facts and Norms. Contributions to a Discourse Theory of Law and Democracy, op. cit.*, p. 134.

[335] -A "periferia", segundo Habermas, é integrada por movimentos sociais, organizações privadas, associações empresariais, sindicatos, grupos de interesse etc. Ver, a respeito, Jürgen Habermas. *Between Facts and Norms. Contributions to a Discourse Theory of Law and Democracy, op. cit.*, p. 355.

poder comunicativo de formação do direito e se manter livre das intervenções ilegítimas do poder social".[336]

Como vimos no capítulo anterior, estas intervenções ilegítimas do poder social são engendradas tanto pelos imperativos do poder administrativo como pelos mecanismos do mercado, que restringem e distorcem a rede intersubjetiva das práticas comunicativas que se processam no âmbito do mundo da vida. No entanto, se a monetarização e a burocratização, enquanto formas instrumentais de integração social, colonizam o mundo da vida, isto não significa que não possamos recorrer a uma terceira fonte de integração social, estruturada comunicativamente: a solidariedade. Quando Habermas aponta para o patriotismo constitucional, pretende precisamente identificar nos princípios e no sistema de direitos que integram as Constituições democráticas uma forma solidária de integração social, capaz de assegurar o primado do mundo da vida sobre os subsistemas mercado e poder administrativo.

Com a concepção de patriotismo constitucional, Habermas procura não apenas configurar a solidariedade como forma de integração social, mas revelar como compromissos morais com normas universalmente válidas – os direitos humanos – podem se vincular com os compromissos éticos de culturas políticas particulares. Neste sentido, o patriotismo constitucional aponta para uma nova relação de tensão "*entre o universalismo de uma comunidade jurídica igualitária ... e o particularismo de uma comunidade histórica de destino compartilhado ...*".[337] De fato, se a comunidade jurídica igualitária é o produto da vontade de cidadãos livres e iguais, a comunidade histórica é fruto de uma herança que independe da formação da vontade política, de vez que a integração social ancora-se em formas de vida "naturalizadas", pré-políticas. O patriotismo constitucional, em um mundo pós-convencional, pode, segundo Habermas, ajustar o universalismo de uma comunidade jurídica igualitária com o particularismo da comunidade ética, assegurando uma integração político-cultural, se as liberdades republicanas historicamente obtidas e se o compromisso com uma ordem jurídico-política forem vistos como produtos da formação de uma genuína vontade política comum.

---

[336] *Idem*, p. 150.

[337] Cf. Jürgen Habermas. *Más Allá del Estado Nacional, op. cit.*, p. 179.

Nesta perspectiva, o patriotismo constitucional em Habermas difere tanto do republicanismo cívico proposto por Dworkin, como do patriotismo configurado por Taylor ou do constitucionalismo patriótico concebido por Ackerman. Com efeito, se o republicanismo cívico de Dworkin aponta para as obrigações dos indivíduos em relação à comunidade na qual se inserem, não há dúvidas, por outro lado, que eles são essencialmente pessoas privadas dotadas de direitos individuais que asseguram os seus interesses frente ao aparato estatal, ao qual estão funcionalmente ligados. Quanto ao patriotismo configurado por comunitários e republicanos, ainda que tenha a vantagem de derivar o *status* dos sujeitos de direito de uma rede de relações igualitárias de reconhecimento, supõe, de outra parte, que a cidadania tem a capacidade – pelo menos em determinados momentos históricos – de agir orientada por uma concepção compartilhada de bem comum. O patriotismo constitucional proposto por Habermas evidencia, contra os liberais, a conexão interna entre autonomia privada e autonomia pública. Ao mesmo tempo, e diferentemente de comunitários e republicanos, esta concepção de patriotismo pode prescindir de uma visão compartilhada de bem,[338] porque vincula a cidadania democrática à consciência pública de sujeitos de direito que *"se constituem por sua própria força como uma associação de livres e iguais"*.[339]

Como veremos a seguir, destas diferentes concepções acerca do papel da Constituição e do seu sistema de direitos decorrem diferentes entendimentos sobre como devem ser interpretadas e

---

[338] Esclareça-se, no entanto, que se o patriotismo constitucional proposto por Habermas pode estar desvinculado das identidades étnicas, culturais ou lingüísticas de um povo, isto não significa que esteja dissociado de uma cultura política compartilhada. O objetivo de Habermas é encontrar nos princípios e no sistema de direitos inseridos nas constituições a estabilidade das repúblicas pós-convencionais. No entanto, o compromisso dos cidadãos com estes princípios e direitos apenas pode ser estabelecido *"no contexto de uma cultura política acostumada com a liberdade e com o debate"*. De outra forma, *"a cidadania democrática não necessita estar ancorada na identidade nacional de um povo. Entretanto, dada a diversidade cultural das formas de vida, ela requer que cada cidadão seja socializado dentro de uma cultura política comum"*. Cf. Jürgen Habermas. *Más Allá del Estado Nacional*, op. cit., p. 171, e "Citizenship and National Identity", *in Between Facts and Norms. Contributions to a Discourse Theory of Law and Democracy*, op. cit., Appendix II, p. 500.

[339] Cf. Jürgen Habermas. *Más Allá del Estado Nacional*, op. cit., p. 179.

aplicadas as normas e os princípios constitucionais. Com efeito, liberais, comunitários e crítico-deliberativos têm visões divergentes acerca da hermenêutica constitucional e da forma como devem atuar as Cortes Supremas.

2. As Cortes Supremas e a Interpretação Constitucional

Qual a hermenêutica constitucional mais adequada para as sociedades democráticas contemporâneas? Os Tribunais Constitucionais e as Cortes Supremas estão inteiramente subordinados às normas e aos princípios inscritos na Constituição ou, ao contrário, os juízes podem se apoiar nos contextos ético-substantivos e tentar compensar o hiato entre a realidade constitucional e a soberania popular? As normas e os princípios do direito devem ser interpretados enquanto comandos obrigatórios ou, de outro modo, como valores que expressam preferências compartilhadas?

Para os liberais, como veremos a seguir, a prestação jurisdicional constitucional deve ser orientada por uma compreensão deontológica das normas e dos princípios jurídicos. Para Dworkin, por exemplo, os direitos individuais são "trunfos" que devem ser utilizados contra programas políticos fixados por decisões majoritárias precisamente porque constituem princípios de direito que devem ser interpretados como comandos obrigatórios, e não como valores especialmente preferidos. Contrariamente aos liberais, os comunitários e republicanos optam por uma prestação jurisdicional orientada por valores. Nesta perspectiva, a hermenêutica constitucional deve tomar as normas e os princípios inscritos na Constituição como bens jurídicos teleológicos, em uma tarefa de atualização de valores materiais preestabelecidos. Habermas, por sua parte, mais uma vez opta por adotar uma posição intermediária entre liberais e comunitários, ainda que o seu enfoque procedimental sobre a jurisdição constitucional o aproxime sensivelmente de Dworkin. Com efeito, o Tribunal Constitucional, segundo Habermas, não pode ser equiparado, como desejam os comunitários, a um guardião de uma suposta ordem de valores substantivos; o seu papel é proteger o processo de criação democrática do direito, o que pressupõe, portanto, reservar às Cortes

Constitucionais *"a guarda do sistema de direitos que torna a autonomia privada e a autonomia pública dos cidadãos igualmente possíveis"*.[340]

a) Os Liberais e a Interpretação Constitucional Orientada por Normas e Princípios

Os argumentos liberais acerca da prestação jurisdicional constitucional estão organizados em torno de uma ideia central, segundo a qual uma democracia constitucional deve, sobretudo, assegurar os direitos fundamentais dos cidadãos, conferindo um papel proeminente à Constituição e ao sistema de direitos nela inscritos. Contra eventuais procedimentos majoritários que possam ameaçar a neutralidade liberal que assegura o espaço do desacordo razoável, a Constituição deve fixar um âmbito de liberdade imune a interferências externas indevidas.

Quando Rawls configura a concepção de Constituição-garantia, pretende precisamente assegurar, através da constitucionalização das liberdades básicas, o direito de cada indivíduo procurar realizar o seu projeto pessoal de vida. No entanto, a despeito do fato de que os cidadãos têm o direito de adotar uma concepção individual acerca do bem, isto não significa, como vimos no capítulo anterior, que não sejam capazes de endossar uma concepção política de justiça. E o fazem, segundo Rawls, por meio de um dever cívico, quando colocam em prática o "uso público da razão", decidindo questões constitucionais essenciais e de justiça fundamental a partir de valores exclusivamente políticos, ou seja, valores sobre os quais não há divergência possível. Em uma sociedade liberal, a possibilidade de um "uso público da razão" baseia-se, segundo Rawls, em valores políticos compartilhados por todos os seus cidadãos, implícitos na cultura política democrática. Os valores políticos não são, portanto, frutos de procedimentos majoritários, mas, ao contrário, são subscritos pelo conjunto dos membros da sociedade e, neste sentido, devem estar inscritos na Constituição.

Com esta argumentação Rawls pretende demonstrar que a Constituição é um procedimento político justo compatível com a concepção política de justiça precisamente porque tem a função de

---

[340] Cf. Jürgen Habermas. *Between Facts and Norms. Contributions to a Discourse Theory of Law and Democracy*, op. cit., p. 263.

realizar os valores políticos da razão pública. Desta forma, a Constituição nem é o resultado de decisões majoritárias, nem, como supõe Ackerman, aquilo que a Suprema Corte decide que é, mas, ao contrário, trata-se de um procedimento cujo autor é o próprio povo. Em suas palavras, *"a Constituição é a expressão, regida por princípios, ... do ideal político de um povo"*.[341]

Nesta perspectiva, a Suprema Corte assegura que a vontade democrática do povo, inscrita na Constituição, não seja desvirtuada por procedimentos majoritários que ultrapassam o âmbito do "uso público da razão". Por conseguinte, a Suprema Corte, enquanto mais elevado intérprete da Constituição, ao aplicar a razão pública, deve impedir que a Constituição venha a ser *"erodida pela legislação de uma maioria transitória ou, mais provavelmente, por grupos de interesses organizados ... que pretendam se impor"*.[342] Isto não significa, segundo Rawls, que a Suprema Corte atua de forma antidemocrática, pois não se pode supor que o instituto do *judicial review* é incompatível com o ideal democrático. Ao contrário, o poder que a Suprema Corte tem de declarar a inconstitucionalidade de leis ordinárias decorre da autoridade do próprio povo, enquanto autor da Constituição.

Por outro lado, a Suprema Corte não desempenha apenas este papel defensivo. Como assinala Rawls, ela representa a *"entidade exemplar da razão pública"*,[343] na medida em que, ao invocar os valores políticos que sustentam a Constituição, através de seus julgamentos, ela explicita o conteúdo da razão pública. Neste sentido, a Suprema Corte desempenha não apenas um papel educativo – situando os valores políticos no centro do debate público – como também *"dá à razão pública vivacidade e vitalidade no âmbito do fórum público"*.[344]

Ressalte-se, ainda, que esta função pedagógica perderia todo o sentido se os juízes, em suas decisões, levassem em consideração ideais da moralidade em geral e de suas morais individuais ou recorressem aos valores inscritos em concepções religiosas ou filosóficas de mundo. Ao mesmo tempo, tampouco se pode esperar que os juízes tenham a capacidade de, entre eles, estabelecer acordos

---

[341] Cf. John Rawls. *Liberalismo Político, op. cit.*, p. 220.

[342] *Idem*, p. 222.

[343] *Idem*, p. 220.

[344] *Idem*, p. 225. Ver, a respeito do papel da Suprema Corte em Rawls, o texto de Bertrand Guillarme, "Rawls et le Libéralisme Politique", *in Revue Française de Science Politique*, vol. 46, nº 2, 1996.

detalhados acerca da hermenêutica constitucional. Rawls apenas espera que as suas concepções políticas e as suas considerações sobre questões constitucionais fundamentais e de justiça fundamental situem as liberdades básicas em um mesmo lugar, o que ocorre quando a Suprema Corte recorre apenas aos valores políticos presentes na concepção política de justiça.[345]

Em sua tarefa de revitalização do fórum público, a Suprema Corte também contribui indiretamente para a evolução da razão pública, *"na medida em que o debate pode revelar novos valores políticos aceitos por uma larga maioria"*.[346] Neste sentido, e como a Constituição *"é aquilo que o povo, atuando constitucionalmente ... autoriza a Suprema Corte a declarar que é"*,[347] a interpretação constitucional pode, segundo Rawls, ser alterada, seja através de emendas ou reformas constitucionais, seja mediante uma ação política ampla e ininterrupta. Ressalte-se que é difícil supor que a Suprema Corte possa alterar a interpretação de determinados temas – liberdade religiosa ou sufrágio universal, por exemplo – como resultado de ações políticas, por mais contínuas e majoritárias que sejam. No entanto, se *"o povo atua constitucionalmente"*, isto significa que são válidas as emendas constitucionais que venham

---

[345] Rawls parte do pressuposto de que os valores políticos podem responder adequadamente às perguntas fundamentais sobre matérias constitucionais e de justiça básica, não tendo a razão pública a necessidade de recorrer a valores não-políticos. Ainda que sejam vários os valores políticos e diversas as suas combinações, é possível configurar uma resposta satisfatória. Como exemplo, Rawls invoca a questão do aborto, que poderia ser discutida a partir de, pelo menos, três valores políticos distintos: o respeito pela vida humana, a ordenada reprodução da família e a igualdade de respeito entre homens e mulheres. Segundo ele, as mulheres têm o direito ao aborto porque em qualquer combinação razoável entre estes três valores, o valor político da igualdade de respeito tem um peso consideravelmente superior aos demais. Ressalte-se, entretanto, que Rawls não apresenta qualquer razão que fundamente esta afirmação. Ver, a respeito, John Rawls. *Liberalismo Político, op. cit.*, nota 32 das pp. 230-231.

[346] Cf. Bertrand Guillarme, "Rawls et le Libéralisme Politique", *in Revue Française de Science Politique*, p. 15.

[347] Cf. John Rawls. *Liberalismo Político, op. cit.*, p. 225-226. Como assinalamos anteriormente, Rawls, tanto quanto Ackerman, reconhece que a Suprema Corte Americana, a partir do *New Deal*, alterou sensivelmente – como decorrência de um amplo debate público – a forma como vinha interpretando a Constituição, ainda que sem o suporte de novas emendas constitucionais.

a derrogar direitos fundamentais? Segundo Rawls, todas as mudanças constitucionais respondem a duas necessidades: ou ajustar os valores constitucionais básicos às novas conjunturas sócio-políticas, incorporando à Constituição *"uma compreensão mais ampla e inclusiva destes valores"*,[348] ou enfrentar dificuldades decorrentes da prática constitucional, adaptando suas instituições básicas.[349] Em qualquer das possibilidades, o objetivo das alterações constitucionais é sempre o de procurar reforçar o compromisso original da Constituição, adaptando-a segundo os desafios históricos que se apresentam. Neste sentido, qualquer procedimento de reforma constitucional que venha desvirtuar a promessa inicial configurada na Constituição – revogar direitos fundamentais, por exemplo – não pode ser considerado válido. De resto, Rawls ainda recorre à tradição histórica americana, ressaltando que a Declaração de Direitos constitui, como vimos anteriormente, uma espécie de "trincheira" cuja validade tem sido confirmada por uma longa prática histórica.

As considerações de Rawls a respeito da forma de atuação das Cortes Supremas não vão além destas reflexões sobre a exigência de que os juízes, em suas decisões, recorram exclusivamente a valores políticos, como maneira de impedir que procedimentos majoritários alterem o ordenamento constitucional e o seu sistema de direitos, cuja autoria pertence a todos. No entanto, se Rawls não ingressa propriamente no debate jurídico acerca da hermenêutica constitucional, o liberalismo conta com a proposta de Dworkin sobre uma *"leitura moral da Constituição"*.

Dworkin, como assinalamos anteriormente, estabelece, em sua luta contra o positivismo jurídico, uma estreita conexão entre direito e moralidade, ao formular a idéia de que o ordenamento jurídico é integrado não apenas por normas, mas também por princípios. Estes princípios – nos quais se ancora a concepção de direito como integridade – são *"exigências da justiça, da eqüidade ou de alguma outra dimensão da moralidade"*.[350] Ressalte-se, entretanto, que por invocar princípios morais Dworkin não pode ser identificado como um representante do pensamento jusnaturalista clássico. Afinal, da sua

---

[348] Cf. John Rawls. *Liberalismo Político, op. cit.*, p. 226.

[349] Como exemplo desta adaptação, Rawls refere-se à Décima-Sexta Emenda Constitucional Americana, que atribui ao Congresso o poder de decretar impostos sobre a renda.

[350] Cf. Ronald Dworkin. *Los Derechos en Serio, op. cit.*, p. 72.

postura antipositivista não decorre um compromisso jusnaturalista com uma moral objetiva que pressupõe a existência de princípios universais e inalteráveis que devem apenas ser descobertos pela razão humana. Os princípios morais não resultam de um processo "contemplativo", mas, ao contrário, de um processo "construtivo". Com efeito, Dworkin supõe que a argumentação moral constrói historicamente princípios capazes de justificar as instituições da sociedade, em função dos seus próprios conteúdos e de sua força argumentativa. Em outras palavras, os elementos essenciais do ordenamento jurídico podem ser justificados por princípios que decorrem *"de uma razão prática historicamente concretizada que se propaga através da história"*.[351]

A concepção de direito como integridade pressupõe, portanto, um procedimento de interpretação construtivista que não apenas justifique o direito positivo à luz de princípios morais, mas, ao mesmo tempo, assegure o grau de certeza exigido pelo direito. Daí a exigência formulada por Dworkin no sentido de que os princípios decorrentes da moralidade política devam justificar tanto a produção legislativa (*legislation*) como as decisões judiciais (*adjudication*). Em outras palavras, nem as diretrizes políticas que se encontram na origem do processo legislativo, nem as prestações jurisdicionais podem estar em desacordo com os princípios morais. Ao mesmo tempo, como esta concepção de direito enquanto interpretação encontra sua legitimidade na idéia de reciprocidade – de vez que se articula com um princípio básico, que *"se toma como fundamental e axiomático"*,[352] segundo o qual todos os indivíduos devem ser tratados com igual respeito e consideração – as diretrizes políticas[353] e as decisões judiciais não podem violar as pretensões individuais justificadas por este princípio.

Ressalte-se, por outro lado, que, para Dworkin, a interpretação construtivista de um direito integrado por normas e princípios -

---

[351] Cf. Jürgen Habermas. *Between Facts and Norms. Contributions to a Discourse Theory of Law and Democracy, op. cit.*, p. 203.

[352] Cf. Ronald Dworkin. *Los Derechos en Serio, op. cit.*, p. 41.

[353] Segundo Dworkin, as diretrizes políticas estão voltadas para a obtenção de finalidades sociais e se traduzem em planos de ação dirigidos à realização de objetivos econômicos, políticos e sociais de uma comunidade.

requer que tanto *"os princípios morais como as diretrizes políticas sejam traduzidos para a linguagem neutra do direito e vinculados ao código legal"*.[354] Afinal, como os juízes utilizam não apenas os argumentos provenientes das diretrizes políticas, como aqueles relativos aos princípios morais – obviamente prioritários em relação aos primeiros –, não haveria como garantir os requisitos de certeza exigidos pelo direito se uma linguagem jurídica neutra não demarcasse claramente as fronteiras entre o direito, a moralidade e a política.

Com esta argumentação Dworkin pretende demonstrar como é possível superar o princípio positivista da absoluta separação entre os mundos do direito, da moral e da política. Com efeito, se os princípios decorrentes da moralidade política migram para o interior do direito positivo, o ordenamento jurídico nem resulta, como assegura Austin, da vontade política de um legislador soberano, nem, como supõe Hart,[355] de uma *"regra de reconhecimento"*.[356] O direito, segundo Dworkin, não pode ser explicado por um modelo positivista estritamente normativo, que ignora a sua dimensão moral substantiva. A concepção de direito como interpretação e integração revela precisamente aquilo que o positivismo pretende ocultar, ou seja, que o direito não é apenas um conjunto de normas especiais, mas também incorpora princípios decorrentes da moralidade política.

Com efeito, o direito é uma atitude interpretativa precisamente porque é integrado por normas e princípios, aos quais recorrem os juízes como argumentos que justificam as suas decisões. Entretanto,

---

[354] Cf. Jürgen Habermas. *Between Facts and Norms. Contributions to a Discourse Theory of Law and Democracy*, *op. cit.*, pág. 207.

[355] Em *Taking Rights Seriously* (*Los Derechos en Serio*, *op. cit.*, capítulo 2), Dworkin elege os trabalhos de John Austin e Herbert Lionel Adolphus Hart, enquanto representantes do positivismo jurídico, como os alvos prioritários de sua teoria do direito.

[356] A regra de reconhecimento adotada por Hart é um critério através do qual se demonstra a validade de uma norma jurídica. Trata-se, como assinala Dworkin, de um "teste de origem". Qualquer sociedade, quando constitui o direito, elege uma regra de reconhecimento – norma secundária fundamental – que define a maneira através da qual se identifica uma norma jurídica. Como assinala Dworkin, *"a regra de reconhecimento ... pode ser relativamente simples – 'é direito tudo aquilo que o rei assim define' – ou sumamente complexa – a Constituição dos Estados Unidos, com todas as suas dificuldades de interpretação (...)"* Cf. Ronald Dworkin. *Los Derechos en Serio*, *op. cit.*, p. 70.

Dworkin assinala que normas e princípios possuem estatutos lógico-argumentativos distintos, pois enquanto as normas definem as suas condições de aplicação, os enunciados dos princípios jurídicos necessitam de interpretação, de vez que não são capazes de determinar suas condições de aplicação. Desta distinção lógica entre normas e princípios resulta que estes últimos possuem uma dimensão de "peso" ou "importância" de que carecem as normas, pois na hipótese de um conflito entre normas, uma delas não pode ser considerada válida, enquanto que no caso de colisão entre princípios, a opção por um deles resulta do seu "peso" ou "importância" para uma questão determinada, o que não significa que os princípios preteridos tenham perdido a sua validade.[357] A despeito destas distinções, tanto as normas como os princípios possuem em comum um sentido deontológico de validade, pois, ao contrário das diretrizes políticas que se caracterizam por uma estrutura teleológica, ambos têm a natureza de uma obrigação.

Ao conferir um sentido de validade deontológico aos princípios jurídicos, Dworkin se volta contra a tese da função discricional dos juízes formulada pelo positivismo jurídico, segundo a qual, na ausência de normas claramente aplicáveis, as decisões judiciais são caracterizadas pela discricionariedade. Segundo Dworkin, quando os tribunais americanos privam um herdeiro que assassinou o avô de

---

[357] Utilizando os exemplos oferecidos por Dworkin, poderíamos mencionar a norma segundo a qual "não é válido o testamento que não seja assinado por três testemunhas". Como as normas definem as suas condições de aplicação, um testamento assinado por duas testemunhas não é considerado válido. Ao mesmo tempo, se esta norma possui exceções, é necessário que estejam enumeradas. Poderíamos, entretanto, supor que na ausência de exceções definidas – caso do direito americano – um testamento assinado por três testemunhas beneficiasse um herdeiro que tivesse sido identificado como o responsável pelo assassinato do testador. Nesta hipótese, o assassino não pode receber a herança porque, a despeito de o testamento ser válido em face da literalidade da norma, estaria violado o princípio segundo o qual "ninguém pode obter vantagem de sua própria conduta injusta ou beneficiar-se de seu delito". Por outro lado, como os princípios jurídicos não estabelecem conseqüências que decorram automaticamente das condições previstas, é possível, por vezes, identificar uma situação em que, de maneira legal, alguém pode ser beneficiado por suas condutas injustas, como no caso do usucapião. Ver, a respeito, Ronald Dworkin. *Los Derechos en Serio, op. cit.*, pp. 72 a 80.

receber os bens por ele legados em testamento legalmente válido (ver nota 357), esta decisão decorre não da função discricionária dos juízes, mas do sentido deontológico do princípio jurídico segundo o qual ninguém pode beneficiar-se de seu próprio delito. Em outras palavras, em face de "casos difíceis" (*hard cases*) – ausência de normas ou conflito normativo –, os tribunais devem admitir e reconhecer princípios jurídicos obrigatórios que, juntamente com as normas, integram o direito.

De outra parte, se o sentido deontológico dos princípios jurídicos impede que o juiz tenha liberdade para criar normas e aplicá-las retroativamente, não torna fácil a sua tarefa de encontrar a "resposta correta" para os "casos difíceis". Como os enunciados dos princípios não fixam as suas condições de aplicação e como tampouco é possível estabelecer previamente uma hierarquia entre eles, é perfeitamente possível que a adoção de princípios, na busca da "resposta correta", fundamente decisões distintas. Entretanto, seria tarefa simples solucionar os "casos difíceis" se todos os elementos essenciais de um ordenamento jurídico pudessem ser justificados pelo juiz à luz dos princípios, de maneira que o conjunto das suas decisões singulares necessariamente fizessem parte de um todo coerente. Mas, como assinala Habermas ao comentar a teoria do direito de Dworkin, "*uma tal tarefa só poderia ser realizada por um juiz cuja capacidade intelectual fosse comparável à força física de Hércules. O "juiz Hércules" tem à sua disposição dois componentes de um conhecimento ideal: ele conhece todos os princípios e diretrizes políticas válidos e necessários para a justificação do direito e ele tem um panorama completo da densa rede de argumentos trançados que vinculam os elementos do direito existente*".[358] Com o modelo do "juiz Hércules", enquanto plano teórico de representação, Dworkin pretende demonstrar que a "resposta correta" para os "casos difíceis" é a "melhor resposta possível", ou seja, aquela que resulta de um processo argumentativo integrado a uma teoria do direito "*que melhor justifique e explique o direito histórico e o direito vigente*".[359]

As teorias nas quais se ancoram os atos interpretativos dos juízes têm, segundo Dworkin, o objetivo de evitar decisões judiciais

---

[358] Cf. Jürgen Habermas. *Between Facts and Norms. Contributions to a Discourse Theory of Law and Democracy*, op. cit., p. 212.
[359] Cf. A. Calsamiglia, "Ensayo sobre Dworkin", *in Los derechos en Serio* (Prólogo), *op. cit.*, p. 14.

fundadas em sentimentos subjetivos, assegurando os requisitos de certeza exigidos pelo direito. Ao mesmo tempo, elas conciliam o direito histórico e o direito vigente, porque a melhor interpretação não é aquela que pretende descobrir a intenção do legislador original. Para Dworkin, *"os juízes são autores tanto quanto críticos"*.[360] Imaginando um exercício literário em que cada capítulo de um romance é redigido por um escritor diferente que deve interpretar os capítulos anteriores visando construir o melhor texto possível, Dworkin afirma que, da mesma forma, as decisões judiciais nos "casos difíceis", enquanto atos de criação, são atos de interpretação crítico-construtiva. Neste sentido, os juízes, quando analisam o direito histórico fundado em diferentes teorias e procedimentos, deve ver a si próprio *"como um parceiro em um complexo empreendimento em cadeia cujas inumeráveis decisões, estruturas, convenções e práticas são a própria história; é seu trabalho dar continuidade a esta história"*.[361]

As controvérsias judiciais que exigem uma interpretação crítico-construtiva, que recorra aos princípios na busca de uma "resposta correta", envolvem temas de importância constitucional e implicam no que Dworkin designa como "leitura moral da Constituição". Ressalte-se que todos os exemplos de "casos difíceis" apresentados por Dworkin referem-se a conflitos judiciais decididos pela Suprema Corte Americana, envolvendo o sistema de direitos constitucionais.

A leitura moral da Constituição supõe, em primeiro lugar, que os direitos fundamentais nela estabelecidos devem ser interpretados como princípios morais que decorrem da justiça e da equidade e que fixam limites ao poder governamental. Dworkin parte do pressuposto de que os princípios inscritos no sistema de direitos constitucionais são provenientes de um ideal político e jurídico, segundo o qual todos os cidadãos devem ser tratados com igual respeito e consideração. Em segundo lugar, a leitura moral faz-se necessária seja porque os direitos fundamentais são quase sempre estabelecidos em uma linguagem abstrata, carente de interpretação, seja porque é a única capaz de solucionar corretamente conflitos entre direitos.

---

[360] Cf. Cf. Ronald Dworkin. *Laws Empire*, *op. cit.*, p. 229.
[361] Cf. Ronald Dworkin. *A Matter of Principle*, *op. cit.*, p. 159. Esta idéia resume a concepção proposta por Dworkin de um "direito em cadeia" (*chain of law*).

A leitura moral da Constituição, segundo Dworkin, *"coloca a moralidade política no coração do direito constitucional"*.[362] No entanto, como ele próprio reconhece, do caráter controvertido e incerto da moralidade política decorre a exigência de que o sistema político defina previamente quais são os atores autorizados a interpretar os princípios que integram o direito. Na maioria das democracias contemporâneas – da mesma forma como nos Estados Unidos – esta tarefa é primordialmente atribuída aos juízes que integram as Supremas Cortes ou Tribunais Constitucionais. Desnecessário mencionar que esses juízes, em suas decisões, não podem apelar para as suas próprias crenças e convicções, pois, como já assinalamos, em face de "casos difíceis", devem recorrer a uma interpretação racionalmente construída a partir de princípios, considerando não apenas a Constituição como um todo, mas também a história e as práticas constitucionais.

Dworkin identifica dois grandes adversários desta concepção de leitura moral da Constituição. Os primeiros – os "originalistas" (*originalists*) – propõem uma estratégia interpretativa que recusa uma leitura moral, pois julgam que a hermenêutica constitucional mais adequada é aquela compatível com a "intenção original" dos autores da Constituição. Neste sentido, como cada cláusula constitucional é vista como uma espécie de *"momento canônico de criação"*,[363] a Constituição é aquilo que os seus autores acreditavam que ela concretamente era. Refutando a posição adotada pelos "originalistas", Dworkin invoca a célebre decisão da Suprema Corte no caso *Brown v. Board of Education*, em 1954, segundo a qual a segregação racial nas escolas americanas é incompatível com a cláusula constitucional que assegura a igual proteção da lei. De fato, se a interpretação constitucional, como asseguram os "originalistas", não pudesse se desvincular da intenção original dos autores da Constituição, a segregação racial nas escolas públicas não teria sido declarada inconstitucional, porque *"os autores da cláusula da igual proteção não acreditavam que a segregação escolar, que eles próprios praticavam, negava o igual status"*.[364]

---

[362] Cf. Ronald Dworkin. *Freedoms Law. The Moral Reading of the American Constitution*, op. cit., p. 2.

[363] Cf. Ronald Dworkin. *Laws Empire*, op. cit., p. 361.

[364] Cf. Ronald Dworkin. *Freedoms Law. The Moral Reading of the American Constitution*, op. cit., p. 13. Após a guerra civil, com a promulgação da Décima-Quarta Emenda, que assegurou "igual proteção da lei" a todos os

Os "originalistas" não são, como assinalamos, os únicos adversários de Dworkin. Os comunitários e republicanos, ainda que não recusem uma leitura moral – de vez que identificam no sistema de direitos constitucionais um conjunto de valores –, são contrários à proposta de Dworkin de atribuir às Cortes Supremas a tarefa de conduzir a leitura moral. Segundo os republicanos, é o povo – e não os juízes – que tem autoridade para interpretar a Constituição. Esta argumentação republicana que combina uma leitura moral com uma hermenêutica constitucional conduzida pelo povo é, de acordo com Dworkin, contraditória, pois *"a leitura moral ... é uma teoria sobre o que significa a Constituição e não uma teoria sobre quais as visões acerca do que ela significa devem ser aceitas pelo resto de nós"*.[365] Contra a argumentação republicana, Dworkin agora se refere à lei promulgada pela Assembléia Legislativa do Estado do Missouri que restringe a prática de abortos em hospitais públicos, contrariando, de acordo com ele, a decisão da Suprema Corte, de 1973, no caso *Roe v. Wade*, segundo a qual a Constituição garante o direito das mulheres ao aborto durante o período inicial da gravidez.[366] Dworkin reconhece que em alguns Estados americanos os movimentos sociais "pela vida" contam com mais apoio da população do que aqueles que lutam "pelo direito de escolha" – as pesquisas revelam, por exemplo, que há uma ampla maioria contrária ao aborto no Estado do Missouri. Entretanto, como Dworkin propõe uma concepção de "democracia constitucional", contrária à idéia de "democracia majoritária", esta restrição do direito das mulheres ao aborto viola a cláusula

---

cidadãos americanos, incluindo os negros, a Suprema Corte, em 1896, decidiu, no caso *Plessy v. Fergunson*, que a segregação racial em escolas ou transportes públicos não era inconstitucional, pois estes serviços, ainda que fornecidos separadamente, não eram desigualmente oferecidos. Daí a expressão "separados, mas iguais".

[365] Cf. Ronald Dworkin. *Freedoms Law. The Moral Reading of the American Constitution, op. cit.*, pág. 12.

[366] No dia 3 de julho de 1989, a Suprema Corte Americana reafirma que a prática do aborto não é considerada uma conduta criminosa, mas aceita a posição da Assembléia Legislativa do Estado do Missouri de não utilizar recursos públicos para auxiliar as mulheres que desejam praticar o aborto. Ver, a respeito, a introdução de Pierre Bouretz ao texto de Ronald Dworkin, "La Controverse sur l'avortement aux Étas-Unis", tradução de Jean-Louis Morisot, *in Esprit*, no 155, dezembro de 1989.

constitucional que assegura uma esfera de intimidade, da qual decorre o direito de dispor livremente de seu próprio corpo.

Neste sentido e como assinalamos, as pretensões individuais justificadas pelo princípio de que todos devem ser tratados com igual respeito e consideração não podem ser violadas, segundo Dworkin, nem por diretrizes políticas nem por decisões judiciais, ainda que majoritariamente aceitas. Daí o compromisso de Dworkin com o instituto da revisão judicial (*judicial review*), através do qual a Suprema Corte pode controlar a constitucionalidade das decisões judiciais e da legislação promulgada pelos representantes do povo. Contra o argumento comunitário que vê na revisão judicial um limite ao processo deliberativo democrático, Dworkin afirma que *"o judicial review assegura um tipo superior de deliberação republicana"*,[367] na medida em que viabiliza um debate político orientado por princípios e não apenas por valores forjados por maiorias eventuais.

Como veremos a seguir, Dworkin tem razão ao afirmar que os comunitários adotam uma postura contrária à revisão judicial. Transferir do povo para uma elite profissional as decisões políticas fundamentais de uma comunidade é, segundo Taylor, perverter o ideal republicano que reclama um vigoroso compromisso dos cidadãos com a atividade política deliberativa.

b) Os Comunitários e a Interpretação Constitucional Orientada por Valores

Os comunitários dão a si próprios a tarefa de revelar como a interpretação liberal dos direitos fundamentais e a defesa do *judicial review* são incompatíveis com uma política de reconhecimento igualitário capaz de assegurar a sobrevivência das distintas identidades culturais. A postura liberal frente aos direitos individuais visa, segundo Taylor, neutralizar as exigências de diferenciação, instituindo controles judiciais que violam o exercício da autonomia por parte de determinados grupos culturais. Taylor invoca a posição do "Canadá inglês" em relação aos franceses de Quebec como reveladora desta intenção.

---

[367] Cf. Ronald Dworkin. *Freedoms Law. The Moral Reading of the American Constitution*, *op. cit.*, p. 31.

O Canadá, da mesma forma como outras democracias contemporâneas, instituiu, em 1982, como parte integrante de sua Constituição, uma declaração de direitos – a "Carta de Direitos e Liberdades" –, destinada a proteger os direitos fundamentais de todos os cidadãos canadenses. Com efeito, esta declaração de direitos assegura um conjunto de direitos e liberdades individuais (liberdade religiosa, liberdade de expressão, direito ao devido processo etc.), tanto quanto um tratamento igualitário para todos os cidadãos, proibindo práticas discriminatórias em razão de raça, sexo ou religião. Ao mesmo tempo, estes direitos individuais e as exigências de tratamento igualitário constituem base para a revisão judicial (*judicial review*) da legislação canadense em qualquer nível de governo. No entanto, ainda que o Tribunal Supremo do Canadá possa declarar a inconstitucionalidade das leis que violam a declaração de direitos, o instituto do *judicial review* é limitado por uma cláusula constitucional – a chamada cláusula do "não obstante" (*not withstanding clause*) –, segundo a qual o Parlamento ou as Assembleias Provinciais podem instituir legislações imunes à revisão judicial, durante um certo período.[368] Foi com base nesta cláusula que algumas leis relativas à proteção cultural dos franco-canadenses foram promulgadas em Quebec: a que os proíbe de matricular seus filhos em escolas de língua inglesa; a que obriga uma administração em língua francesa das empresas com mais de 50 empregados e a que impede o uso de idiomas diferentes do francês em documentos comerciais.

Taylor não hesita em admitir a validade desta legislação, invocando o argumento de que o governo de Quebec pode impor determinadas restrições aos seus cidadãos, pois atua em nome de um objetivo comum, ou seja, a sobrevivência cultural dos franco-canadenses. Diferentemente dos liberais, Taylor acredita que o governo de Quebec não pode ser obrigado a assumir uma posição

---

[368] É necessário ressaltar que a chamada cláusula do "não obstante" não pode ser invocada em relação à legislação que limite as liberdades religiosas, de expressão, de assembléia, de associação, o direito ao *habeas corpus* e outros direitos considerados básicos. Ao mesmo tempo, as leis imunes ao controle judicial devem ser renovadas após cinco anos, pois, caso contrário, estão automaticamente derrogadas. Ver, a respeito, Joseph Carens, "Complex Justice, Culture and Politics", in Pluralism, Justice and Equality, *op. cit.*, p. 53.

de neutralidade frente aos que desejam a sobrevivência da cultura francesa e os que assumem uma posição diversa. Ao contrário, dados os seus contornos culturais, Quebec se constitui em uma "sociedade distinta"[369] – ainda que integre o Estado canadense – e o seu governo deve, segundo Taylor, agir orientado por uma determinada concepção acerca da vida digna. Nesta perspectiva, a legislação lá promulgada deve levar em conta a necessária distinção entre os direitos fundamentais básicos (liberdade religiosa, de expressão, - *habeas corpus* etc.), que não podem ser violados, e *"as imunidades que apesar de sua importância podem ser revogadas ou restringidas por razões de política pública"*.[370]

Com base nestes argumentos, Taylor qualifica como "pretensão homogeneizante" a posição do Canadá inglês contrária ao reconhecimento de Quebec como "sociedade distinta". Impedir o governo de Quebec de promover um objetivo coletivo, obrigando-o a subordinar os seus atos à declaração de direitos, significa, por um lado, violar a autodeterminação dos franco-canadenses e, por outro, lhes impor *"uma forma de sociedade liberal que lhes é alheia e à qual não podem acomodar-se sem sacrificar sua identidade"*.[371]

Walzer, por sua parte, concorda integralmente com Taylor, pois também reconhece o direito do governo de Quebec de agir no sentido de implementar políticas que garantam a sobrevivência da cultura francesa. Afirma que, de resto, os Estados-nações liberais atuam exatamente como Quebec, ou seja, *"seus governos se interessam pela sobrevivência cultural da maioria da nação"*,[372] ainda que tolerem e respeitem as diferenças étnicas e religiosas. No entanto, Walzer reconhece que nem todas as democracias contemporâneas são Estados-nações. Existem sociedades multiculturais – como os Estados Unidos e o próprio Canadá – que se caracterizam como "nações de nacionalidades". No caso americano, ao contrário de

---

[369] Quebec é reconhecida como "sociedade distinta" por uma emenda constitucional, designada como Emenda Meech. Segundo Taylor, este reconhecimento deve se constituir como uma das bases da interpretação judicial da Constituição Canadense.

[370] Cf. Charles Taylor. *El Multiculturalismo y "la política del reconocimiento"*, *op. cit.*, p. 89.

[371] *Idem*, p. 90.

[372] Cf. Michel Walzer, *"Comentario"*, *in El Multiculturalismo y "la política del reconocimiento"*, *op. cit.*, p. 141.

Quebec, dada a ausência de minorias com significativa base territorial, a cultura pública optou por um compromisso com os direitos constitucionalmente assegurados, atribuindo, através deles, o mesmo valor aos diferentes modos culturais de vida.

Com esta argumentação, Walzer, mais uma vez, revela o seu compromisso com a ideia de autodeterminação. Se o Estado adota uma postura neutra em face das diferenças culturais ou se, ao contrário, protege e estimula uma cultura particular, o faz como consequência da deliberação de uma comunidade política que atua autonomamente orientada pelos valores que compartilha. Nesta perspectiva, as instituições de uma sociedade, especialmente as suas instituições judiciais, apenas podem ser avaliadas, segundo Walzer, no contexto cultural no qual operam. Se a adoção da cláusula do "não obstante" (*notwithstanding clause*) – que promove uma deliberação pública sobre eventuais restrições aos direitos individuais –, é uma experiência razoável no contexto canadense, provavelmente não seria uma inovação desejável no contexto americano, dadas as suas diferentes práticas e tradições. Por outro lado, do fato de nunca ter adotado a cláusula do "não obstante" não decorre, segundo Walzer, que as instituições judiciais americanas tenham necessariamente assegurado os direitos individuais, especialmente os dos integrantes de grupos minoritários. Exemplo disto é o conteúdo da decisão da Suprema Corte Americana, no caso *Plessy v. Ferguson*, quando, como vimos, a segregação racial não foi considerada violação da cláusula constitucional que garante a igual proteção do direito para todos.

Walzer admite que os Estados Unidos e o Canadá, enquanto sociedades democráticas, partilham um conjunto de princípios, direitos fundamentais, tratamento isonômico, império da lei etc. No entanto, as suas diferenças culturais conformam diferenças institucionais, na medida em que os princípios que compartilham são implementados por instituições concretas distintas, configuradas pelos homens e mulheres que as integram. Neste sentido, nem o *judicial review* americano nem a cláusula do "não obstante" canadense podem ser avaliados e julgados por qualquer teoria do direito que desconsidere o particularismo cultural das diferentes sociedades democráticas. Em outras palavras, como as várias identidades culturais americanas *"estão adaptadas e forjadas significativamente pela idéia liberal dos direitos individuais*",[373] o instituto do *judicial review* se adapta a este compromisso valorativo, tanto quanto a cláusula do "não obstante" é compatível com a preservação da cultura francesa, enquanto valor compartilhado pelos franco-canadenses.

Nesta perspectiva, tanto Taylor como Walzer recusam a teoria do direito proposta por Dworkin que defende o instituto do *judicial review* como forma de assegurar a integridade da Constituição e dos direitos individuais nas democracias contemporâneas. Propor, como faz Dworkin, uma teoria do direito construída a partir de argumentos supostamente racionais, é, segundo os comunitários, ignorar, por um lado, o particularismo das identidades culturais e, por outro, criar obstáculos aos legítimos processos deliberativos democráticos nos quais se traduz o direito de autodeterminação cidadã.

Parece não restar dúvidas de que a defesa da autonomia pública e da soberania popular, enquanto compromisso central dos comunitários, igualmente orienta, como em outros temas, as suas considerações sobre o papel das instituições judiciais nas democracias contemporâneas. Da mesma maneira, esta defesa do direito da autodeterminação cidadã conforma as observações de Ackerman acerca da interpretação constitucional. Ressalte-se, no entanto, que o compromisso com o processo de deliberação popular é, em Ackerman, ainda mais amplo e veemente do que aquele defendido por Walzer. Afinal, Walzer reconhece que, ao contrário do caso canadense, o instituto do *judicial review*, no contexto americano, é adequado para a proteção dos direitos individuais, pois, em face da multiplicidade de minorias culturais, se o Congresso legislasse com o objetivo de dar a estes grupos uma especial proteção oficial, "*teríamos que mutilar drasticamente os direitos individuais, ainda mais do que o requerido em Quebec*".[374] Diferentemente de Walzer, Ackerman – ainda que não considere o tema do multiculturalismo –, acredita que se o *judicial review* é adequado, no contexto americano, para garantir a proteção dos direitos individuais, isto não significa que o processo político deliberativo deva estar subordinado aos direitos fundamentais. Ao contrário, até mesmo as liberdades mais fundamentais – como a religiosa, por exemplo – dependem, segundo Ackerman, do processo público de autodeterminação.

---

[373] *Idem*, p. 144.
[374] *Idem*, p. 144.

Como assinalamos anteriormente, Ackerman é partidário de uma concepção de democracia dualista que distingue claramente as decisões políticas rotineiramente tomadas pelos legisladores e pela burocracia estatal das "transformações no sistema", engendradas exclusivamente pelo povo. Nesta perspectiva, como estas decisões políticas regulares devem estar subordinadas às normas e princípios configurados na Constituição e no seu sistema de direitos, o instituto do *judicial review* é eficiente para impedir que as restrições constitucionais sejam violadas, cabendo aos juízes *"invalidar a legislação proposta e mostrar aos políticos aquilo que eles são: meros substitutos do próprio povo. Apenas o Povo pode mudar a Constituição e os juízes devem impedir o Congresso de fazer alterações básicas unilateralmente ".*[375] Os interesses, compromissos e valores que orientam as decisões políticas cotidianas não podem, segundo Ackerman, violar as grandes decisões tomadas pelo povo ao longo de sua história constitucional.

Ackerman, com efeito, não vislumbra qualquer relação conflituosa entre democracia e direitos fundamentais. Quando a Suprema Corte Americana utiliza o instituto do *judicial review* para declarar – em nome da preservação dos direitos fundamentais, por exemplo – a inconstitucionalidade de legislação aprovada majoritariamente pelo Congresso, este processo revisional não pode ser considerado ilegítimo sob o argumento de que viola uma decisão democrática: *"mais do que ameaçar a democracia por frustrar as demandas legislativas da elite política em Washington, a Corte auxilia a democracia protegendo os princípios arduamente obtidos por uma cidadania mobilizada contra a ação destrutiva das elites políticas que não conseguem obter um forte apoio popular para as suas inovações".*[376] Conseqüentemente, o instituto do *judicial review* é legítimo na medida em que preserva as decisões provenientes da autoridade de um povo mobilizado, capaz de soberanamente deliberar e instituir as normas e princípios que regulam as suas próprias relações.

Ackerman, no entanto, admite que o instituto do *judicial review* perde inteiramente a sua legitimidade caso seja utilizado para declarar a inconstitucionalidade das conquistas revolucionárias obtidas através da deliberação soberana do povo. Em outras palavras, contra as grandes decisões políticas tomadas por uma cidadania fortemente

---

[375] Cf. Bruce Ackerman. *We the People. Foundations, op. cit.,* p. 192.
[376] *Idem,* p. 10.

mobilizada, a Suprema Corte não pode legitimamente invocar nem mesmo o argumento de que tal deliberação viola os direitos fundamentais constitucionalmente assegurados. Ackerman explicita o seu argumento recorrendo a um caso hipotético; ele imagina uma situação em que o avanço do fundamentalismo religioso no mundo islâmico encontraria como contrapartida no mundo ocidental uma formidável renovação dos compromissos do povo com a fé cristã. Como decorrência desta religiosidade revigorada, o povo americano engendraria um forte movimento político que terminaria por resultar na promulgação de uma nova Emenda Constitucional, que revogaria parcialmente a Primeira,[377] e cujo conteúdo seria o seguinte: *"O cristianismo é estabelecido como a religião oficial do povo americano e o culto público de outros deuses está, pela presente, proibido."*[378]

Em face da promulgação desta hipotética XXVII Emenda Constitucional, os juízes da Suprema Corte Americana não poderiam declarar a sua inconstitucionalidade, através do *judicial review*, precisamente porque os direitos fundamentais, segundo Ackerman, não são prioritários nem podem subordinar a deliberação soberana do povo. Ressalte-se, no entanto, que uma decisão política revolucionária – que representa significativa "transformação no sistema" – apenas se traduz em efetiva mudança constitucional quando três condições são obtidas. Em primeiro lugar, o movimento político que a deflagra deve convencer um número extraordinário de cidadãos a discuti-la com seriedade. Em segundo lugar, todos aqueles que a ela se opõem devem ter assegurado o direito de expor amplamente os argumentos que sustentam sua posição contrária. Finalmente, a maioria dos cidadãos deve continuamente apoiar esta decisão e seus efeitos, quando ela é discutida nos foros constitucionais adequados, especialmente no âmbito da Suprema Corte.

Quando os cidadãos mobilizados, com vontade e consciência, instituem estas "transformações no sistema" porque redefinem,

---

[377] A Primeira Emenda à Constituição Americana impede que o Congresso institua qualquer religião oficial, proíba o exercício de cultos religiosos, restrinja a liberdade de expressão e de imprensa, limite o direito do povo de reunir-se pacificamente ou o direito de petição aos poderes públicos. As dez primeiras emendas constitucionais americanas, ratificadas em 15 de dezembro de 1791, constituem a Declaração de Direitos (*Bill of Rights*).

[378] Cf. Bruce Ackerman. *We the People. Foundations*, *op. cit.*, p. 14.

como vimos, a sua própria identidade política, isto não significa, segundo Ackerman, que eles considerem estes momentos decisivos como processos inteiramente desvinculados de sua própria história, ainda que possam traduzir um desejo de rompimento com parte do seu passado. É precisamente por isso que a tarefa de interpretação constitucional das grandes decisões políticas tomadas pelo povo deve inevitavelmente considerar o passado constitucional quando busca decodificar as "transformações no sistema" ocorridas no presente. A hermenêutica constitucional, segundo Ackerman, é, ao mesmo tempo, síntese e interpretação.

Com base nestes argumentos, Ackerman propõe um modelo de hermenêutica constitucional – o modelo da síntese interpretativa – que deve ser adotado pela Suprema Corte, enquanto *"intérprete da Constituição por excelência"*,[379] quando, em determinados momentos históricos, se depara com decisões políticas que representam uma profunda mudança da opinião pública. Nesta hipótese, os juízes da Suprema Corte não podem, por um lado, adotar a posição de *"fechar as portas frente a estes acontecimentos"*, mas, por outro lado, devem tentar *"reconciliar as discrepantes vitórias históricas do povo americano"*.[380] Diversas decisões da Suprema Corte Americana nos três momentos em que o povo realizou "transformações no sistema" – a Fundação, a Reconstrução e o *New Deal* – traduzem este modelo interpretativo.

Dentre as diferentes decisões da Suprema Corte analisadas por Ackerman, a proferida no caso *United States v. Carolene Products Co.* (1938), em face das transformações resultantes do *New Deal*,[381] é representativa desta síntese interpretativa. No caso em pauta – o

---

[379] Cf. Ricardo Lobo Torres, "O Espaço Público e os Intérpretes da Constituição", *in Direito, Estado e Sociedade*, Revista do Departamento de Direito da PUC-Rio, no 7, julho-dezembro de 1995, p. 125.

[380] Cf. Bruce Ackerman. *We the People. Foundations, op. cit.*, p. 160.

[381] Em 1937, a Suprema Corte Americana utiliza com freqüência o instituto do *judicial review* para declarar a inconstitucionalidade da legislação que pretendia atenuar os efeitos da depressão econômica. Franklin Roosevelt propõe ao Congresso, sem sucesso, um projeto para ampliar o número de juízes da Corte. Em 1938, com a aposentadoria de alguns deles, a nova composição da Suprema Corte viabiliza as reformas desejadas. Os argumentos que sustentaram, em 1938, a decisão do caso *United States v. Carolene Products Co.* foram elaborados pelo juiz Harlan Fiske Stone, na célebre *"Footnote 4"*. Ver, a respeito, *Basic Readings in U.S. Democracy*, Melvin Urofsky (editor), Washington, United States Information Agency, 1994, pp. 213-214.

Congresso americano havia legislado fixando um padrão mínimo de qualidade para o leite comercializado no país – o que se discutia era a constitucionalidade da legislação que, intervindo no domínio econômico, poderia colocar em perigo valores constitucionais fundamentais, como o direito de propriedade e o de estabelecer contratos. A Suprema Corte termina por reconhecer a constitucionalidade da mencionada legislação, utilizando o argumento de que a Declaração de Direitos representa, com efeito, uma lista de "proibições específicas", que são, no entanto, relativas não apenas aos direitos nela enumerados, mas também, como assegura a IX Emenda,[382] aos demais direitos do povo americano não ali incluídos. Neste sentido, torna-se necessário atenuar o compromisso judicial com o direito de propriedade ou de contrato, para assegurar um direito econômico ou social que tampouco pode ser violado. Com esta decisão, a Suprema Corte, segundo Ackerman, realiza uma síntese interpretativa quando, ao mesmo tempo, *"repudia sua defesa doutrinária de um capitalismo laissez-faire e começa a construir as novas bases constitucionais para uma ativa intervenção governamental"*, mas também *"não elimina totalmente as tradições constitucionais legadas pelos Fundadores e pela Reconstrução"*.[383]

Ackerman, portanto, reserva à Suprema Corte a tarefa de estabelecer uma síntese interpretativa dos valores constitucionais forjados pelo povo americano durante os momentos históricos em que renovam a sua própria identidade política. Nesses períodos decisivos, a Corte deve submeter-se à vontade constitucional do povo, *"procurando integrar as novas soluções constitucionais com as antigas estruturas que o Povo manteve intactas"*.[384] Por outro lado, na falta de momentos de efervescência político-constitucional, a Suprema Corte deve utilizar o instituto do *judicial review* como uma espécie de marca indicativa da ausência de autogoverno pelo povo. Como

---

[382] A IX Emenda à Constituição Americana dispõe: *"A enumeração, na Constituição, de certos direitos, não será interpretada para negar ou limitar outros direitos que o povo dispõe"*. Ver *Basic Readings in U.S. Democracy*, *op. cit.*, p. 36.

[383] Daí a relação dialética que, segundo Ackerman, se estabelece entre o povo e a Suprema Corte, pois ao elaborar *"uma profunda síntese das vitórias constitucionais obtidas pelo Povo no passado, os juízes dão aos americanos de hoje um espelho dialético no qual eles vêem a si próprios"*. Cf. Bruce Ackerman. *We the People. Foundations*, *op. cit.*, pp. 49, 121 e 161.

[384] *Idem*, p. 264.

assinala Habermas, Ackerman transforma os juízes *"em guardiões de uma práxis de autodeterminação congelada"*.[385]

Não há dúvidas, portanto, que a hermenêutica constitucional proposta por Ackerman, qualquer que seja a conjuntura histórica – cidadania mobilizada ou ausência dela –, deve estar orientada ou pela salvaguarda dos valores forjados pelo povo nos momentos decisivos de sua história constitucional ou pela adoção de soluções constitucionais compatíveis com os novos valores que representam a renovação da sua identidade política. Segundo Habermas, este modelo de interpretação constitucional orientada por valores apenas pode atribuir à Suprema Corte o papel de regente republicano das liberdades positivas dos cidadãos – na falta de uma cidadania mobilizada –, porque associa a prática da política deliberativa a um momento de excepcionalidade. Por outro lado, tampouco é possível, segundo Habermas, configurar este processo excepcional de deliberação pública que transforma os valores, alterando identidades políticas, sem vinculá-lo ao *ethos* de uma comunidade já integrada. Como veremos a seguir, o Poder Judiciário, em uma sociedade pós-convencional, não pode, segundo Habermas, conduzir a interpretação constitucional segundo os valores éticos de uma comunidade substantivamente integrada. As Cortes Constitucionais, em um mundo *desencantado*, devem adotar *"uma compreensão procedimental da Constituição ... e se mover dentro dos limites autorizados pelo direito"*.[386]

c) Habermas e o Modelo Procedimental de Interpretação Constitucional

Através de um diálogo com liberais e comunitários, Habermas constrói o seu modelo procedimental de interpretação constitucional, resgatando, mas também recusando, compromissos fixados tanto por Dworkin, quanto por Ackerman. Com efeito, o modelo hermenêutico proposto por Habermas pretende compatibilizar o processo político deliberativo, tão caro para os comunitários, com uma interpretação constitucional que considera,

---

[385] Cf. Jürgen Habermas. *Between Facts and Norms. Contributions to a Discourse Theory of Law and Democracy, op. cit.*, p. 277.
[386] *Idem*, p. 279.

como desejam os liberais, o sentido deontológico das normas jurídicas.

Habermas, inicialmente, estabelece, da mesma forma que Dworkin, um compromisso com a defesa do sentido deontológico das normas que integram o ordenamento jurídico.[387] Afinal, dado o pluralismo social, cultural e dos projetos individuais de vida, a interpretação e a prestação jurisdicional constitucional devem procurar estabelecer aquilo que é correto e não, como defendem os comunitários, aquilo que é preferencialmente bom, dada uma ordem específica de valores.

Como assinalamos no capítulo anterior, a ética discursiva habermasiana fundamenta as normas morais nos procedimentos discursivos que submetem a validade destas normas ao acordo de todos os afetados. Por outro lado, dado o seu caráter formal, a ética discursiva não define o conteúdo das normas morais; ao mesmo tempo, dada a sua dimensão procedimental, trata-se de uma ética deontológica. Ressalte-se, no entanto, que em face de um conflito moral real – com as suas limitações conjunturais – os envolvidos, enquanto participantes, não contam com critérios externos através dos quais seja possível definir o grau de correção de uma eventual decisão. Ou, de outra forma, o nível de aproximação entre a argumentação real e a argumentação ideal não pode ser definido em razão da ausência desses critérios externos. Diferentemente da moral, o direito se aproxima de uma racionalidade procedimental completa,[388] pois as normas e os procedimentos jurídicos estão vinculados a critérios institucionalizados, que são não apenas independentes dos participantes, como possibilitam uma avaliação – que inclui participantes e observadores – acerca da correção da decisão tomada. Ao mesmo tempo, tais procedimentos e normas, como anteriormente mencionado, encontram a sua legitimidade, segundo Habermas, nos procedimentos legislativos democráticos que os institucionalizam. Nesta perspectiva, se as normas morais se

---

[387] Ver, a respeito dos paralelos e contrastes entre os modelos de interpretação constitucional propostos por Dworkin e Habermas, o trabalho de Frank Michelman, "Democracy and Positive Liberty", *in Boston Review*, via internet: www.polisci.mit.edu/bostonreview/BR21.5/michelman.htm1.

[388] Ressalte-se, entretanto, que o direito, para Habermas, não é superior em relação à moral, em função desta racionalidade procedimental mais completa. Se o direito possui uma inevitável pretensão de legitimidade, ela decorre de um momento prévio de justificação moral.

fundamentam em procedimentos discursivos práticos, as normas jurídicas concretas encontram sua justificação no procedimento democrático de elaboração legislativa. O sentido deontológico de validade das normas jurídicas decorre, de acordo com Habermas, precisamente desta ideia de que a legitimidade do direito deriva da sua legalidade.[389]

Com estes argumentos, Habermas justifica por que compartilha com Dworkin a ideia de que as normas jurídicas possuem um sentido deontológico de validade e desta maneira devem ser interpretadas e aplicadas. No entanto, as semelhanças entre as formulações de Habermas e Dworkin não vão muito além desta concordância em torno da ideia de que as normas jurídicas expressam a natureza de uma obrigação. O modelo procedimental de interpretação constitucional proposto por Habermas, ao contrário da "leitura moral da Constituição",[390] tal como elaborada por Dworkin, recusa tanto o processo hermenêutico orientado por princípios substantivos, como o enfoque monológico de *"um juiz que se sobressai por sua virtude e acesso privilegiado à verdade"*.[391] Senão vejamos. Ao formular o seu modelo procedimental de interpretação constitucional, Habermas desde logo reconhece que é possível, como vimos, fixar a correção de uma norma moral através de um processo de reconstrução contrafática do procedimento discursivo prático, da mesma forma como também é possível identificar a legitimidade de uma norma jurídica reconstruindo contrafaticamente o procedimento legislativo democrático. No entanto, a interpretação e aplicação de uma norma jurídica a um caso concreto não se limita, segundo Habermas, à constatação de que se trata de uma norma

---

[389] Ver, a respeito, Jürgen Habermas, "Cómo es posible la legitimidad por vía de legalidad?", *in Escritos sobre Moralidad y Eticidad, op. cit.*

[390] Habermas não apenas recusa o modelo proposto por Dworkin, como também a hermenêutica jurídica – por desconsiderar o pluralismo quando associa as normas a princípios eticamente assentados –, o realismo jurídico – por não delimitar as fronteiras entre o direito e a política quando explica as decisões judiciais através de fatores externos ao sistema jurídico – e o positivismo jurídico – por optar pela garantia de certeza das decisões judiciais em detrimento de uma base de validade suprapositiva. Ver, a respeito, Jürgen Habermas. *Between Facts and Norms. Contributions to a Discourse Theory of Law and Democracy, op. cit.*, pp. 197-203.

[391] Cf. Jürgen Habermas *Between Facts and Norms. Contributions to a Discourse Theory of Law and Democracy, op. cit.*, p. 223.

legítima, pois da sua justificação não decorre automaticamente uma decisão correta, isto é, uma decisão que, ao mesmo tempo, seja "consistente" (no sentido de que cumpre com o princípio da certeza do direito) e "justa" (no sentido de que seja racionalmente aceitável). Segundo Habermas, os processos de interpretação e aplicação do direito devem não apenas considerar a validade das normas, mas também a sua adequação a um caso específico. Esta dupla exigência de legitimidade e adequação permite que o processo hermenêutico possa enfrentar eventuais contradições normativas.

Recorrendo aos trabalhos de Klaus Günther, Habermas estabelece uma distinção entre os discursos de justificação e os discursos de aplicação, para demonstrar que as eventuais colisões entre regras e princípios não traduzem uma incoerência profunda do ordenamento jurídico como um todo, especialmente porque, de início, as normas e princípios são, quase sempre, indeterminados. Nesta perspectiva, os discursos de aplicação devem comprovar o caráter "apropriado" da norma ao caso concreto, pois, como vimos, a legitimidade de uma norma não pode se confundir com a "adequabilidade" da sua aplicação. Ao mesmo tempo, se o discurso de aplicação deve considerar tanto a legitimidade quanto a adequação da norma – o que também implica uma *"descrição exaustiva dos fatos relevantes para a interpretação da situação em um caso controverso"*[392] – a complexidade desta tarefa poderá ser reduzida, segundo Habermas, caso se recorra ao paradigma jurídico[393] prevalecente à época da decisão. Ao apelar para o que define como "compreensão paradigmática do direito", Habermas pretende, por um lado, demonstrar que é possível desobrigar o "juiz Hércules", configurado por Dworkin, da tarefa não apenas difícil, como monológica, de relacionar um conjunto de princípios legítimos com as características relevantes de uma situação concreta; por outro lado, se o discurso de aplicação apela para o paradigma jurídico prevalecente, o resultado deste procedimento *"torna-se previsível para as partes na medida em que o*

---

[392] *Idem*, pp. 217-218.

[393] Segundo Habermas, um paradigma do direito, enquanto visão exemplar ou imagem-modelo, representa a forma como uma determinada sociedade concebe e implementa os princípios do Estado de Direito e o sistema de direitos fundamentais.

paradigma pertinente determina uma compreensão de fundo que os profissionais do direito compartilham com todos os cidadãos".[394]

O objetivo de Habermas, ao adotar uma concepção paradigmática do direito, é estabelecer uma íntima conexão entre hermenêutica constitucional e processo histórico, demonstrando como as proposições e exigências do paradigma de direito vigente conformam a doutrina jurídica e influenciam a hermenêutica constitucional. Conseqüentemente, como resultado desta relação entre hermenêutica e história, os princípios do Estado de Direito e o sistema de direitos fundamentais que estão abstratamente presentes nas Constituições das democracias contemporâneas apenas adquirem densidade, segundo Habermas, através de um processo hermenêutico inevitavelmente associado ao paradigma de direito em vigor.

Habermas identifica, no mundo moderno, dois paradigmas de direito distintos: o paradigma do direito formal burguês e o paradigma do direito ao bem-estar. O primeiro é organizado em torno de uma concepção de autonomia privada que atribui aos indivíduos, enquanto participantes de um jogo mercantil, o direito de tentar realizar os seus projetos pessoais de vida. Neste sentido, uma igual distribuição de direitos é a concepção de justiça do paradigma do direito burguês. Esta igualdade legal, no entanto, não significa igualdade material. O paradigma de direito ao bem-estar – decorrente de uma crítica reformista do paradigma de direito liberal – procura, precisamente, compensar as desigualdades materiais resultantes da ineficácia da "mão invisível", configurando uma concepção de justiça voltada para a igualdade fática.

Habermas reconhece que "*a disputa sobre a correta compreensão paradigmática do sistema jurídico ... é essencialmente uma disputa política*".[395] Com efeito, se em diferentes sociedades o paradigma do direito liberal foi substituído pelo paradigma do direito ao bem-estar, isto ocorreu em função da percepção de que as condições sociais existentes impunham a necessidade não apenas de "materializar" os direitos existentes, como criar novos tipos de direitos. Desta percepção decorre uma mudança da compreensão paradigmática do

---

[394] Cf. Jürgen Habermas. *Between Facts and Norms. Contributions to a Discourse Theory of Law and Democracy, op. cit.,* p 221.
[395] *Idem,* p. 395.

direito, "*no sentido de que o direito universal a iguais liberdades implica em um direito universal de igualdade, isto é, o direito ao igual tratamento de acordo com as normas que garantem a igualdade jurídica substantiva*".[396] No entanto, a substituição do paradigma do direito liberal pelo paradigma do direito ao bem-estar se ancora, segundo Habermas, em um mesmo conceito de autonomia privada, pois o que se altera é a percepção do contexto social – que impede ou pelo menos dificulta a realização dos projetos pessoais de vida – e não a ideia de indivíduos autônomos com direito a iguais liberdades.

Habermas está convencido de que as desigualdades sociais decorrentes de uma "sociedade de direito privado" simplesmente revelam que assegurar aos sujeitos de direito um âmbito de ação imune a interferências indevidas não garante – como pressupunha o paradigma do direito liberal – o direito universal a iguais liberdades individuais. Entretanto, o paradigma do direito ao bem-estar, ao "materializar o direito privado" e introduzir novos direitos básicos, vem apenas justificar, ainda que de outra maneira, o mesmo ponto de vista normativo do paradigma do direito liberal, ou seja, a garantia da autonomia privada. O objetivo agora é dar aos indivíduos uma possibilidade real de escolha entre as alternativas permitidas, configurando uma base material que assegure o princípio da igual oportunidade para o exercício das liberdades individuais. Por outro lado, o paradigma do direito ao bem-estar, segundo Habermas, "*situa os atores individuais na posição marginal de clientes*",[397] como contrapartida de uma administração burocrática, cujos imperativos sistêmicos colonizam o mundo da vida. O resultado é que se o paradigma do direito ao bem-estar pretendia assegurar as bases materiais para o pleno desenvolvimento dos projetos pessoais de vida, é precisamente a autonomia privada que corre o risco de se ver reduzida pelo paternalismo das intervenções burocráticas[398] e pela

---

[396] *Idem*, p. 401.

[397] *Idem*, p. 404.

[398] Habermas assinala que não ocorre por acaso a crítica dos movimentos feministas – não apenas em países europeus como também nos Estados Unidos – ao paradigma do direito ao bem-estar. Estes grupos afirmam que uma sociedade de bem-estar pode instituir novas formas de dominação, inclusive e especialmente quando se implementa uma política de "tratamento diferenciado" configurada por especialistas e burocratas. Os grupos feministas têm hoje reivindicado o direito de auto-determinação com base

expansão do poder administrativo, com suas diretrizes políticas e domínios de ação autônomos.

Em oposição ao paradigma do direito liberal – que procura assegurar a igualdade jurídica – e o paradigma do direito ao bem-estar – configurado em torno da igualdade fática –, Habermas propõe um paradigma procedimental do direito que estabelece, ao contrário dos anteriores, uma relação interna entre autonomia privada e autonomia pública. É por não contar com esta relação de mútua dependência entre autonomia privada e pública que os paradigmas do direito liberal e do direito ao bem-estar compartilham uma concepção de justiça que se resume a um modelo de igual distribuição, pois ou se distribui direitos iguais ou se distribui benefícios sociais, sempre com o objetivo de permitir que o cidadão procure realizar a sua concepção acerca da vida digna. O equívoco de ambos os paradigmas, segundo Habermas, é acreditar que a justiça se vincula a uma certa ideia de bem-estar, que pode ser assegurado ou pela igualdade jurídica – paradigma do direito liberal – ou pela igualdade fática – paradigma do direito ao bem-estar. Como consequência desta concepção de justiça enquanto modelo distributivo, ambos os paradigmas configuram uma mesma representação do cidadão enquanto "destinatário de bens", equiparando, por um lado, bens e direitos, e desprezando, por outro lado, o papel do cidadão enquanto "autor" do direito.

A "chave normativa" da concepção de justiça inscrita no paradigma procedimental do direito proposto por Habermas *"é a autonomia, e não o bem-estar. Em uma comunidade jurídica, ninguém é livre se a liberdade de uma pessoa é obtida com a opressão de outra"*.[399] Quando os cidadãos veem a si próprios não apenas como os destinatários, mas também como os autores do seu direito, eles se reconhecem como membros livres e iguais de uma comunidade jurídica. Daí a estreita conexão, segundo Habermas, entre a plena autonomia do cidadão – privada e pública – e a legitimidade do direito, pois *"o direito legítimo se reproduz apenas através de uma circulação do poder constitucionalmente*

---

na idéia de que *"apenas as mulheres podem esclarecer os aspectos relevantes que definem a igualdade ou a desigualdade em uma dada matéria"*. Cf. Jürgen Habermas. *Between Facts and Norms. Contributions to a Discourse Theory of Law and Democracy*, op. cit., p. 420.

[399] Cf. Jürgen Habermas. *Between Facts and Norms. Contributions to a Discourse Theory of Law and Democracy*, op. cit., p. 418.

regulada, que se alimenta da comunicação de uma esfera pública não corrompida e enraizada no núcleo das esferas privadas de um mundo da vida não distorcido, através das redes da sociedade civil".[400]

Ao associar direito legítimo e democracia, o paradigma procedimental habermasiano compartilha com os comunitários o compromisso com o processo político deliberativo que assegura não apenas a produção, como a interpretação dialógica do direito. Com efeito, se um paradigma jurídico revela as perspectivas interpretativas através das quais uma comunidade jurídica realiza os princípios e o sistema de direitos constitucionalmente configurados, o paradigma procedimental proposto por Habermas, ao representar o indivíduo como cidadão que participa de uma deliberação política, assegura a todos e a cada um o direito de *"tomar parte na interpretação da Constituição"*.[401] Em outras palavras, como o cidadão já não é nem um simples participante de um jogo mercantil, nem um mero cliente de burocracias de bem-estar, mas, ao contrário, atua decisivamente no âmbito da sociedade civil e da esfera pública política, a sua vontade e opinião, ainda que informais, interagem e influenciam as decisões e deliberações tomadas no âmbito do sistema político. É precisamente por isso que o entendimento acerca da correta relação entre igualdade jurídica e igualdade fática pertence exclusivamente, segundo Habermas, a cidadãos plenamente autônomos.

Habermas, neste ponto, resgata o conceito de "comunidade de intérpretes da Constituição", formulado por Häberle – e central para o constitucionalismo "comunitário" brasileiro, como vimos –, pois isto lhe permite defender a ideia de que os cidadãos, autores e destinatários do seu próprio direito, devem fazer uso dos procedimentos jurídicos – a "cidadania procedimentalmente ativa", segundo Häberle – com vistas à concretização dos direitos. Com o conceito de "comunidade de intérpretes", Habermas aponta na direção de uma sociedade civil com capacidade de regular a si própria, de vez que os cidadãos que a integram e que atuam no âmbito da esfera pública política têm o direito de autodeterminação. Ressalte-se, todavia, que o paradigma procedimental do direito pretende apenas assegurar as condições necessárias a partir das quais os membros de uma comunidade jurídica, através de práticas

---

[400] *Idem*, p. 408.
[401] *Idem*, p. 445.

comunicativas de autodeterminação, interpretam e concretizam os ideais inscritos na Constituição. Nesta perspectiva, trata-se de um paradigma formal, pois *"ao contrário dos modelos liberal e do bem-estar - social, não favorece um ideal específico de sociedade, uma concepção particular acerca da vida digna ou mesmo uma opção política particular"*.[402] Afinal, em sociedades pós-convencionais, marcadas pelo pluralismo, o processo democrático de produção do direito – assegurado pelo paradigma procedimental – é, segundo Habermas, a sua única fonte de legitimidade.

Entretanto, por mais formal que seja, não há dúvidas de que o paradigma procedimental do direito proposto por Habermas pressupõe, pelo menos, um "núcleo dogmático", ou seja, a estreita vinculação entre o direito legítimo e a sua gênese democrática, que deve ser especialmente considerada no processo de interpretação do direito.[403] Não é por outra razão que a esfera pública, em um paradigma procedimental, deve ser considerada *"como uma periferia cujos estímulos sitiam o centro político: cultivando razões normativas, ela afeta todas as partes do sistema político sem pretender conquistá-lo. Passando através dos canais das eleições gerais e das várias formas de participação, opiniões públicas são convertidas em poder comunicativo que autoriza o legislativo e legitima agências regulatórias, ao mesmo tempo que uma crítica publicamente mobilizada das decisões judiciais impõe uma maior exigência de justificação sobre um judiciário envolvido com um amplo desenvolvimento do direito"*.[404] É nesta

---

[402] *Idem*, p. 445.

[403] Ver, a respeito, Jürgen Habermas. *Between Facts and Norms. Contributions to a Discourse Theory of Law and Democracy*, op. cit., pp. 443-446.

[404] Cf. Jürgen Habermas. *Between Facts and Norms. Contributions to a Discourse Theory of Law and Democracy*, op. cit., p. 442. Em trabalhos anteriores – "A Soberania Popular como Procedimento", tradução de Márcio Suzuki, *Novos Estudos*, *CEBRAP*, no 26, março de 1990 – Habermas, ao discutir a capacidade da sociedade de regular a si mesma, formulou o "modelo do assédio", através do qual o poder comunicativo dos cidadãos "assediava" o sistema político, procurando influenciar as suas decisões. Em seus mais recentes trabalhos, Habermas recorre aos textos de Bernard Peters e utiliza o "modelo das comportas" (*"sluice model"*), que, como o modelo anterior, também não implica na conquista do poder do Estado. No entanto – e diferentemente do "modelo do assédio" –, o "modelo das comportas" está vinculado à circulação do poder constitucionalmente regulado. A ideia de Habermas é que a vontade democrática dos cidadãos deve sair da "periferia" e, atravessando as "comportas" dos procedimentos

ideia de poder comunicativo mobilizado que Habermas ancora o conceito de "comunidade de intérpretes" proposto por Häberle, especialmente porque os princípios e o sistema de direitos fundamentais abstratamente configurados na Constituição ganham densidade e corporificação apenas através de um processo hermenêutico do qual todos devem participar.

Por outro lado, e ainda que "*todos tenham o direito de participar da interpretação da Constituição*", este caráter indeterminado dos ideais constitucionais, cuja concretização depende, portanto, de um processo de interpretação construtiva, obriga Habermas a se confrontar inevitavelmente com o papel das Cortes Supremas em sociedades pós-convencionais. E, mais uma vez, é o debate com liberais e comunitários que orienta as formulações de Habermas acerca deste tema. Com efeito, se a crítica comunitária ao modelo monológico de interpretação proposto por Dworkin – o "juiz Hércules" – é, como vimos, compartilhada por Habermas, a proposta comunitária de uma Corte Constitucional que justifica as suas decisões apelando para os valores de uma comunidade ética é, para ele, incompatível com a moralidade pós-convencional que caracteriza as democracias contemporâneas.

Em diálogo com os constitucionalistas "comunitários" alemães – que, como os comunitários, optam por uma "jurisprudência de valores" –, Habermas reconhece que as Constituições das democracias contemporâneas exigem uma interpretação construtivista das normas e dos princípios que as integram, tanto quanto uma leitura do sistema de direitos fundamentais não mais como garantia contra intervenções indevidas, mas como o fundamento que justifica pretensões a prestações positivas. Nesta perspectiva, as decisões das Cortes Supremas – especialmente em face de conflitos entre direitos fundamentais – têm necessariamente o caráter de "decisões de princípio". No entanto, a despeito da dimensão inevitavelmente "criativa" da interpretação constitucional

---

estabelecidos pelo Estado Democrático de Direito, exercer influência e controle sobre o "centro", isto é, sobre o parlamento, os tribunais e a administração pública. Nesta perspectiva, o direito é o meio pelo qual a vontade democrática dos cidadãos migra da "periferia" para o "centro" do poder político. Ver, a respeito, Jürgen Habermas. *Between Facts and Norms. Contributions to a Discourse Theory of Law and Democracy*, op. cit., pp. 352-359, e *Más Allá del Estado Nacional*, op. cit., pp. 147-149.

– dimensão presente em qualquer processo hermenêutico, o que, por isso mesmo, não coloca em risco, segundo Habermas, a lógica da separação dos poderes,[405] – as Cortes Supremas, ainda que recorram a argumentos que ultrapassem o direito escrito, devem proferir "decisões corretas" e não se envolver na tarefa de "criação do direito", a partir de valores "preferencialmente aceitos".[406] As decisões de princípio proferidas pelas Cortes Constitucionais não podem ser equiparadas, segundo Habermas, a emissões de juízos que "*ponderam objetivos, valores e bens coletivos*",[407] pois, dado que normas e princípios constitucionais, em virtude do seu sentido deontológico de validade, são vinculantes e não especialmente preferidos, a interpretação constitucional deve decidir "*qual pretensão e qual conduta são corretas em um dado conflito e não como equilibrar interesses ou relacionar valores*".[408]

De resto, uma interpretação constitucional orientada por valores, que opta pelo sentido teleológico das normas e princípios constitucionais, ignorando o caráter vinculante do sistema de direitos constitucionalmente assegurados, desconhece, segundo Habermas, não apenas o pluralismo das democracias contemporâneas, mas fundamentalmente a lógica do poder econômico e do poder administrativo. A concepção de comunidade ética de valores

---

[405] Como assinala Ricardo Lobo Torres, Habermas sugere um novo relacionamento entres os poderes do Estado, "*afastando-se do modelo parlamentar clássico. O Judiciário abandona a concepção material de valores ... para se vincular aos pressupostos procedimentais da Constituição ... A Administração, que se tornara ilegítima pelo excesso de regulação, passa a ser controlada pelas condições de comunicação e pelo processo. O Legislativo regula o direito a ser aplicado pelo Judiciário e pela Administração não apenas segundo o paradigma jurídico liberal de garantia dos direitos fundamentais, mas também para proteger os direitos de participação dos cidadãos*". Cf. Ricardo Lobo Torres, "O Espaço Público e os Intérpretes da Constituição", *in Direito, Estado e Sociedade, op. cit., p.* 131. Ressalte-se que uma análise mais detalhada deste novo relacionamento entre os poderes do Estado ultrapassa os limites deste trabalho.

[406] Dentre os constitucionalistas alemães, Habermas dialoga com P. Häberle, K. Hesse e E. Denninger, além de outros. Ver, a respeito, Jürgen Habermas. *Between Facts and Norms. Contributions to a Discourse Theory of Law and Democracy, op. cit., p.* 238 a 267.

[407] Cf. Jürgen Habermas. *Between Facts and Norms. Contributions to a Discourse Theory of Law and Democracy, op. cit.,* pp. 239-240.

[408] *Idem,* pp. 260-261.

compartilhados, que justifica o modelo hermenêutico proposto pelos comunitários, parece desconhecer as relações de poder assimétricas inscritas nas democracias contemporâneas. É precisamente por isso que em um Estado Democrático de Direito, a Corte Constitucional deve adotar uma compreensão procedimental da Constituição e *"entender a si mesma como protetora de um processo legislativo democrático, isto é, como protetora de um processo de criação democrática do direito, e não como guardiã de uma suposta ordem suprapositiva de valores substanciais. A função da Corte é velar para que se respeitem os procedimentos democráticos para uma formação da opinião e da vontade políticas de tipo inclusivo, ou seja, em que todos possam intervir, sem assumir ela mesma o papel de legislador político"*.[409]

É com base nesta argumentação que Habermas, como Dworkin, defende o instituto do *judicial review*, recusando as considerações dos comunitários acerca da incompatibilidade entre a revisão judicial e o processo político democrático. Para Habermas, ao contrário, o instituto do *judicial review* pode *"reforçar o processo de formação da vontade democrática"*.[410] Com efeito, se o papel fundamental das Cortes Constitucionais é assegurar a gênese democrática do direito, ela deve garantir os direitos fundamentais sem os quais não há autonomia cidadã. Consequentemente, são especialmente os obstáculos ao processo democrático que devem ser eliminados pelo instituto do *judicial review*, e *"nesta perspectiva, os direitos comunicativos e de participação constitutivos da formação da vontade democrática adquirem uma posição privilegiada"*.[411]

A defesa habermasiana do instituto do *judicial review*, diferentemente da postura comunitária que o identifica como entrave ao processo democrático, fundamenta-se na vinculação conceitual e normativa entre Estado de Direito e democracia radical. Da relação co-original entre a autonomia privada e a autonomia pública resulta que os direitos dos cidadãos não lhes foram atribuídos senão por eles mesmos enquanto co-legisladores. Consequentemente, se a gênese democrática do sistema de direitos

---

[409] Cf. Jürgen Habermas. *Más Allá del Estado Nacional*, *op. cit.*, p. 99.
[410] Cf. Michel Rosenfeld, "Law as Discourse: Bridging the Gap Between Democracy and Rights", *in Harvard Law Review*, *op. cit.*, p. 1186.
[411] Cf. Jürgen Habermas. *Between Facts and Norms. Contributions to a Discourse Theory of Law and Democracy*, *op. cit.*, p. 265.

ancora-se necessariamente em uma cidadania ativa, isto significa que *"o legislador político, nem na Alemanha nem em nenhuma outra parte, tem a faculdade para restringir ou abolir direitos fundamentais"*.[412]

A democracia radical, segundo Habermas, pressupõe uma cidadania ativa que está acostumada ao exercício da liberdade e da deliberação na esfera pública política e não uma cidadania que atua apenas excepcionalmente em "momentos de excitação político-constitucional", como supõe Ackerman. Segundo Habermas, é por atribuir um caráter excepcional ao processo político deliberativo que Ackerman delega às Cortes Supremas o papel de regente republicano das liberdades positivas nos momentos de "normalidade" política. Por outro lado, nos "momentos excepcionais", a política deliberativa baseia-se em uma espécie de "cidadania ética", capaz de forjar um *"consenso de fundo presumido como não-problemático, que não se adequa bem às condições do pluralismo cultural e social que caracteriza as sociedades modernas"*.[413] Se Ackerman considerasse seriamente a conexão interna entre Estado de Direito e democracia radical, não precisaria, segundo Habermas, nem atribuir à Corte Suprema, em "períodos normais", uma função paternalista, nem impedi-la, nos "momentos excepcionais", de utilizar o instituto do *judicial review* para garantir os direitos fundamentais constitucionalmente assegurados.

Tanto quanto Ackerman, Taylor e Walzer também desconhecem, segundo Habermas, a vinculação normativa entre Estado de Direito e democracia, especialmente quando consideram o sistema de direitos inscrito nas Constituições das sociedades multiculturais como uma "imposição igualitária", incompatível com a necessidade de proteção de identidades coletivas e formas culturais de vida. A proposta comunitária de que o Estado, através de intervenções administrativas "normalizadoras", deve favorecer determinadas concepções acerca da vida digna é, para Habermas, inteiramente incompatível com um sistema de direitos que, corretamente interpretado, considera tanto as desigualdades culturais, quanto as desigualdades sociais. Afinal, o princípio da igualdade de respeito – fundamento do sistema de direitos – assegura

---

[412] Cf. Jürgen Habermas. *Más Allá del Estado Nacional*, *op. cit.*, p. 162.
[413] Cf. Jürgen Habermas. *Between Facts and Norms. Contributions to a Discourse Theory of Law and Democracy*, *op. cit.*, p. 279.

a integridade do indivíduo nos contextos sociais e culturais nos quais a sua identidade se constitui.

A sobrevivência de formas culturais de vida e identidades coletivas ameaçadas não pode ser, segundo Habermas, garantida, como supõe Taylor, nem através da intervenção estatal, nem por meio da restrição ou supressão dos direitos fundamentais. Impedir as Cortes Constitucionais de declarar a inconstitucionalidade das leis que violam o sistema de direitos não é o caminho adequado para proteger minorias em sociedades multiculturais. Se a relação co-original entre autonomia privada e autonomia pública já conforma um sistema de direitos que considera as desigualdades sociais e culturais, a sobrevivência das identidades coletivas depende, segundo Habermas, das lutas políticas e dos movimentos sociais que atuam no sentido de concretizar os direitos que decorrem do princípio da igualdade de respeito. Este princípio, que assegura iguais direitos de coexistência para os grupos étnicos em sociedades multiculturais, é, segundo Habermas, incompatível com qualquer ideia de direitos coletivos que representem opressão de liberdades individuais.

De resto, o sistema de direitos fundamentais permite, segundo Habermas, que os indivíduos, em sociedades multiculturais, possam manter, se desejam, a sua cultura de origem, sem sofrer discriminações. De fato, *"a perspectiva ecológica da preservação das espécies não pode ser aplicada às culturas"*, pois elas ... *"sobrevivem apenas se extraem da crítica a força para transformar a si próprias. As garantias do direito só são eficazes se cada indivíduo, dentro do seu próprio ambiente cultural, tem a possibilidade de regenerar esta força. E isto ocorre não apenas da delimitação frente ao estranho, mas do intercâmbio com ele"*.[414]

As sociedades multiculturais são, por suas características, pós-convencionais, ou seja, sociedades nas quais já não é possível a obtenção de um consenso em torno de valores éticos substantivos. No entanto, se a inexistência destes valores culturais compartilhados inviabiliza a conformação de uma integração ética, isto não significa, segundo Habermas, que uma integração política não possa ser configurada em torno de uma cultura política comum, segundo a qual os cidadãos se reconhecem como membros livres e iguais de uma associação voluntária. Nesta perspectiva, ainda que esta cultura

---

[414] Cf. Jürgen Habermas, "Struggles for Recognition in the Democratic Constitutional State", *in Multiculturalism, op. cit.*, pp. 130-132.

política comum – que se traduz no compromisso com os princípios e o sistema de direitos constitucionalmente assegurados – esteja impregnada pela ética – pois, como vimos, não há interpretação de princípios e direitos eticamente neutra –, ela revela um consenso procedimental em torno de princípios jurídicos universais *"que devem estar inscritos no contexto de uma cultura política histórica através de um tipo de patriotismo constitucional"*.[415]

Ressalte-se, finalmente, que em mundos pós-convencionais, esta integração política não se configura a partir de uma identidade meramente formal, inteiramente desvinculada de sua própria tradição, pois isto seria supor a possibilidade de substituir a identidade ética por uma identidade cujas características fossem unicamente universais e, portanto, compartilhada por todos. Ao contrário, as identidades, segundo Habermas, são sempre particulares, pois revelam *"a imagem que temos de nós e que oferecemos a nós mesmos e aos demais e com a qual queremos ser avaliados, considerados e reconhecidos"*.[416] O compromisso com as normas e os princípios universalistas inscritos nas Constituições das democracias contemporâneas requer uma identidade política determinada. O que Habermas recusa não é certamente o particularismo das identidades políticas, mas a concepção – sobre a qual se fundamenta o pensamento comunitário – segundo a qual normas, práticas e instituições apenas podem ser justificadas em seus próprios contextos. Esta concepção encerra uma espécie de "confiança antropológica nas tradições", pois se *"tradição significa que prosseguimos de forma não problemática algo que outros iniciaram antes de nós, (...) normalmente supomos que estes predecessores não poderiam nos enganar inteira-mente, não poderiam representar o papel de um deus* malignus".[417] No entan-to, as câmaras de gás na Alemanha nazista, as múltiplas formas de violação da dignidade humana nas experiências totalitárias, a tortura e os desaparecimentos nas ditaduras militares, enquanto práticas ocultas sob uma aparente normalidade, aniquilam inteiramente esta confiança nas tradições e *"já não é possível uma vida consciente sem*

---

[415] *Idem*, p. 135.
[416] Cf. Jürgen Habermas. *La Necesidad de Revisión de la Izquierda*, tradução de Manuel Jiménez Redondo, Madrid, Editorial Tecnos, 1996, p. 215.
[417] *Idem*, p. 214.

desconfiar de toda continuidade que se afirme inquestionadamente e que pretenda também extrair sua validade desse seu caráter inquestionado".[418]

Esta confiança nas tradições e nos valores compartilhados marcam, como vimos, a argumentação comunitária. No entanto, Dworkin jamais teria configurado o modelo do direito como integridade se também não confiasse no "republicanismo cívico" e na tradição constitucional americana. Em outras palavras, é razoável afirmar que – a despeito de todas as diferenças que, como vimos, os separam – liberais e comunitários, especialmente quando enfrentam o tema da interpretação constitucional, partilham de uma confiança nas tradições sobre os quais se assenta uma determinada comunidade jurídica. Da mesma forma, o constitucionalismo "comunitário" brasileiro também recorre a uma hermenêutica que considera as "*condutas humanas valoradas historicamente*" que formam os "*elementos constitucionais do grupo social*".[419] Na última parte deste trabalho veremos não apenas como é possível identificar no discurso jurídico liberal uma "confiança antropológica nas tradições" semelhante àquela compartilhada pelos comunitários, mas também como o constitucionalismo "comunitário" brasileiro, influenciado pela confiança nos valores eticamente compartilhados, poderia abrir mão deste compromisso valorativo, e ainda assim lutar pela cidadania procedimentalmente ativa dos intérpretes da Constituição.

---

[418] *Idem*, p. 214.
[419] Cf. José Afonso da Silva. *Curso de Direito Constitucional Positivo, op. cit.*, p. 39.

CONCLUSÃO

Como vimos ao longo deste trabalho, são muitas e significativas as diferenças que separam liberais e comunitários. Enquanto os liberais optam por um universalismo que pressupõe a possibilidade de um ponto de vista moral imparcial, os comunitários adotam uma postura relativista incompatível com qualquer ideia de imparcialidade. Destes diferentes compromissos iniciais decorrem distintas - opções metodológicas – o construtivismo liberal e o particularismo comunitário –, diversas concepções acerca do pluralismo – a multiplicidade das concepções individuais acerca do bem, segundo os liberais, e a variedade de mundos plurais conformadores das identidades sociais, de acordo com os comunitários –, bem como diferentes comprometimentos políticos acerca das prioridades da democracia – a defesa liberal da liberdade e dos direitos fundamentais e a defesa comunitária da igualdade e da soberania popular.

Entretanto, e a despeito de todas as divergências que os separam, liberais e comunitários, como também assinalamos, conjuntamente recusam a concepção de indivíduo racional solitário e substituem esta ficção do sujeito pré-político pela ideia de intersubjetividade, isto é, as relações linguísticas e comunicativas que se estabelecem entre os homens. Se, para isso, Rawls toma o caminho do *"consenso justaposto"*, Dworkin opta pela ideia de *"comunidade de princípios"*, enquanto que Walzer, Taylor e Ackerman se referem aos valores que uma determinada comunidade política compartilha. Ao mesmo tempo, se a ficção do sujeito pré-político é compatível com uma concepção de direito cuja força legitimadora está baseada em uma racionalidade autônoma, desprovida de fundamento ético, o compromisso com a intersubjetividade permite que liberais e comunitários renunciem a um direito puramente instrumental e procurem estabelecer uma necessária e intrínseca ligação entre ética e direito.

Quando enfrentam o tema do direito também são significativas, como vimos, as discordâncias entre liberais e comunitários. Afinal, é difícil estabelecer algum paralelo ou semelhança entre concepções que procuram preservar as "liberdades dos modernos" através de uma Constituição-garantia – os liberais – e aquelas que preferem assegurar as "liberdades dos antigos" e, para tanto, configuram uma ideia de Constituição – projeto – os comunitários. No entanto, é razoável afirmar que liberais e comunitários, quando oferecem modelos de hermenêutica constitucional, ainda que orientem a interpretação por distintos processos – de acordo com normas e princípios, para os liberais ou segundo valores, para os comunitários – partilham aquilo que Habermas designa como "confiança antropológica nas tradições".

No que diz respeito aos comunitários, esta confiança nas tradições, enquanto base sobre a qual se assentam as suas formulações, se revela, como assinalamos, no compromisso com os valores que unem coletivamente os membros de uma comunidade política. Nas democracias contemporâneas, os direitos fundamentais, por exemplo, jamais poderiam ser justificados caso não se recorresse aos significados culturais, aos compromissos comunitários e às histórias de vida que constituem as identidades dos seres humanos reais que instituem e exercitam estes direitos. É precisamente por isso que a interpretação constitucional deve considerar os valores comunitários, dada a prioridade normativa da concepção de bem compartilhada pela comunidade política. Quanto aos liberais, frente ao "fato do pluralismo" – ou a necessidade de se garantir a todos os indivíduos o direito de procurar realizar o seu projeto pessoal de vida – os direitos fundamentais gozam de prioridade normativa sobre qualquer concepção de bem, ainda que majoritariamente compartilhada.[420]

---

[420] Sobre a prioridade normativa ou dos direitos fundamentais ou das concepções de bem compartilhadas, assim se manifesta Albretch Wellmer: *"Os liberais insistem no fato de que as liberdades fundamentais, liberais e democráticas, são prioritárias em relação a qualquer forma de autodeterminação comunal ou coletiva, tanto quanto em relação a qualquer tradição ou identidade particular, quer ela seja cultural, étnica ou religiosa. Os comunitários argúem que é apenas no contexto das formas de vida comunitárias ...que os direitos fundamentais liberais podem ... se tornar legítimos ... em caso de dúvida, os liberais não desistem da proteção dos direitos fundamentais individuais;*

Daí a necessidade de uma interpretação constitucional orientada pelo modelo das normas e dos princípios e não pelos valores expressos em concepções de bem compartilhadas. Se, no entanto, observarmos a argumentação de Dworkin acerca da "leitura moral da Constituição", veremos que o seu modelo de interpretação constitucional orientada por normas e princípios pressupõe não apenas uma ideia de comunidade que partilha princípios comuns, como também expressa uma confiança nas tradições e práticas constitucionais norte-americanas.

Como assinala Frank Michelman, a "leitura moral da Constituição" é absolutamente inseparável daquilo que se pode designar como "visão substantiva da democracia constitucional", pois, para Dworkin, o fundamental é o que o direito constitucional prescreve – proibição de normas discriminatórias, proteção contra arbitrariedades do poder público, direitos e liberdades que asseguram a autonomia privada, etc. – e não a forma ou os procedimentos através dos quais ele foi instituído.[421] É por adotar esta visão substantiva da democracia constitucional que Dworkin pode formular o modelo da "comunidade de princípios", segundo o qual, a despeito do "fato do pluralismo", os indivíduos admitem que princípios comuns os governam. O liberalismo de Dworkin, com efeito, não é, como se poderia supor, incompatível com a ideia de comunidade, pois *a vida de uma pessoa individual e a de sua comunidade são integradas e o êxito de cada vida individual é um aspecto do bem da comunidade como um todo e dela depende. Eu chamo aqueles que aceitam esta visão ... de republicanos cívicos*.[422]

---

em caso de dúvida, os comunitá rios dão prioridade à integridade das formas de vida comunitárias ou ao direito à autodeterminação coletiva". Cf. Albretch Wellmer, "Conditions d'une culture démocratique. A propos du débat entre libéraux et communautariens", tradução de Hervé Pourtois, *in Libéraux et Communautariens*, André Berten, Pablo da Silveira e Hervé Pourtois (orgs.), Paris, PUF, 1997, p. 379.

[421] Ver, a respeito, Frank Michelman, "Democracy and Positive Liberty", *in Boston Review, op. cit.*, p. 2.

[422] Cf. Ronald Dworkin, "La communauté libérale", tradução de André Berten, *in Libéraux et Communautariens*, André Berten, Pablo da Silveira e Hervé Pourtois (orgs.), *op. cit.*, p. 340. Neste texto, Dworkin procura demonstrar que o liberalismo não é hostil à idéia de comunidade, ainda que recuse as três concepções mais aceitas sobre elas: a que associa comunidade e maioria; a que autoriza o uso do poder político da comunidade para cor-

A despeito dos profundos desacordos que separam os cidadãos nas sociedades democráticas contemporâneas, o republicanismo cívico traduz, segundo Dworkin, um compromisso com princípios substantivos que garantem um tratamento justo para todos. Em - outras palavras, o republicanismo cívico pressupõe uma espécie de fusão entre uma moral política que exige igual respeito e considera-ção para todos – e que se revela em princípios substantivos – e os interesses pessoais de cada indivíduo, pois uma sociedade justa, segundo Dworkin, é pré-condição para o êxito e o sucesso indivi-dual: "*a comunidade política tem este primado ético sobre nossas vidas indivi-duais*".[423]

O liberalismo de Dworkin comporta, portanto, não apenas uma concepção de comunidade, como, através da ideia de republicanismo cívico, a vincula a um conjunto substantivo de princípios comparti-lhados por seus membros, a despeito dos desacordos que os sepa-ram. É por confiar nas tradições e práticas constitucionais america-nas que Dworkin pode, por um lado, adotar esta visão substantiva e não meramente procedimental da democracia constitucional e, por outro lado, configurar um modelo hermenêutico que pressupõe uma concepção de direito como interpretação e integração.

Com efeito, a concepção de direito como integração e interpre-tação exige que os juízes, em face dos "casos difíceis", formulem a "melhor resposta possível" através de um processo argumentativo que justifique o direito histórico e o direito vigente. A interpretação racionalmente construída a partir de princípios substantivos deve considerar não apenas a Constituição como um todo, mas também a história, as tradições e as práticas constitucionais. Contra os origi-nalistas e os comunitários, Dworkin, como vimos, formula a con-cepção de um "*direito em cadeia*" (*chain of law*), segundo a qual os juízes, ao longo da história, constroem conjuntamente um complexo empreendimento em cadeia, pois cada ato de interpretação crítico-construtiva representa uma espécie de capítulo que integra um gran-

---

rigir práticas consideradas anormais; e as que condenam a idéia de indiví-duos autônomos, por negar a sua dependência material, intelectual e ética em relação à comunidade.
[423] Cf. Ronald Dworkin, "La communauté libérale", *in Libéraux et Commu-nautariens*, André Berten, Pablo da Silveira e Hervé Pourtois (orgs.), *op. cit.*, p. 358.

de romance redigido por diferentes escritores em distintos momentos. Da mesma forma como a visão substantiva da democracia constitucional se fundamenta na confiança, nas tradições e práticas constitucionais americanas, a concepção de direito como integração tampouco poderia ter sido formulada se Dworkin não vislumbrasse uma dimensão de continuidade na história, que aqui se traduz na obrigação do juiz de ajustar a sua interpretação *"às práticas e à história americana e ao resto da Constituição"*.[424] Como assinala Habermas, *"Dworkin, como americano, tem atrás de si mais de dois séculos de contínuo desenvolvimento constitucional; enquanto liberal, ele tende a uma avaliação bastante otimista dessa história"*.[425]

Ressalte-se, entretanto, que esta "confiança antropológica nas tradições" não transforma Dworkin em representante do pensamento comunitário, nem mesmo abre uma possibilidade de se identificar "compromissos comunitários" no modelo da "leitura moral da Constituição". Ainda que a visão substantiva da democracia constitucional se ancore na confiança, nas tradições e práticas constitucionais americanas, o modelo de interpretação construtivista proposto por Dworkin possui um núcleo universalista que se traduz, como ressalta Habermas, na idéia de que o Estado Democrático de Direito *"é um ponto de referência inabalável para a hermenêutica crítica mesmo quando a razão prática só tenha deixado na história institucional traços bastante - débeis"*.[426]

O que Habermas assinala é que o modelo hermenêutico proposto por Dworkin de uma interpretação racionalmente construída a partir de princípios substantivos só é possível graças à sua confiança nas tradições e práticas constitucionais americanas. No entanto, nos contextos históricos em que não se pode apelar para um republicanismo cívico ou, como desejam os comunitários, para uma "comunidade de destino" que compartilha tradições e valores históricos e culturais, a visão *substantiva* da democracia constitucional deve ser substituída por uma visão *procedimental* da democracia constitucional, *"desde que o*

---

[424] Cf. Ronald Dworkin. *Freedoms Law. The Moral Reading of the American Constitution, op. cit.*, p. 11.

[425] Cf. Jürgen Habermas. *Between Facts and Norms. Contributions to a Discourse Theory of Law and Democracy, op. cit.*, pp. 214-215.

[426] *Idem*, p. 215.

direito vigente forneça ao menos alguns amparos históricos para uma reconstrução racional".[427]

Habermas recorre a diferentes exemplos históricos – o nazismo na Alemanha, as síndromes totalitárias em Portugal e Espanha, o socialismo burocrático no Leste Europeu – para demonstrar que nestes casos é necessário um distanciamento reflexivo em relação às tradições que conformam identidades. Se o processo de construção democrática nos Estados Unidos não impôs a necessidade de que as tradições fossem "filtradas" pela "consciência do pecado", em muitos casos é preciso se apropriar conscientemente da própria história não para renunciar à identidade – o que certamente não é possível – , mas para decidir como dar-lhe prosseguimento, "*pois nossa identidade não é apenas algo com que nos defrontamos, mas também é o nosso próprio projeto*".[428]

Neste sentido, quando já não é possível se apoiar na "confiança antropológica nas tradições", resta apelar para o "patriotismo constitucional", ou seja, para o compromisso com as instituições do Estado de Direito e com a democracia radical, reconhecendo que este compromisso significa, "*entre outras coisas, o orgulho de ter conseguido superar duradouramente o fascismo, estabelecer um Estado de Direito e ancorá-lo em uma cultura política que, a despeito de tudo, é mais ou menos liberal*".[429] Ao mesmo tempo, se o patriotismo constitucional apela para os princípios universalistas do Estado Democrático de Direito – daí Habermas compartilhar com Dworkin o ideal político de uma co-associação de cidadãos que através do direito reciprocamente se reconhecem como livres e iguais – são distintas as formas através das quais estes princípios se enraízam nas diversas culturas políticas. De outra forma, se o conteúdo universalista dos princípios do Estado Democrático de Direito é o mesmo, ele será distintamente assumido em cada contexto histórico e frente às diversas formas culturais de vida. Com esta argumentação, Habermas pretende demonstrar que o patriotismo constitucional não pode prescindir de uma determinada identidade política, que, no entanto, não mais se fundamenta em concepções éticas compartilhadas, mas "*consiste apenas no modo da disputa pública, discursiva em torno da interpretação de um patriotismo da*

---

[427] *Idem*, p. 215.

[428] Cf. Jürgen Habermas. *La Necesidad de Revisión de la Izquierda, op. cit.*, p. 222.

[429] *Idem*, p. 216.

Constituição concretizado em cada caso conforme as condições históricas em que vivemos e que constituem nossa herança".[430]

O patriotismo constitucional é o caminho através do qual devemos, segundo Habermas, separar o ideal político de uma co-associação voluntária de cidadãos, que reciprocamente se reconhecem como autores e destinatários de seu próprio direito, de uma eticidade concreta assentada em valores compartilhados, especialmente nos casos em que já não se pode confiar em tradições comuns e continuidades históricas. Contra os comunitários, mas também contra Dworkin, Habermas configura um modelo de democracia constitucional que não se fundamenta nem em valores compartilhados, nem em conteúdos substantivos, mas em procedimentos que asseguram a formação democrática da opinião e da vontade e que exige uma identidade política não mais ancorada em uma "nação de cultura", mas sim em uma "nação de cidadãos". Com a concepção de patriotismo constitucional que se fundamenta em uma identidade política pós-convencional ou pós-nacional, Habermas acredita que as democracias contemporâneas podem resgatar a tradição republicana de auto-determinação política, a despeito das rupturas de continuidades históricas e de tradições que "*já não podem ser objeto de uma apropriação sem reparos, mas sim de uma apropriação crítica e autocrítica*".[431]

Paradoxalmente, boa parte dos constitucionalistas alemães, segundo Habermas, parece ignorar essas rupturas das continuidades históricas, especialmente quando configuram aquilo que designam por "jurisprudência de valores". Com efeito, alguns autores que integram a Nova Hermenêutica alemã concebem, da mesma forma que os comunitários americanos, os princípios e direitos constitucionais como valores que conformam uma "*ordem simbólica que expressa a identidade e a forma de vida de uma determinada comunidade jurídica*".[432] Ignorando a moralidade pós-convencional, a "jurisprudência de

---

[430] *Idem*, p. 312.

[431] *Idem*, p. 311.

[432] Cf. Jürgen Habermas. *Between Facts and Norms. Contributions to a Discourse Theory of Law and Democracy, op. cit.*, p. 256. Ressalte-se, entretanto, que nem todos os autores que integram a Nova Hermenêutica tomam as normas constitucionais as que asseguram os direitos fundamentais, por exemplo como valores éticos compartilhados. Ver, a respeito, Friedrich Müller, "Concepções Modernas e a Interpretação dos Direitos Humanos", *in Anais da XV Conferência Nacional da Ordem dos Advogados do Brasil, op. cit.*

valores", segundo Habermas, conforma uma espécie de "cidadania ética", ao equiparar os direitos fundamentais aos valores inscritos nas tradições constitutivas da comunidade. Esta cidadania ética, de outra parte, deve atuar no sentido de concretizar a Constituição, enquanto força normativa da vontade política de uma comunidade ética.

Para a "jurisprudência de valores", com efeito, a Constituição traduz a autocompreensão ético-normativa de uma comunidade e as Cortes Constitucionais, porque vinculadas a esta eticidade substantiva, têm a função primordial de aproximar as normas constitucionais da realidade histórica. Como assinala Habermas, *"na medida em que se aplicam as determinações da 'jurisprudência de valores', a Corte Constitucional Federal toma a lei Fundamental da República Federal não tanto como um sistema de regras estruturado por princípios, mas como uma 'ordem concreta de valores'."*[433]

Este constitucionalismo "comunitário" alemão – que, como vimos, influencia o constitucionalismo português e espanhol e, por esta via, o brasileiro – equipara princípios e normas constitucionais a valores e, neste sentido, compartilha com Taylor e Ackerman a ideia de que a Constituição, enquanto projeto, traduz uma identidade e história comuns, como também um compromisso com certos - ideais compartilhados. Ao mesmo tempo, alguns dos autores que integram a Nova Hermenêutica acreditam que a concretização da Constituição, enquanto consenso social sobre os valores básicos compartilhados, depende não apenas de um Judiciário cuja função primordial é estabelecer uma aproximação entre o direito e a realidade histórica, mas fundamentalmente de formas democráticas de participação comunitária nos assuntos públicos. Em outras palavras, o processo de concretização da Constituição envolve necessariamente um alargamento do círculo de intérpretes da Constituição, na medida em que devem tomar parte do processo hermenêutico todas as forças políticas da comunidade. Como assinala Peter Häberle, *"no processo de interpretação constitucional estão potencialmente envolvidos todos os - órgãos estatais, todas as potências públicas, todos os cidadãos e grupos, não sendo*

---

[433] *Idem*, p. 254.

possível estabelecer-se um elenco cerrado ou fixado com numerus clausus *de intérpretes da Constituição*".[434]

Parece não restar dúvida de que esta concepção de "comunidade de intérpretes da Constituição" está inequivocamente associada a um processo de democratização da hermenêutica constitucional e, nesta perspectiva, exige uma cidadania ativa que, por esta via, *concretiza* ou *realiza* a Constituição. Ao procurar garantir a participação político-jurídica dos grupos e forças plurais que integram as democracias contemporâneas, a Nova Hermenêutica afirma o seu compromisso com o ideal da igualdade e com a dimensão republicana que a concepção de "interpretação aberta" traduz.

Se observarmos os argumentos formulados por muitos dos autores que integram a Nova Hermenêutica alemã, veremos que compartilham compromissos comuns com os representantes do pensamento "comunitário" norte-americano. Com efeito, a identificação das normas e dos princípios constitucionais com os valores compartilhados pela comunidade, a prioridade conferida ao ideal da igualdade, a ênfase nos mecanismos participativos compatíveis com a concepção de *comunidade de intérpretes* e a defesa da atuação das Cortes Supremas no sentido de aproximar o sistema de direitos assegurados pela Constituição da realidade existente são precisamente os compromissos compartilhados por ambos os grupos. De outra parte – e como vimos ao longo do primeiro capítulo deste trabalho –, são estes mesmos compromissos que caracterizam o constitucionalismo "comunitário" brasileiro.

Com efeito, os constitucionalistas "comunitários" brasileiros compartilham com a jurisprudência de valores alemã e com o comunitarismo norte-americano a ideia fundamental de que a Constituição traduz uma "ordem concreta de valores" partilhada pela comunidade que, através dos mais diversos mecanismos de participação político-jurídica, deve buscar *realizá-la*, concretizando, assim, o seu direito à autodeterminação. Contra os constitucionalistas liberais, de marca positivista, que defendem um Estado imparcial e um Judiciário neutro – pois esta seria a única forma legítima de se garantir a convivência de diferentes modos de vida e diversas concepções de bem – os

---

[434] Cf. Peter Häberle. *Hermenêutica Constitucional. A Sociedade aberta dos intérpretes da Constituição: Contribuição para a interpretação pluralista e "procedimental" da Constituição, op. cit.*, p. 13.

constitucionalistas "comunitários" configuram uma concepção de *cidadania ética* que não é compatível com um sistema fechado que assegura a autonomia privada, mas vincula-se às garantias que permitem uma convivência digna e igual entre todos.

Com esta concepção de cidadania ética – associada à ideia de que a Constituição é uma estrutura normativa que envolve um conjunto de valores –, o constitucionalismo "comunitário" brasileiro firma os mesmos compromissos do comunitarismo norte-americano. Afinal, ao optar pelo ideal da igualdade, confere prioridade ao dever de ação por parte do Estado, especialmente porque, tal como os comunitários, acreditam – conforme afirma José Afonso da Silva – que os direitos fundamentais *"nascem e se fundamentam (...) no princípio da soberania popular"*.[435] Ressalte-se, portanto, que, da mesma forma que Taylor e Ackerman, os constitucionalistas "comunitários" brasileiros derivam os direitos fundamentais da soberania popular precisamente porque acreditam que eles integram a consciência ético-jurídica da comunidade. É o compromisso com esta autonomia pública e com as liberdades positivas dela decorrentes que permite ao constitucionalismo "comunitário" brasileiro lutar pela democratização do processo de interpretação constitucional, através do alargamento do círculo de intérpretes da Constituição. Em outras palavras, todas as forças políticas da comunidade devem utilizar os mecanismos processuais assegurados pelo ordenamento constitucional, procurando, através desta participação político-jurídica, garantir os ideais da igualdade e da dignidade humanas. Ao mesmo tempo, a concretização destes ideais também depende necessariamente do Poder Judiciário que, na qualidade de último intérprete da Constituição, deve estar vinculado à eticidade substantiva da comunidade. Daí a idéia de que a jurisdição constitucional tem a função primordial de guardiã dos valores que conformam o "sentimento constitucional" da comunidade.

Como assinalamos anteriormente, em face da atuação decisiva dos constitucionalistas "comunitários" no processo constituinte dos anos 80, a Constituição Federal de 1988 incorporou claramente todos estes compromissos. Na verdade, são várias as "marcas comunitárias" no ordenamento constitucional: em seu preâmbulo, quando identifica a igualdade e a justiça como valores supremos da sociedade

---

[435] Cf. José Afonso da Silva. *Curso de Direito Constitucional Positivo, op. cit.*, p. 161.

brasileira; ao definir os objetivos e fundamentos do Estado Brasileiro, destacando a dignidade da pessoa humana e a construção de uma sociedade justa e solidária; ao adotar diversos institutos processuais que asseguram o alargamento do círculo de intérpretes da Constituição, revelando um compromisso com a soberania popular e com a democracia participativa; e finalmente quando confere ao Supremo Tribunal Federal atribuições jurídico-políticas de uma Corte Constitucional.

Ao lutar pela incorporação destes "compromissos comunitários" no texto constitucional, os representantes do constitucionalismo "comunitário" brasileiro buscam, como assinalamos, não apenas reconstruir o Estado de Direito após anos de autoritarismo militar, mas também resgatar a "força do direito". E, nesta perspectiva, compartilham com o comunitarismo norte-americano a adoção do relativismo ético como fundamento da ordem jurídica, configurando a Constituição – com seu sistema de direitos e princípios – como uma estrutura normativa que traduz um sentimento de pertencimento a uma comunidade de valores compartilhados.

Ressalte-se, por outra parte, que ao equiparar as normas e os princípios constitucionais com valores éticos compartilhados, o constitucionalismo "comunitário" brasileiro parece acreditar que a força legitimadora da formação democrática da vontade deriva da convergência de concepções éticas assentadas. Neste sentido – e tal como o comunitarismo norte-americano – revela-se também aqui a mesma confiança antropológica nas tradições e nas continuidades históricas de que fala Habermas. No entanto, ao contrário do que ocorre nos Estados Unidos – em que se pode observar um contínuo desenvolvimento constitucional, a despeito das "transformações no sistema" mencionadas por Ackerman –, a história constitucional brasileira, como tantas outras, é marcada por rupturas e as suas tradições devem ser inevitavelmente filtradas pela crítica. Em outras palavras, as diversas rupturas com a legalidade vigente, os longos anos de autoritarismo militar, as frequentes violações dos direitos fundamentais das camadas populares revelam a inexistência de qualquer tipo de integração ética. São estas descontinuidades históricas e a ausência de confiança nas tradições que nos impedem, portanto, de vislumbrar, no caso brasileiro, o *constitucionalismo patriótico* de que fala Ackerman, o *patriotismo republicano* mencionado por Taylor ou mesmo o *republicanismo cívico* tal como proposto por Dworkin.

Parecendo ignorar as rupturas das continuidades históricas, mas também a moralidade pós-convencional, o constitucionalismo "comunitário" brasileiro esquece que as orientações valorativas e os interesses nos quais se ancora o pluralismo social e cultural não constituem a identidade da comunidade em seu conjunto. Nenhum discurso ético tem a capacidade de equilibrar os conflitos decorrentes desses interesses que se confrontam. No Brasil, esse conflito chega a assumir uma dimensão perversa. Se lançarmos um rápido olhar sobre nossa sociedade, vamos perceber de imediato, o caráter perverso que o pluralismo social assume entre nós, de vez que ele se caracteriza, antes de mais nada, por profundas divisões sociais. Com efeito, se não podemos caracterizar a sociedade brasileira como congruente e harmônica, tampouco podemos nos referir à Constituição como uma ordem concreta de valores compartilhados por nossa comunidade. Não podemos, como querem os "comunitários", tomar as normas jurídicas como bens atrativos sobre os quais recaem preferências valorativas. A garantia do sistema de direitos constitucionais, que certamente foi instituído com o objetivo de enfrentar os antagonismos e as divisões provenientes do nosso perverso pluralismo social, só será possível se tomarmos as normas constitucionais em um sentido deontológico, ou seja, tão-somente como comandos que obrigam seus destinatários igualmente, sem exceção.

Ainda que os constitucionalistas "comunitários" afirmem que os direitos fundamentais, uma vez positivados, assumem o caráter de direitos constitucionais e, neste sentido, se tornam obrigatórios, o problema é que teriam sido incorporados ao texto constitucional porque se identificariam com os valores por todos nós compartilhados. Se, ao contrário, a constitucionalização desse sistema de direitos fosse vista como o resultado de um procedimento democrático – o que certamente pressupõe um consenso político majoritário constituído a partir de processos intersubjetivos ancorados no conflito e na diferença – esse sistema de direitos teria obviamente uma maior força de justificação.

É relevante, no que diz respeito a esta questão, a observação de Wanderley Guilherme dos Santos no sentido de que "*o problema crucial no Brasil não consiste prioritariamente na ausência de um pacto constitucional, mas na inexistência de um contrato social de boa-fé entre todos os grupos organizados do país*".[436] Estabelecendo uma distinção entre o *princípio da aleatoriedade constitucional* e o *princípio do consenso cívico*, Wanderley Guilherme afirma que o primeiro é um princípio de contrato constitucional, que corresponde ao coeficiente de aleatoriedade e indeterminação que os pactos institucionais devem garantir. Ou seja, quanto maior for este coeficiente tanto mais imparcial e isento será o pacto institucional firmado. Por outro lado, o princípio do consenso cívico é um princípio de contrato social. E, nesse sentido, quanto menor for o consenso cívico sobre a justiça da aleatoriedade constitucional, maior será a tendência de determinados grupos para alterar dispositivos do pacto institucional sempre que conjunturalmente se vejam em circunstâncias desfavoráveis. O problema é que o discurso do constitucionalismo "comunitário" parece não apenas contar com este princípio do consenso cívico, mas também lhe atribui um conteúdo ético substantivo, que a dimensão perversa do nosso pluralismo social obviamente inviabiliza.

Talvez seja mais razoável, em face da ausência de confiança nas tradições e da dimensão perversa que o pluralismo social assume entre nós, dar ao princípio do consenso cívico de que fala Wanderley Guilherme dos Santos o mesmo sentido que Habermas atribui ao patriotismo constitucional, pois a despeito da impossibilidade de uma integração ética em torno de valores compartilhados, é possível lutar pela conformação de uma identidade política comum, desde que possamos adotar uma compreensão procedimental da Constituição e não tomá-la como uma "ordem concreta de valores". Neste sentido, é preciso que sejamos capazes de perceber, por um lado, que fomos capazes de reconstruir o Estado de Direito e, por outro lado, que a Constituição, neste processo, representa um consenso procedimental em torno de princípios jurídicos universais cuja implementação e inscrição em nossa história política depende dos processos de formação da opinião e da vontade nos quais a soberania popular assume forma política.

De qualquer forma, do ponto de vista jurídico, parece não haver outra forma de enfrentar as marcantes divisões sociais da sociedade brasileira, buscando superar a *cidadania de baixa intensidade*, senão conferindo prioridade aos mecanismos participativos que buscam garantir o sistema de direitos fundamentais assegurados na Constituição

---

[436] Cf. Wanderley Guilherme dos Santos. *Regresso. Máscaras Institucionais do Liberalismo Oligárquico*, Rio de Janeiro, Opera Nostra Editora, 1994, p. 67.

Federal. Estão corretos, portanto, os constitucionalistas "comunitários" ao conferir prioridade aos temas da igualdade e da dignidade humanas. A participação cidadã pode certamente buscar, através dos vários institutos previstos no texto constitucional, a efetivação das normas constitucionais protetoras dos direitos fundamentais. Nesta perspectiva, o sistema de direitos assegurados pela Constituição Federal apenas terá efetividade mediante a força da vontade concorrente dos nossos cidadãos em processos políticos deliberativos. Esta cidadania juridicamente participativa, entretanto, dependerá, necessariamente, da atuação do Poder Judiciário – especialmente da jurisdição constitucional –, mas sobretudo do nível de pressão e mobilização política que, sobre ele, se fizer.[437]

Se observarmos o que se passa no âmbito da justiça constitucional, seja nos países europeus – Alemanha, França, Itália, Portugal, Espanha – seja nos Estados Unidos, é possível observar como uma forte pressão e mobilização política da sociedade está na origem da expansão do poder dos tribunais ou daquilo que se designa como "ativismo judicial". Como menciona Luiz Werneck Vianna, após a Segunda Guerra, seja na preferência da bibliografia especializada, seja no âmbito da opinião pública, "*à prevalência do tema do Executivo, instância da qual dependia a reconstrução de um mundo arrasado pela guerra, (...) seguiu-se a do Legislativo, quando uma sociedade civil transformada pelas novas condições de democracia política impôs a agenda de questões que diziam respeito à sua representação, para se inclinar, agora, para o chamado Terceiro*

---

[437] O constitucionalismo "comunitário", no que lhe diz respeito, continua ativo em seu propósito de exigir a criação de um Tribunal Constitucional, nos moldes europeus. E nestes tempos de reforma constitucional, o compromisso "comunitário" está traduzido na proposta de emenda à Constituição encaminhada, em 1996, a título de sugestão, ao Congresso Nacional pela Ordem dos Advogados do Brasil. A proposta da OAB apresentada ao Congresso clama, mais uma vez, pela criação de uma Corte Constitucional, com atribuições exclusivamente constitucionais, que possa garantir a integridade, a vigência e a eficácia da Constituição. Estabelecendo o caráter político deste órgão, a proposta que fixa em quinze o número de membros da *Corte Constitucional*, os seleciona dentre membros do próprio Supremo Tribunal Federal e do Superior Tribunal de Justiça; constitucionalistas, parlamentares ou não, indicados pelo Congresso Nacional; e advogados e integrantes do Ministério Público.

Poder e a questão substantiva nele contida – Justiça".[438] Ressalte-se, ainda, que se nos países da *common law* este ativismo judicial é mais favorecido em face das "*práticas de criação jurisprudencial do direito e da influência política do juiz*",[439] nos países de sistema continental, os novos textos constitucionais, ao incorporar princípios, configurar Estados Democráticos de Direito, estabelecer objetivos e fundamentos do Estado, asseguram o espaço necessário para interpretações construtivistas por parte da jurisdição constitucional, já sendo possível falar em um "*direito judicial*" em contraposição a um "*direito legal*".

Em outras palavras, seja no âmbito da *civil law* ou da *common law*, a jurisdição constitucional, nas sociedades contemporâneas, tem atuado intensamente como mecanismo de defesa da Constituição e de concretização das suas normas asseguradoras de direitos. E já são muitos os autores que designam este "ativismo judicial" como um processo de "*judicialização da política*".[440] Falar de um processo de judicialização da política, entretanto, evoca necessariamente algumas indagações. Há relação entre a "*força do direito*" e o tão propalado "*fim da política*"? As democracias marcadas pelas paixões políticas estão sendo substituídas por democracias mais jurídicas, mais reguladoras? Uma idade racional do direito sucede uma idade teológica da política? Parece razoável afirmar que não. Confundir a política com o direito é certamente um risco para qualquer sociedade democrática. Acreditar, no entanto, que a "fraqueza do direito" possa ser garantia de liberdade para os indivíduos é certamente um risco maior. Após a crítica das normas, das disciplinas, nos anos 70, a força do direito, como vimos, se apóia na idéia da autonomia e dos direitos dos indivíduos. Autonomia aqui não mais significa espaços privados imunes à intervenção do poder público, mas sim a capacidade que temos de dar a nós mesmos o nosso próprio direito. Como afirma Olivier Mongin, "*não podemos abrir mão da política e tampouco devemos renunciar à 'força do direito'. Sobretudo não devemos nos impressionar com uma ideologia do*

---

[438] Cf. Luiz Werneck Vianna, "Poder Judiciário, Positivação do Direito Natural e Política", *in Estudos Históricos*, vol. 9, nº 18, 1996, p. 263.

[439] *Idem*, p. 274.

[440] Ver a respeito, "O Supremo Tribunal Federal e a Judicialização da Política", Marcus Faro de Castro. Trabalho apresentado na reunião da - ANPOCS, outubro de 1996, no GT Direitos, Identidades e Ordem Pública, e Roger Stiefelmann Leal, "A Judicialização da Política", Internet, 19/02/97, http://orion.ufrgs.br.

direito que afirma que a idade do direito participa da desconstrução da políti-ca".[441]

Mais do que isso, parece-nos que a "*força do direito*" pode estar intrinsecamente associada a um processo de reconstrução da política. No Brasil da segunda metade dos anos 80, esta ligação é absolutamente evidente. Após duas décadas de autoritarismo e governos militares, a reconstrução do processo político democrático também significava a reconstrução do Estado de Direito. Neste sentido, o movimento de retorno ao direito no Brasil teve a sua mais perfeita tradução no processo constituinte. A Constituição Federal de 1988, elaborada através de um processo de participação no qual estiveram presentes as mais variadas forças, é reveladora de como o retorno ao direito pode significar uma valorização do espaço público da política.

---

[441] Cf. Olivier Mongin, "Confusions présentes", in *Esprit*, no 186, novembro de 1992. Quando Mongin menciona as concepções que associam a força do direito ao fim da política, provavelmente se refere ao texto de Michel Guénaire, "La Constitution ou la fin de la politique". Este texto foi publicado pela Revista *Le Débat* (no 64, março-abril de 1991), juntamente com mais quatro artigos de autores franceses que, ao contrário de Guénaire, não vislumbram qualquer relação perversa entre o direito e a política. Ver, a respeito, Louis Favoreu, *De la démocratie à l'État de droit*; Stéphane Rials, *Entre artificialisme et idolâtrie. Sur l'hésitation du constitutionnalisme*; Dominique Rousseau, *La Constitution ou la politique autrement*; e Michel Troper, *Le droit, la raison et la politique*.

REFERÊNCIAS BIBLIOGRÁFICAS

1. Livros e Artigos em Periódicos

ACKERMAN, Bruce. *We the People. Foundations*, Cambridge, Harvard University Press, 1991.

__________. *La Justicia Social en el Estado Liberal*, tradução de Carlos Rosenkrantz, Madrid, Centro de Estudios Constitucionales, 1993.

__________. "Political Liberalisms", *in The Journal of Philosophy*, vol. XCI, nº 7, julho de 1994.

__________. *El Futuro de la Revolución Liberal*, tradução de Jorge Malem, Barcelona, Editorial Ariel, 1995.

ALEXY, Robert. *Teoria de los Derechos Fundamentales*, tradução de Ernesto Garzón Valdés, Madrid, Centro de Estudios Constitucionales, 1993.

ANDRADE, José Carlos Vieira de. *Os Direitos Fundamentais na Constituição Portuguesa de 1976*, Coimbra, Livraria Almedina, 1983.

BARRY, Brian. *La Justicia como Imparcialidad*, tradução de José Pedro Tosaus Abadía, Barcelona, Paidós, 1997.

BENHABID, Seyla. "Diálogo Liberal versus una Teoría Crítica de la Legitimación Discursiva", *in El Liberalismo y la Vida Moral*, tradução de Horácio Pons, Ediciones Nueva Visión, Buenos Aires, 1993.

__________. "Toward a Deliberative Model of Democratic Legitimacy", *in Democracy and Difference. Contesting the Boundaries of the Political*, Seyla Benhabid (ed.), Princeton, Princeton University Press, 1996.

BONAVIDES, Paulo. *Curso de Direito Constitucional*, 5ª edição, São Paulo, Malheiros Editores, 1994.

BOURETZ, Pierre. Introdução ao texto de Ronald Dworkin, "La Controverse sur l'avortement aux Étas-Unis", *in Esprit*, nº 155, dezembro de 1989.

BOURETZ, Pierre (dir.). *La Force du Droit. Panorama des débats contemporains*, Paris, Éditions Esprit, 1991.

CALSAMIGLIA, A. "Ensayo sobre Dworkin", *in Los Derechos en Serio*, Editorial Ariel, Barcelona, 1984.

CANOTILHO, José Gomes. *Direito Constitucional*, Editora Livraria Almedina, Coimbra, 1992.

CAPPELETTI, Mauro. *O Controle Judicial de Constitucionalidade das Leis no Direito Comparado*, tradução de Aroldo Plínio Gonçalves, Sergio Fabris Editor, Porto Alegre, 1984.

CARENS, Joseph. "Complex Justice, Culture and Politics", *in Pluralism, Justice and Equality* (David Miller e Michael Walzer eds.), Oxford, Oxford University Press, 1995.

CARRACEDO, José Rubio. *Ética Constructivista y Autonomía Personal*, Madrid, Tecnos, 1992.

CASTRO, Marcus Faro de. "O Supremo Tribunal Federal e a Judicialização da Política", trabalho apresentado na reunião da - **ANPOCS**, outubro de 1996, no GT Direitos, Identidades e Ordem Pública.

COHEN, Joshua. "El Comunitarismo y el Punto de Vista Universalista", tradução de Sebastián Abad, *in Agora, Cuadernos de Estudios Políticos*, nº 4, Verão de 1996.

CONSTANT, Benjamin. *Liberty of the Ancients Compared with that of the Moderns (Political Writings)*, tradução de Biancamaria Fontana, Cambridge, Cambridge University Press, 1988.

DAVID, René. *Os Grandes Sistemas do Direito Contemporâneo*, tradução de Hermínio A. Carvalho, São Paulo, Martins Fontes, 1996.

DWORKIN, Ronald. *Los Derechos en Serio*, tradução de Marta Guastavino, Editorial Ariel, Barcelona, 1984.

__________. *A Matter of Principle*, Cambridge, Harvard University Press, 1985.

__________. *Laws Empire*, Cambridge, Harvard University Press, 1986.

__________. "La Controverse sur l'avortement aux Étas-Unis", tradução de Jean-Louis Morisot, *in Esprit*, nº 155, dezembro de 1989.

__________. "Deux Conceptions de la Démocratie", *in L'Europe au Soir du Siècle. Identité et Démocratie*, Jacques Lenoble (org.), Paris, Ed. Esprit, 1992.

__________. *Ética Privada e Igualitarismo Político*, tradução de Antoni Domènech, Barcelona, Ed. Paidós, 1993.

__________. "Filosofía y Política. Diálogo con Ronald Dworkin", *in Los Hombres Detrás de las Ideas*, tradução de José A. Robles García, México, Fondo de Cultura Económica, 1993.

__________. *Freedoms Law. The Moral Reading of the American Constitution*, Cambridge, Harvard University Press, 1996.

_________. "La Communauté Libérale", tradução de André Berten, *in Libéraux et Communautariens*, André Berten, Pablo da Silveira e Hervé Pourtois (orgs.), Paris, PUF, 1997.

ENRIQUEZ, Eugène. *Da Horda ao Estado. Psicanálise do Vínculo Social*, tradução de Teresa Cristina Carreteiro e Jacyra Nasciutti, Rio de Janeiro, Jorge Zahar Editor, 1990.

FAGUNDES, Miguel Seabra. "A Função Política do Supremo Tribunal Federal", *in Revista dos Tribunais*, vols. 49 e 50.

FALCÃO, Joaquim de Arruda. "O Supremo e a Greve", *in Folha de São Paulo*, 17/6/94.

FARIA, José Eduardo. *Direito e Economia na Democratização Brasileira*, Malheiros Editores, São Paulo, 1993.

_________. (org.). *Direitos Humanos, Direitos Sociais e Justiça*, Malheiros Editores, São Paulo, 1994.

FAVOREU, Louis. "De la démocratie à l'État de droit", *in Le Débat*, nº 64, março-abril de 1991.

FERRAZ Jr., Tércio Sampaio. *Constituição de 1988. Legitimidade, Vigência e Eficácia Normativa* (em colaboração com Maria Helena Diniz e Ritinha A. Stevenson Georgakilas), São Paulo, Editora Atlas, 1989.

FERRY, Jean-Marc. *Habermas. L'éthique de la Communication*, Paris, PUF, 1987.

FIGUEIREDO, Marcelo. *O Mandado de Injunção e a Ação de Inconstitucionalidade por Omissão*, São Paulo, Editora RT, 1991.

FUKUYAMA, Francis. O Fim da História e o Último Homem, tradução de Aulyde Soares Rodrigues, Rio de Janeiro, Rocco, 1992.

GOMEZ, José Maria. "Globalização da Política. Mitos, Realidades e Dilemas", *in Praia Vermelha*, 1/1997, Rio de Janeiro, UFRJ.

GUÉNAIRE, Michel. "La Constitution ou la fin de la politique", *in Le Débat*, no 64, março-abril de 1991.

GUILLARME, Bertrand. "Rawls et le Libéralisme Politique", *in* Revue Française de Science Politique, vol. 46, nº 2, abril de 1996.

GUTMANN, Amy. "Introducción", *in El Multiculturalismo y la Política del Reconocimiento* (Charles Taylor), tradução de Mónica Utrilla de Neira, Fondo de Cultura Económica, México, 1993.

_________. "Justice across the Spheres", *in Pluralism, Justice and Equality* (David Miller e Michael Walzer eds.), Oxford, Oxford University Press, 1995.

HÄBERLE, Peter. *Hermenêutica Constitucional. A Sociedade aberta dos intérpretes da Constituição: Contribuição para a interpretação pluralista e "procedimental" da Constituição*, tradução de Gilmar Ferreira Mendes, Porto Alegre, Sergio Antonio Fabris Editor, 1997.

HABERMAS, Jürgen. *Teoria de la Accion Comunicativa*, Tomos I e II, tradução de Manuel Jiménez Redondo, Taurus Ediciones, Madrid, 1987.

__________. *El Discurso Filosófico de la Modernidad*, tradução de Manuel Jiménez Redondo, Taurus Ediciones, Madrid, 1989.

__________. *Consciência Moral e Agir Comunicativo*, tradução de Guido A. de Almeida, Rio de Janeiro, Tempo Brasileiro, 1989.

__________. "Justice and Solidarity: On the Discussion Concerning Stage 6", *in The Moral Domain. Essays in the Ongoing Discussion between Philosophy and the Social Sciences*, Thomas E. Wren (ed.), Cambridge, MIT Press, 1990.

__________. "A Soberania Popular como Procedimento", tradução de Márcio Suzuki, *in Novos Estudos, CEBRAP*, n⁰ 26, março de 1990.

__________. *Escritos sobre Moralidad y Eticidad*, tradução de Manuel Jiménez Redondo, Barcelona, Ediciones Paidós, 1991.

__________. *Autonomy and Solidarity*, tradução de Peter Dews, Londres, Verso, 1992.

__________. "Struggles for Recognition in the Democratic Constitutional State", *in Multiculturalism*, Amy Gutman (ed.), tradução de Shierry Weber Nicholsen, Princeton, Princeton University Press, 1994.

__________. "Três Modelos Normativos de Democracia", traduzido do espanhol por Gabriel Cohn e Álvaro de Vita, *in Lua Nova, Revista de Cultura e Política*, n⁰ 36, 1995.

__________. "Reconciliation through the Public Use of Reason: Remarks on John Rawlss Political Liberalism", tradução de Ciaran Cronin, *in The Journal of Philosophy*, vol. XCII, n⁰ 3, março de 1995.

__________. "O Estado-nação europeu frente aos desafios da globalização", tradução de Antonio Sérgio Rocha, *in Novos Estudos - CEBRAP*, n⁰ 43, novembro de 1995.

__________. *Between Facts and Norms. Contributions to a Discourse Theory of Law and Democracy*, tradução de William Rehg, Cambridge, Massachusetts Institute of Technology Press, 1996.

__________. "Postscript", *in Between Facts and Norms. Contributions to a Discourse Theory of Law and Democracy*, tradução de William Rehg, Cambridge, Massachusetts Institute of Technology Press, 1996.

__________. "Citizenship and National Identity", *in Between Facts and Norms. Contributions to a Discourse Theory of Law and Democracy*, tradução de William Rehg, appendix II, Cambridge, Massachusetts Institute of Technology Press, 1996.

__________. *La Necesidad de Revisión de la Izquierda*, tradução de Manuel Jiménez Redondo, Madrid, Editorial Tecnos, 1996.

__________. *Más Allá del Estado Nacional,* tradução de Manuel Jiménez Redondo, Madrid, Editorial Trotta, 1997.

HESSE, Konrad. *A Força Normativa da Constituição*, tradução de Gilmar Ferreira Mendes, Porto Alegre, Sérgio Antonio Fabris Editor, 1991.

LARA, María Pia. *La Democracia como Proyecto de Identidad Ética*, Editorial Anthropos, Barcelona, 1992.

LARMORE, Charles. *The Morals of Modernity*, Cambridge, Cambridge University Press, 1996.

LEAL, Roger Stiefelmann. "A Judicialização da Política", *Internet*, 19/02/97, http://orion.ufrgs.br.

LEFORT, Claude. *Pensando o Político. Ensaios sobre democracia, revolução e liberdade*, tradução de Eliana M. Souza, São Paulo, Paz e Terra, 1991.

LYRA TAVARES, Ana Lucia de. "A Constituição Brasileira de 1988: Subsídios para os Comparatistas", *in Revista de Informação Legislativa*, ano 28, n° 109, janeiro/março de 1991.

LUÑO, Antonio Enrique Pérez. *Derechos Humanos, Estado de Derecho y Constitucion*, Madrid, Tecnos, 1991.

MARZÁ, V. Domingo García. *Ética de la Justicia. J. Habermas y la ética discursiva*, Madrid, Editorial Tecnos, 1992.

McCARTHY, Thomas. "Kantian Constructivism and Reconstructivism: Rawls and Habermas in Dialogue", *in Ethics*, n° 105, outubro de 1994.(Internet, Home Page: Academic Dialogue on Applied Ethics).

__________. "Pratical Discourse and the Relation Between Morality and Politics", *in Revue Internationale de Philosophie*, vol. 49, n° 194, 1995.

MELLO, Celso Antonio Bandeira de. *Elementos de Direito Administrativo*, São Paulo, Editora RT, 1980.

MENDES, Gilmar Ferreira. *Controle de Constitucionalidade. Aspectos Jurídicos e Políticos*, São Paulo, Editora Saraiva, 1990.
________. *Jurisdição Constitucional*, São Paulo, Editora Saraiva, 1996.

MICHELMAN, Frank. "*Democracy and Positive Liberty*", *in Boston Review*, via Internet: http://www-polisci.mit.edu/bostonreview/BR21.5/michelman.htm1.

MILLER, David & WALZER, Michael (Editores). *Pluralism, Justice and Equality*, Oxford, Oxford University Press, 1995.

MIRANDA, Jorge. *Manual de Direito Constitucional*, Tomos I, II e III, Coimbra, Coimbra Editora Limitada, 1983.

MONGIN, Olivier. "Confusions présentes", *in Esprit*, no 186, novembro de 1992.

MORAES, Maria Celina Bodin de. "Recusa à Realização do Exame de DNA na Investigação da Paternidade e Direitos da Personalidade", *in Direito, Estado e Sociedade*. Revista do Departamento de Direito da PUC-Rio, nº 9, agosto-dezembro de 1996.

MOREIRA, José Carlos Barbosa. "S.O.S. para o Mandado de Injunção", *in Jornal do Brasil*, 11/09/90.

MOUFFE, Chantal. "Conversacion con Michel Walzer", tradução de Santos Toledo, *in Leviatán, Revista de Hechos e Ideas*, nº 48, verão de 1992.
________. "Democracy, Power, and the Political", *in Democracy and Difference. Contesting the Boundaries of the Political*, Seyla Benhabid (ed.), Princeton, Princeton University Press, 1996.

MULHALL, Stephen & SWIFT, Adam. *Liberals & Communitarians*, Oxford, Blackwell Publishers, 1996.

MÜLLER, Friedrich. *Direito, Linguagem, Violência. Elementos de uma Teoria Constitucional*, tradução de Peter Naumann, Porto Alegre, Sérgio Antonio Fabris Editor, 1995.

MÜLLER, Friedrich. "Concepções Modernas e a Interpretação dos Direitos Humanos", tradução de Peter Naumann, *in Anais da XV Conferência Nacional da Ordem dos Advogados do Brasil*.

NEGREIROS, Teresa. "Princípios e Sistema – Elementos para uma Releitura do Direito Civil", *in Revista Direito, Estado e Sociedade*, nº 10, Departamento de Direito da PUC-Rio.

NEVES, Marcelo. "Entre Subintegração e Sobreintegração: A Cidadania Inexistente", *in DADOS – Revista de Ciências Sociais*, Rio de Janeiro, vol. 37, nº 2, 1994.

NINO, Carlos S. *El Constructivismo Etico*, Centro de Estudios Constitucionales, Madrid, 1989.

ODONNELL, Guillermo. "Sobre o Estado, a Democratização e Alguns Problemas Conceituais – Uma Visão Latino-Americana com uma Rápida Olhada em Alguns Países Pós-Comunistas", *in Novos Estudos CEBRAP*, nº 36, julho de 1993.

O'NEILL, Shane. Imparciality in Context. Grounding Justice in a Pluralist World, Nova York, State University of New York (Suny Series in Social and Political Thought), 1997.

OUTHWAITE, William. *Habermas. A Critical Introduction*, Cambridge, Polity Press and Blackwell Publishers, 1996.

PENSKY, Max. "Universalism and the Situated Critic", *in* The Cambridge Companion to Habermas, Cambridge, Cambridge University Press, 1995.

PILATTI, Adriano. "Marchas de uma Contramarcha: Transição, UDR e Constituinte", Dissertação de Mestrado, Departamento de Direito da PUC-Rio, 1988.

__________. *A Educação nas Constituintes Brasileiras* (org. Osmar Fávero), Campinas, Editora Autores Associados, 1996.

POPPER, Karl. *A Sociedade Aberta e seus Inimigos*, tradução de Milton Amado, São Paulo, Editora da USP, 1974.

QUARESMA, Regina. *O Mandado de Injunção e a Ação de Inconstitucionalidade por Omissão*, Rio de Janeiro, Editora Forense, 1995.

RAWLS, John. *A Theory of Justice*, Cambridge, Harvard University Press, 1971.

__________. *Justicia como Equidad. Materiales para una Teoria de la Justicia*, tradução de Miguel Angel Rodilla, Editorial Tecnos, Madrid, 1986.

__________. "Justiça como Eqüidade: Uma Concepção política, Não Metafísica", tradução de Regis de Castro Andrade, *in Lua Nova, Revista de Cultura e Política*, nº 25, 1992.

__________. *Liberalismo Político*, tradução de Sergio René Madero Báez, México, Fondo de Cultura Econômica, 1995.

__________. "Reply to Habermas", *in The Journal of Philosophy*, vol. XCII, nº 3, março de 1995.

__________. e HABERMAS, Jürgen. *Débat sur la justice politique*, tradução de Rainer Rochlitz, Paris, Éditions du CERF, 1997.

RAZ, Joseph. *The Morality of Freedom*, Oxford, Oxford University Press, 1986.

RIALS, Stéphane. "Entre artificialisme et idolâtrie. Sur l'hésitation du constitutionnalisme", *in Le Débat*, n̲o̲ 64, março-abril de 1991.

RICOEUR, Paul. *Le Juste*, Paris, Ed. Seuil, 1995.

ROSENBLUM, Nancy. "Pluralismo y Autodefensa", *in El Liberalismo y la Vida Moral*, tradução de Horacio Pons, Ediciones Nueva Visión, Buenos Aires, 1993.

__________. "Introduccion", *in El Liberalismo y la Vida Moral*, tradução de Horacio Pons, Ediciones Nueva Visión, Buenos Aires, 1993.

ROSENKRANTZ, Carlos F., "Introduccion a la edicion en castellano", *in La Justicia Social en el Estado* (Bruce Ackerman), Barcelona, Editorial Ariel, 1995.

ROSENFELD, Michel. "Law as Discourse: Bridging the Gap Between Democracy and Rights", *in Harvard Law Review*, vol. 108, 1995.

ROUANET, Sérgio Paulo. *Teoria Crítica e Psicanálise*, Rio de Janeiro, Tempo Brasileiro, 1983.

ROUSSEAU, Dominique. *"La Constitution ou la politique autrement"*, *in Le Débat*, n̲o̲ 64, março-abril de 1991.

SANDEL, Michael. *Democracys Discontent. America in Search of a Public Philosophy*, Cambridge, Harvard University Press, 1996.

SANTOS, Wanderley Guilherme dos. *Regresso. Máscaras Institucionais do Liberalismo Oligárquico*, Rio de Janeiro, Opera Nostra Editora, 1994.

SILVA, José Afonso da. "Tribunais Constitucionais e Jurisdição Constitucional", *in Revista Brasileira de Estudos Políticos*, nº 60/61, UFMG, janeiro/julho de 1985.

__________. *Anteprojeto de Constituição*, mimeo., São Paulo, 1986.

SILVA, José Afonso da. *Curso de Direito Constitucional Positivo*, Editora Revista dos Tribunais, São Paulo, 1989.

SIQUEIRA CASTRO, Carlos Roberto de. "Pela Criação do Tribunal Constitucional", *in Revista Contextos*, nº 2, julho/dezembro de 1987, PUC-Rio.

__________. *O Devido Processo Legal e a Razoabilidade das Leis na Nova Constituição do Brasil*, Editora Forense, Rio de Janeiro, 1989.

__________. "A Constituição Aberta e a Atualidade dos Direitos Fundamentais do Homem", Tese apresentada à UERJ no Concurso para Professor Titular, Rio de Janeiro, 1995.

TAYLOR, Charles. *El Multiculturalismo y la Política del Reconocimiento*, tradução de Mónica Utrilla de Neira, Fondo de Cultura Económica, México, 1993.

__________. "Propósitos Cruzados: el debate liberal-comunitario", *in El Liberalismo y la Vida Moral*, Nancy Rosenblum (org.), tradução de Horacio Pons, Ediciones Nueva Visión, Buenos Aires, 1993.

__________. *La Liberté des Modernes*, tradução de Philippe de Lara, Paris, PUF, 1997.

THIEBAUT, Carlos. *Los Limites de la Comunidad*, Madrid, Centro de Estudios Constitucionales, 1992.

TORRES. Ricardo Lobo. "O Espaço Público e os Intérpretes da Constituição", *in Direito, Estado e Sociedade*. Revista do Departamento de Direito da PUC-Rio, nº 7, julho-dezembro de 1995.

TROPER, Michel. "Le droit, la raison et la politique", *in Le Débat*, no 64, março-abril de 1991.

UROFSKY, Melvin (editor). *Basic Readings in U.S. Democracy*, Washington, United States Information Agency, 1994.

WALZER. Michael. "Le Nouveau Tribalisme", tradução de Jean Kempf, *in Esprit*, Paris, nº 186, novembro de 1992.

__________. "La Justice dans les Institutions", *in Esprit, Revue Internationale*, nº 180, março/abril de 1992.

__________. "Le Deux Universalismes", *in Esprit*, Paris, nº 187, Paris, dezembro de 1992.

__________. *Las Esferas de la Justicia. Una defensa del pluralismo y la igualdad*, tradução de Heriberto Rubio, Fondo de Cultura Económico, México, 1993.

__________. "Comentario", *in El Multiculturalismo y la Política del Reconocimiento* (Charles Taylor), tradução de Mónica Utrilla de Neira, Fondo de Cultura Económica, México, 1993.

__________. *Thick and Thin. Moral Argument at Home and Abroad*, Indiana, University of Notre Dame Press, 1994.

__________. "Response", *in Pluralism, Justice and Equality* (David Miller e Michael Walzer eds.), Oxford, Oxford University Press, 1995.

__________. "La Crítica Comunitarista del Liberalismo", *in Agora, Cuadernos de Estudios Políticos*, tradução de Sebastián Abad, nº 4, 1996.

________. "Communauté, citoyenneté et jouissance des droits", tradução de Jean-Claude Monod, *in Esprit*, Paris, n°s 230/231, março/abril de 1997.

WARNKE, Georgia. "Communicative rationality and cultural - values", *in The Cambridge Companion to Habermas*, Cambridge, Cambridge University Press, 1995.

WELLMER, Albretch. "Conditions d'une culture démocratique. A propos du débat entre libéraux et communautariens", tradução de Hervé Pourtois, *in* Libéraux et Communautariens, André Berten, Pablo da Silveira e Hervé Pourtois (orgs.), Paris, PUF, 1997.

VERDU, Pablo Lucas. *La Constitucion Abierta y sus Enemigos*, Ediciones Beramar, Madrid, 1990.

VELLOSO, Carlos Mário da Silva. *Temas de Direito Público*, Belo Horizonte, Editora Del Rey, 1994.

VILELLA, Guilherme José. "Exaustos Meritíssimos", *in Revista Veja*, 26/03/97.

VIANNA, Luiz Werneck. "Poder Judiciário, Positivação do Direito Natural e Política", *in Estudos Históricos*, vol. 9, n° 18, 1996.

VITA, Álvaro de. "A Tarefa Prática da Filosofia Política de John Rawls", *in Lua Nova, Revista de Cultura e Política*, n° 25, 1992.

________. *Justiça Liberal. Argumentos Liberais contra o Neoliberalismo*, Paz e Terra, Rio de Janeiro, 1993.

2. Documentos da Comissão de Estudos Constitucionais

- Regimento Interno da Comissão de Estudos Constitucionais.
- Atas das Reuniões da Comissão de Estudos Constitucionais.
- Anteprojeto de Constituição da Comissão de Estudos Constitucionais.

3. Documentos da Assembleia Nacional Constituinte

- Regimento Interno da Assembleia Nacional Constituinte.
- Atas da Subcomissão da Nacionalidade, da Soberania e das Relações Internacionais.

- ☐ Atas da Subcomissão dos Direitos e Garantias Individuais.
- Atas da Subcomissão dos Direitos Políticos, dos Direitos Coletivos e Garantias.
- Atas da Subcomissão do Poder Judiciário e do Ministério Público.
- Atas da Comissão da Soberania e dos Direitos e Garantias do Homem e da Mulher.
- Atas da Comissão da Organização dos Poderes e Sistema de Governo.
- Anteprojeto da Comissão da Soberania e dos Direitos e Garantias do Homem e da Mulher.
- Anteprojeto da Comissão da Organização dos Poderes e Sistema de Governo.
- Projetos de Constituição A, B, C e D.
- Projeto de Constituição apresentado pelo *Centrão*.
- Constituição da República Federativa do Brasil.

4. Outros Documentos

- Anteprojeto de Constituição do Prof. José Afonso da Silva.
- Entrevista concedida pelo constituinte Plínio de Arruda Sampaio ao Prof. Adriano Pilatti, mimeo., Brasília, 22/05/87.
- Entrevista concedida pelo constituinte José Paulo Bisol ao Prof. Adriano Pilatti, mimeo., Brasília, 25/06/87.
- Proposta de emenda à Constituição encaminhada ao Congresso Nacional pela Ordem dos Advogados do Brasil, em 1966, a título de sugestão.

5. Jornais e Revistas

- *Correio Brasiliense.*
- *Diário de Justiça.*
- *Folha de S. Paulo.*
- *Jornal da Tarde.*
- *Jornal de Brasília.*

- *Jornal do Brasil.*
- *O Estado de S. Paulo.*
- *O Globo.*
- *Revista Senhor.*